城市综合开发运营 PPP 项目税收策划指南

王冬梅　谭金花　著

中国财经出版传媒集团
中国财政经济出版社

图书在版编目（CIP）数据

城市综合开发运营PPP项目税收策划指南 / 王冬梅，谭金花著. --北京：中国财政经济出版社，2023.4

ISBN 978-7-5223-2048-9

Ⅰ.①城… Ⅱ.①王… ②谭… Ⅲ.①城市开发-政府投资-合作-社会资本-税收政策-研究-中国 ②城市管理-政府投资-合作-社会资本-税收政策-研究-中国 Ⅳ.①F812.422

中国国家版本馆CIP数据核字（2023）第043008号

责任编辑：李筱文　　责任校对：胡永立
封面设计：卜建辰　　责任印制：党　辉

城市综合开发运营PPP项目税收策划指南
CHENGSHI ZONGHE KAIFA YUNYING PPP XIANGMU SHUISHOU CEHUA ZHINAN

中国财政经济出版社 出版

URL：http：//www.cfeph.cn
E-mail：cfeph@cfeph.cn

社址：北京市海淀区阜成路甲28号　邮政编码：100142
营销中心电话：010-88191522
天猫网店：中国财政经济出版社旗舰店
网址：https：//zgczjjcbs.tmall.com
北京财经印刷厂印刷　各地新华书店经销
成品尺寸：170mm×240mm　16开　20.5印张　315 000字
2023年4月第1版　2023年4月北京第1次印刷
定价：82.00元
ISBN 978-7-5223-2048-9
（图书出现印装问题，本社负责调换，电话：010-88190548）
本社质量投诉电话：010-88190744
打击盗版举报热线：010-88191661　QQ：2242791300

序

“片区开发”又称“城市建设综合开发”，是城镇化建设开发的主要模式之一，目前已经展现出向市场化大方向发展的不可逆趋势，越来越多的社会资本方参与城市建设中，与城市发展运营共生。该模式不仅涉及土地一级开发，还包括二级开发或配套建设及产业运营，具有投资高、周期长、主体多和产业导入严格等特点，该类项目的财务管理，不仅需运用“业财融合”的管理理念，前置财务人员的角色，充分发挥财务信息对业务的预测、管控和评价作用，更要将该管理理念进一步升级为“业财税一体化”，提升税务管理在财务工作中的重要性。

城市综合开发运营PPP项目，因其土地一二级联动的特性，不仅存在一般PPP项目开发建设运营的全部税务管理难点，更叠加了二级土地开发复杂的涉税管理要求。相较于一般PPP项目，从项目投测、融资管理、合约签订、公司设立、一级土地整理、二级土地开发、项目运营和项目退出等均对税务管理提出了更高的要求。如何加强对城市综合开发运营PPP项目财税管理，最大程度体现出该模式经济价值和社会价值，是项目投资人与项目运营公司共同追求的目标，也是广大财税人士广泛关注的问题。

为此，我们编写了此书，是为了给城市综合开发运营PPP项目财税管理者提供一些有价值的参考建议。本书围绕我国片区开发、产城融合以及PPP开发模式涉及的税收政策，结合实践案例，从项目立项、谈判要点、融资管理、土地一级整备、二级开发及运营、测算要点等多个维度入手，对项目全周期、全流程的涉税管理要点进行详细分析。通过前置税务管理工作，优化测算结果，为前端业务提出指导性意见及风险防范措施，并将税务管理工作持续贯穿于整个项目开发周期中，实现业务流程、财务流程、税务管理流程的有机结合，为各类城市综合开发 PPP 项目的实施提供有效的指导与借鉴。

随着城市综合开发 PPP 模式理论与实践的不断发展，对该模式的税收研究也不断发展和完善，我们编写这本书只是一个初步的探索和尝试，还望读者朋友们提出批评建议，以便我们不断修订和完善。

作者

2023 年 2 月

目　录

基础篇

管理篇

二级开发篇

附录：法规与政策

基 础 篇

第一章

导 论

第一节 城市综合开发概述

一、城市综合开发基本概念

我国《城市规划条例》第四十三条规定："城市成片建设的地区，应当按照城市规划，实行综合开发，统一建设。"即对准备开发建设的城市用地统一进行城市基础设施和生产建设项目以及生活服务设施的建设，以实现各种设施和建设项目的相互配合、前后衔接，最终可使城市建设取得较好的综合效益。

城市综合开发的主要方式有两种：一种是"用地开发"，即根据城市规划，由市政府统一征地，然后由综合开发企业组织招标发包，承包单位负责进行勘测、设计、平整土地、并修建道路、给水、排水、供电、供气、供热、通信等基础设施工程。开发建设后的用地交付使用单位并收取城市用地综合开发费；另一种是"建设开发"，即在用地开发的基础上，进一步统一建设住宅、公共建筑、园林绿地，以至通用厂房和企事业单位内部的公用设施等。建成后成套出售或出租这些建筑物，并按土地面积和基础设施水平，向使用单位收取综合开发费。

二、我国目前城市综合开发项目概况及特点

（一）以重点城市群与大型都市圈为业务布局核心

党的十九大提出以城市群为主体构建大中小城市和小城镇协调发展的城镇格局，深入推进城市群发展、培育发展现代化都市圈。因此，集聚了大量人口，未来将呈现强劲的吸引力的城市群及都市圈仍将成为片区开发的未来布局重点。新城新区作为都市圈内的节点城市和微中心，将成为城市群内城市间有机链接和协同发展的坚实基础，并将是未来新增人口的集中承载地，区域一体化规划和政策的承接地，以及基础设施和公共服务一体化的载体。

（二）打造全产业链条，提升城市运营服务能力

未来对片区开发的要求将不仅关注新城的投资建设，还将会更多关注到产业资源导入与城市综合运营服务。针对未来的片区开发市场，具备完整产业链条，优质产业资源，具备城市综合运营服务能力的企业将具备更大的竞争优势与影响力。因此，加强企业自身产业链延伸服务能力，打造全产业链条，围绕城市产业经营，塑造核心竞争能力，经营形成规模与品牌效应，为城市提供优质服务是未来城市运营商的发展方向。

（三）提升服务配套品质，推动产城融合发展

对于片区开发而言，产业植入必不可少，以产业的发展为支撑，带动新城经济发展，提供充分的就业机会，尽可能实现区域的职住平衡。同时，随着产业结构的优化升级，城市特有的信息优势、科技优势、综合服务能力和城市活力将成为促进产业发展的重要因素。因此，产城融合仍是新城发展的目标方向。未来城市配套设施建设需要提升新城内生活服务配套设施的品质，并针对不同生活圈内的就业人群提供差异化的配套设施，丰富就业人群的精神文化需求，满足其不同层次的服务需求，实现多层次差异化的精准对接，从而进一步促进产城融合发展。

（四）结合信息科技，打造未来科技感的智慧城市

随着信息科技的发展，特别是 RFID（射频识别）、数据采集、精密传感器、云计算、5G、GIS、大数据、人工智能等方面的广泛兴起，城市信息化进入高级阶段，智慧城市的概念和模式应运而生。智慧城市是高度信息化、网络化、智能化的城市发展形态，能对城市内的人员、设施、

环境等实施精确的监控、管理、操作，从而有效提高各类资源利用率和社会服务管理水平，改善人与社会和自然间的关系。同时，智慧城市不仅是“城市信息化”和“数字城市”等概念的延伸扩展，还反映出社会各界对未来城市更智能、更绿色、更协调的美好愿望，是中国推动工业化信息化两化融合、促进城镇化健康发展和城市转型升级的战略选择。

（五）土地高效集约利用，重视生态环保建设

土地和生态资源的日益稀缺使得高效利用土地成为未来发展的必然趋势。产业新城的发展模式也必将逐渐从外延式扩张向创新驱动的内涵型发展方式转变。在片区开发规划中，将更加注重与产业发展的互动，空间布局更多地结合产业特征进行规划，经济活动与生产要素通过合理的空间流向，使土地承载的产业活动在空间的选择上更趋于合理化。建设开发的过程中，重视对于区域生态环境的保护，可以将污水治理、水环境保护及河道治理等生态环保类基础设施类项目纳入片区开发的运营环节。①

三、城市综合开发政策导向

我国城镇化进程随着时间推移发生着改变与进步，由传统向新型转变，由农村地区转向城市群与都市圈。

过去的传统城镇化道路较为粗放，城市规模盲目迅速扩张，大量农民进城务工，不惜以牺牲资源和环境为代价，实现外延扩张和数量增长的目标；而目前推行的新型城镇化更加聚焦以人为本，强调全民共享城镇化发展成果；同时坚持城镇化发展的可持续性，强调要走集约型发展道路，不断增强城镇综合承载能力；坚持城镇化发展的全面性和协调性，是大中小城市、小城镇、新型农村社区协调发展、互促共进的城镇化；由过去更多关注点在新农村建设、特色小镇等转向以发展城市群、培育都市圈为主要的城镇化发展形态。

国家近年来出台了一系列政策支持新型城镇化建设，片区开发作为城镇化的重要实现路径得到了国家及地方政府的鼓励与支持。

2014 年 3 月，《国家新型城镇化规划（2014—2020 年）》正式发布，提出以人的城镇化为核心，加快发展中小城市作为优化城镇规模结构的

---

① 网易新闻：“片区综合开发：政策导向、市场供需和发展趋势”，2022 年 11 月 28 日。

主攻方向，加快培育城市群，同时紧抓生态文明建设；2017 年，党的十九大提出以城市群为主体构建大中小城市和小城镇协调发展的城镇格局，发展城市群是优化城市功能和布局的重要途径；2019 年，国务院出台《2019 年新型城镇化建设重点任务》，提出优化城镇化布局形态、深入推进城市群发展、培育发展现代化都市圈、推动大中小城市协调发展、支持特色小镇有序发展等，共同推动城市的高质量发展。

2015 年，发改委和财政部建立 PPP 项目推介平台，采用 PPP 模式的城市综合开发逐步成为地方政府新型城镇化建设的主流形式。

2021 年以来银保监会 15 号文件等最新政策对片区开发类项目实施主体的融资、管理、经营等能力提出更高要求。

2021 年 8 月 24 日，《财政部对十三届全国人大四次会议第 9528 号建议的答复》（财金函〔2021〕40 号）指出：部分地方开始采用“授权—建设—运营”（ABO）、“融资 + 工程总承包”（F + EPC）等尚无制度规范的模式实施项目，存在一定地方政府隐性债务风险隐患。未来能否继续采用 ABO、F + EPC 等非传统投融资模式，存在政策不确定性。因此，投资主体参与片区开发类项目将面临更高的门槛和能力要求。

2022 年 11 月 18 日，财政部印发《关于进一步推动政府和社会资本合作（PPP）规范发展、阳光运行的通知》（财金〔2022〕119 号），从项目前期论证、规范运作、严防隐性债务和项目阳光运行四方面规范 PPP 项目。时至今日，城市综合开发运营 PPP 模式依然是企业参与城镇建设的主流模式。①

第二节　PPP 开发模式与城市综合开发 PPP 项目税务管理

一、PPP 的定义及基本特征

（一）PPP 的定义

PPP 是 Public - Private - Partnership 的首字母缩写，中文直译为“政

① 网易新闻：《片区综合开发：政策导向、市场供需和发展趋势》，2022 年 11 月 28 日。

府和社会资本合作”模式，有些地方和媒体也称为“公共部门与私人合作”“政企合作”或“公私合作”模式。

仅从字面理解，PPP 的内涵和外延十分广泛。政府文件对 PPP 定义如下：

1.《财政部关于推广运用政府和社会资本合作模式有关问题的通知》（财金〔2014〕76 号）指出：“政府和社会资本合作模式是在基础设施及公共服务领域建立的一种长期合作关系。通常模式是由社会资本承担设计、建设、运营、维护基础设施的大部分工作，并通过‘使用者付费’及必要的‘政府付费’获得合理投资回报；政府部门负责基础设施及公共服务价格和质量监管，以保证公共利益最大化。”

2.《国家发展改革委关于开展政府和社会资本合作的指导意见》（发改投资〔2014〕2724 号）指出：政府和社会资本合作（PPP）模式是指政府为增强公共产品和服务供给能力、提高供给效率，通过特许经营、购买服务、股权合作等方式，与社会资本建立的利益共享、风险分担及长期合作关系。

3. 国务院办公厅转发的《财政部、国家发展改革委、人民银行关于在公共服务领域推广政府和社会资本合作模式指导意见的通知》（国办发〔2015〕42 号）指出：“政府和社会资本合作模式是公共服务供给机制的重大创新，即政府采取竞争性方式择优选择具有投资、运营管理能力的社会资本，双方按照平等协商原则订立合同，明确责权利关系，由社会资本提供公共服务，政府依据公共服务绩效评价结果向社会资本支付相应对价，保证社会资本获得合理收益。”

依据财金〔2014〕76 号、发改投资〔2014〕2724 号、国办发〔2015〕42 号等文件对 PPP 核心制度的规定，“政府”限定于国内县级以上的地方人民政府；“社会资本”限定于“已建立现代企业制度的境内外企业法人，但不包括本级政府所属融资平台公司及其他控股国有企业”；合作的领域限定在“基础设施及公共服务领域”，涉及的合作内容是“公共产品供给和公共服务提供”；合作关系是“利益共享、风险分担的长期合作关系”。

（二）PPP 基本特征

财政部发布的《关于推广运用政府和社会资本合作模式有关问题的通知》（财金〔2014〕76 号）规定：“政府和社会资本合作模式是在基础

设施及公共服务领域建立的一种长期合作关系。通常模式是由社会资本承担设计、建设、运营、维护基础设施的大部分工作，并通过‘使用者付费’及必要的‘政府付费’获得合理投资回报；政府部门负责基础设施及公共服务价格和质量监管，以保证公共利益最大化。”国家发展改革委发布的发改投资〔2014〕2724 号文件规定：“政府和社会资本合作（PPP）模式是指政府为增强公共产品和服务供给能力、提高供给效率，通过特许经营、购买服务、股权合作等方式，与社会资本建立的利益共享、风险分担及长期合作关系。”根据两部委对 PPP 模式的界定，本书总结 PPP 模式的特征有以下几点：

1. PPP 是政府和社会资本的一种合作关系。PPP 模式是一种合作关系，不是管理关系、从属关系、命令关系甚至对抗关系，合作关系更加强调地位平等、自愿有偿。合作关系的主体是政府和作为社会资本的企业，不是行政性的政府与政府，也不是商业性的企业与企业。

2. PPP 合作关系是长期的。按照 PPP 相关制度的规定，政府与社会资本的合作关系，最短不得低于 10 年，最长可以超过 30 年（没有上限）。因此，相对于 BT（Build Transfer，建设—移交）、政府购买服务等模式，PPP 模式政府与社会资本的合作关系是长期的。

3. PPP 合作的领域是基础设施和公共服务领域。政府与社会资本的合作，涉及的领域非常广泛，大到基础设施、外交、国防领域，小到日常的高频、低附加值的各类服务。PPP 模式双方合作的领域是在基础设施和公共服务领域。

4. PPP 合作的内容包括设计、建设、融资、运营的一种或几种。财政部发布的《政府和社会资本合作模式操作指南（试行）》（财金〔2014〕113 号）列举的 PPP 项目的运作方式主要包括委托运营（Operations & Maintenance，O&M）、管理合同（Management Contract，MC）、建设—运营—移交（Build - Operate - Transfer，BOT）、建设—拥有—运营（Build - Own - Operate，BOO）、转让—运营—移交（Transfer - Operate - Transfer，TOT）、改建—运营—移交（Rehabilitate - Operate - Transfer，ROT）。事实上，PPP 模式的运作方式比较广泛，除了上述六种之外，还包括私人主动融资（PFI）、建设—租赁—移交（Build - Lease - Transfer，BLT）、建设—租赁—移交—维护（Build - Lease - Transfer - Maintain，BLTM）、建设—移交—运营（Build - Transfer - Operate，BTO）、租赁—更新—运营

(Lease - Rebuild - Operate, LRO)、设计—建设—运营（Design - Build - Operate, DBO)、设计—建设—融资—运营（Design - Build - Finiance - Operate, DBFO)、设计—建设—融资—运营—移交（Design - Build - Finiance - Operate - Transfer, DBFOT）等。但是一般情况下，PPP 模式合作的内容离不开设计、建设、融资、运营（管理、维护）中的一种或几种，其中以运营（管理、维护）和融资为主；由于长期合作的原因，也是以运营（管理、维护）为合作内容的重中之重。

5. 保障 PPP 长期合作的机制。保障 PPP 长期合作的机制是特许经营、政府购买服务确立的利益共享和风险分担机制。基于上述 PPP 模式的平等、自愿、长期、互利合作等特征，要实现双方的愉快合作，就需要通过对政府和社会资本之间的权利与义务、风险与收益进行合理设计，实现各自的权利与义务的对等，风险与收益的平衡。这种设计和保障机制，通常是通过特许经营、政府购买服务等保障手段，确立双方的利益共享，风险分担机制。

二、PPP 的理念

针对 PPP 项目，很重要的一点就是项目管理，要考虑到后期数十年的可变性，变未知的风险为已知的风险，否则将带来很多的问题。下面为 PPP 项目的核心要素，四要素缺一不可，应同时考虑将风险降到最低。

（一）伙伴关系

政府与社会资本是合作的关系。没有平等就没有真正意义上的合作，后期将会出现复杂的纠纷。平等是合作的基础，若将来出现问题，可通过法律进行解决。

（二）风险分担

PPP 项目一定是公共投资项目，政府职责分内的事。政策性的风险政府不要让企业分担。市场风险、经营性风险完全交由政府也不可能，对于此类风险应双方共担。

（三）利益可调解

PPP 的收益原则是赢利但不暴利，收益的可调节性一定要考虑进去，任何条款都是有前提条件的。

（四）监督和管理

一个 PPP 项目，通常成立项目公司，政府可以持股也可以不持股。

没有公开就没有监督。政府要全面监管到位，而不仅是运营后的监管。从前期协议实施中就要明确设立各种细则，在建设过程中，要严格按照前期协议约定的技术要求实施监督管理，监管中标人是否按规定进行，项目的质量是否达标等。项目投产以后，同样要严格按照协议来实施。

三、PPP 的优势

PPP 模式的主要优势体现在：更高的经济效率、更高的时间效率、增加基础设施项目的投资、提供公共部门和私营机构的财务稳定性，基础设施/公共服务的品质得到改善，实现长远规划、树立公共部门的新形象、私营机构得到稳定发展等，具体如下：

1. PPP 模式可以实现更高的经济效率，实现物有所值；
2. PPP 模式的效率优势不仅体现在经济效率上，还体现在时间效率上；
3. PPP 模式有助于增加基础设施项目的投资资金来源；
4. PPP 模式可提高公共部门和私营机构的财务稳健性；
5. PPP 模式可使基础设施/公共服务产品的品质得到改善；
6. PPP 模式有助于公共部门/私营机构实现长远规划；
7. PPP 模式有助于树立公共部门的新形象；
8. 通过推广 PPP 模式，可以使私营机构得到稳定发展。

四、PPP 参与各方

（一）PPP 参与方

根据财政部发布的《关于规范政府和社会资本合作合同管理工作的通知》［财金〔2014〕156 号，其中附件《PPP 项目合同指南（试行）》］（以下简称《PPP 合同指南（试行）》）中明确 PPP 项目的参与方通常包括政府、社会资本方、融资方、承包商和分包商、原料供应商、专业运营商、保险公司以及专业机构等。

1. 政府。根据 PPP 项目运作方式和社会资本参与程度的不同，政府在 PPP 项目中所承担的具体职责也不同。总体来讲，在 PPP 项目中，政府需要同时扮演以下两种角色：

作为公共事务的管理者，政府负有向公众提供优质且价格合理的公共产品和服务的义务，承担 PPP 项目的规划、采购、管理、监督等行政管理职能，并在行使上述行政管理职能时形成与项目公司（或社会资本）之间的行政法律关系；作为公共产品或服务的购买者（或者购买者的代理人），政府基于PPP项目合同形成与项目公司（或社会资本）之间的平等民事主体关系，按照PPP项目合同的约定行使权利、履行义务。

2. 社会资本方。本指南所称社会资本方是指与政府方签署PPP项目合同的社会资本或项目公司。本指南所称的社会资本是指依法设立且有效存续的具有法人资格的企业，包括民营企业、国有企业、外国企业和外商投资企业。但本级人民政府下属的政府融资平台公司及其控股的其他国有企业（上市公司除外）不得作为社会资本方参与本级政府辖区内的PPP项目。社会资本是PPP项目的实际投资人。但在PPP实践中，社会资本通常不会直接作为PPP项目的实施主体，而会专门针对该项目成立项目公司，作为PPP项目合同及项目其他相关合同的签约主体，负责项目具体实施。

项目公司是依法设立的自主运营、自负盈亏的具有独立法人资格的经营实体。项目公司可以由社会资本（可以是一家企业，也可以是多家企业组成的联合体）出资设立，也可以由政府和社会资本共同出资设立。但政府在项目公司中的持股比例应当低于50%，且不具有实际控制力及管理权。

3. 融资方。PPP项目的融资方通常有商业银行、出口信贷机构、多边金融机构（如世界银行、亚洲开发银行等）以及非银行金融机构（如信托公司）等。根据项目规模和融资需求的不同，融资方可以是一两家金融机构，也可以是由多家银行或机构组成的银团，具体的债权融资方式除贷款外，也包括债券、资产支持证券化等。

4. 承包商和分包商。在PPP项目中，承包商和分包商的选择是影响工程技术成败的关键因素，其技术水平、资历、信誉以及财务能力在很大程度上会影响贷款人对项目的商业评估和风险判断，是项目能否获得贷款的一个重要因素。

承包商主要负责项目的建设，通常与项目公司签订固定价格、固定工期的工程总承包合同。一般而言，承包商要承担工期延误、工程质量不合格和成本超支等风险。

对于规模较大的项目，承包商可能会与分包商签订分包合同，把部分工作分包给专业分包商。根据具体项目的不同情况，分包商从事的具体工作可能包括设计、部分非主体工程的施工，提供技术服务以及供应工程所需的货物、材料、设备等。承包商负责管理和协调分包商的工作。

5. 专业运营商（部分项目适用）。根据不同 PPP 项目运作方式的特点，项目公司有时会将项目部分的运营和维护事务交给专业运营商负责。但根据项目性质、风险分配以及运营商资质能力等不同，专业运营商在不同项目中所承担的工作范围和风险也会不同。例如，在一些采用政府付费机制的项目中，项目公司不承担需求风险或仅承担有限需求风险的，可能会将大部分的运营事务交由专业运营商负责；而在一些采用使用者付费机制的项目中，由于存在较大需求风险，项目公司可能仅会将部分非核心的日常运营管理事务交由专业运营商负责。

6. 原料供应商（部分项目适用）。在一些 PPP 项目中，原料的及时、充足、稳定供应对于项目的平稳运营至关重要，因此原料供应商也是这类项目的重要参与方之一。例如，在燃煤电厂项目中，为了保证煤炭的稳定供应，项目公司通常会与煤炭供应商签订长期供应协议。

7. 产品或服务购买方（部分项目适用）。在包含运营内容的 PPP 项目中，项目公司通常通过项目建成后的运营收入来回收成本并获取利润。为了降低市场风险，在项目谈判阶段，项目公司以及融资方通常都会要求确定项目产品或服务的购买方，并由购买方与项目公司签订长期购销合同以保证项目未来的稳定收益。

8. 保险公司。由于 PPP 项目通常资金规模大、生命周期长，在项目建设和运营期间面临着诸多难以预料的各类风险，因此项目公司以及项目的承包商、分包商、供应商、运营商等通常均会就其面临的各类风险向保险公司进行投保，以进一步分散和转移风险。同时，由于项目风险一旦发生就有可能造成严重的经济损失，因此 PPP 项目对保险公司的资信有较高要求。

9. 其他参与方。除上述参与方之外，开展 PPP 项目还必须充分借助投资、法律、技术、财务、保险代理等方面的专业技术力量，因此 PPP 项目的参与方通常还可能会包括上述领域的专业机构。

（二）PPP 合同关系

在 PPP 项目中，项目参与方通过签订一系列合同来确立和调整彼此之间的权利义务关系，构成 PPP 项目的合同体系。PPP 项目的合同通常包括 PPP 项目合同、股东协议、履约合同（包括工程承包合同、运营服务合同、原料供应合同、产品或服务购买合同等)、融资合同和保险合同等。其中，PPP 项目合同是整个 PPP 项目合同体系的基础和核心。

在 PPP 项目合同体系中，各个合同之间并非完全独立、互不影响，而是紧密衔接、相互贯通的，合同之间存在着一定的“传导关系”，了解 PPP 项目的合同体系和各个合同之间的传导关系，有助于对 PPP 项目合同进行更加全面准确地把握。

首先，在合同签订阶段，作为合同体系的基础和核心，PPP 项目合同的具体条款不仅会直接影响项目公司股东之间的协议内容，而且会影响项目公司与融资方的融资合同以及与保险公司的保险合同等其他合同的内容。此外，PPP 项目合同的具体约定，还可能通过工程承包或产品服务购买等方式，传导到工程承包（分包）合同、原料供应合同、运营服务合同和产品或服务购买合同上。

其次，在合同履行阶段，合同关系的传导方向可能发生逆转。例如，分包合同的履行出现问题，会影响总承包合同的履行，进而影响 PPP 项目合同的履行。

PPP 项目基本合同体系（见图 1－1）。

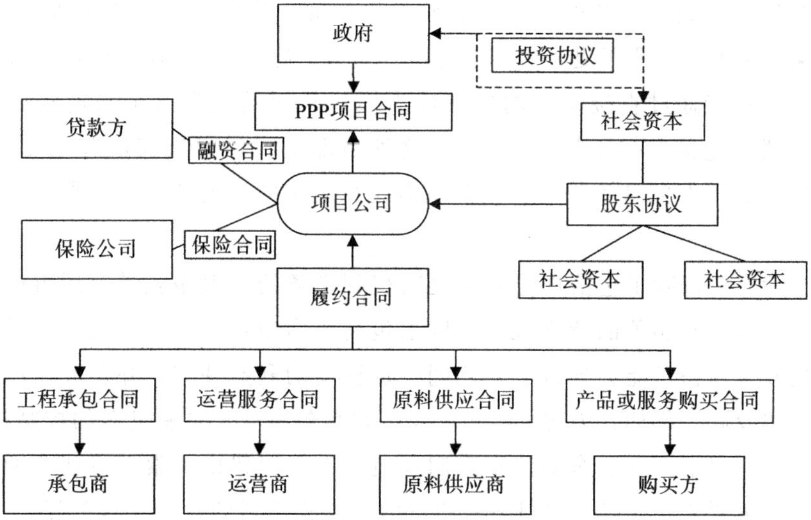

图 1－1　PPP 项目基本合同体系

1. 投资协议。在项目初期阶段，项目公司尚未成立时，政府方会先与社会资本方（即项目投资人）签订《投资协议书》（意向书、备忘录或者框架协议），以明确双方的合作意向，详细约定双方有关项目开发的关键权利义务，并按照约定时间、条件等注册成立项目公司。中选社会资本方应当是通过公开竞争性程序选定，并且应当是具备 PPP 项目管理经验、专业能力、融资实力以及信用状况良好的法人或者其他组织。

2. PPP 项目合同。项目公司成立后，由政府方（项目实施机构）与项目公司签订《PPP 项目合同》，由项目公司承继原《投资协议》项下的权利与义务，保障项目公司能够依据合同约定合理主张权利，妥善履行义务，确保项目全生命周期内的顺利实施，PPP 项目合同是其他合同产生的基础，也是整个 PPP 项目合同体系的核心。

3. 股东协议。股东协议由项目公司的股东签订，用以在股东之间建立长期的、有约束力的合约关系。股东协议通常包括以下主要条款：前提条件、项目公司的设立和融资、项目公司的经营范围、股东权利、履行 PPP 项目合同的股东承诺、股东的商业计划、股权转让、股东会、董事会、监事会组成及其职权范围、股息分配、违约、终止及终止后处理机制、不可抗力、适用法律和争议解决等。

项目投资人订立股东协议的主要目的在于设立项目公司，由项目公司负责项目的建设、运营和管理，因此项目公司的股东可能会包括希望参与项目建设、运营的承包商、原料供应商、运营商、融资方等主体。在某些情况下，为了更直接地参与项目的重大决策、掌握项目实施情况，政府也可能通过直接参股的方式成为项目公司的股东（但政府通常并不控股和直接参与经营管理）。在这种情形下，政府与其他股东相同，享有作为股东的基本权益，同时也需履行股东的相关义务，并承担项目风险。

股东协议除了包括规定股东之间权利义务的一般条款外，还可能包括与项目实施相关的特殊规定。以承包商作为项目公司股东为例，承包商的双重身份可能会导致股东之间一定程度的利益冲突，并在股东协议中予以反映。例如，为防止承包商在工程承包事项上享有过多的控制权，其他股东可能会在股东协议中限制承包商在工程建设及索赔事项上的表决权；如果承包商参与项目的主要目的是承担项目的设计、施工等工作，并不愿长期持股，承包商会希望在股东协议中预先做出股权转让的相关安排；但另一方面，如果融资方也是股东，融资方通常会要求限制承包商转让其所持有的项目公司股权的权利，如要求承包商至少要到工程缺陷责任期满后才可转让其所持有的项目公司股权。

4. 履约合同。

（1）工程承包合同。项目公司一般只作为融资主体和项目运营管理者而存在，本身不一定具备自行设计、采购、建设项目的条件，因此可能会将部分或全部设计、采购、建设工作委托给工程承包商，签订工程承包合同。项目公司可以与单一承包商签订总承包合同，也可以分别与不同承包商签订合同。承包商的选择要遵循相关法律法规的规定。

由于工程承包合同的履行情况往往直接影响 PPP 项目合同的履行，进而影响项目的贷款偿还和收益情况。因此，为了有效转移项目建设期间的风险，项目公司通常会与承包商签订一个固定价格、固定工期的“交钥匙”合同，将工程费用超支、工期延误、工程质量不合格等风险全部转移给承包商。此外，工程承包合同中通常还会包括履约担保和违约金条款，进一步约束承包商妥善履行合同义务。

（2）运营服务合同。根据 PPP 项目运营内容和项目公司管理能力的不同，项目公司有时会考虑将项目全部或部分的运营和维护事务外包给有经验的专业运营商，并与其签订运营服务合同。个案中，运营维护事务的外包可能需要事先取得政府的同意。但是，PPP 项目合同中约定的项目公司的运营和维护义务并不因项目公司将全部或部分运营维护事务分包给其他运营商实施而豁免或解除。

由于 PPP 项目的期限通常较长，在项目的运营维护过程中存在较大的管理风险，可能因项目公司或运营商管理不善而导致项目亏损。因此，项目公司应优先选择资信状况良好、管理经验丰富的运营商，并通过在运营服务合同中预先约定风险分配机制或者投保相关保险来转移风险，确保项目平稳运营并获得稳定收益。

（3）原料供应合同。有些 PPP 项目在运营阶段对原料的需求量很大，原料成本在整个项目运营成本中占比较大，同时受价格波动、市场供给不足等影响，又无法保证能够随时在公开市场上以平稳价格获取，继而可能会影响整个项目的持续稳定运营，如燃煤电厂项目中的煤炭。因此，为了防控原料供应风险，项目公司通常会与原料的主要供应商签订长期原料供应合同，并且约定一个相对稳定的原料价格。

在原料供应合同中，一般会包括以下条款：交货地点和供货期限、供货要求和价格、质量标准和验收、结算和支付、合同双方的权利义务、违约责任、不可抗力、争议解决等。除上述一般性条款外，原料供应合同通常还会包括“照供不误”条款，即要求供应商以稳定的价格、稳定的质量品质为项目提供长期、稳定的原料。

(4) 产品或服务购买合同。在 PPP 项目中，项目公司的主要投资收益来源于项目提供的产品或服务的销售收入，因此保证项目产品或服务有稳定的销售对象，对于项目公司而言十分重要。根据 PPP 项目付费机制的不同，项目产品或服务的购买者可能是政府，也可能是最终使用者。以政府付费的供电项目为例，政府的电力主管部门或国有电力公司通常会事先与项目公司签订电力购买协议，约定双方的购电和供电义务。

此外，在一些产品购买合同中，还会包括“照付不议”条款，即项目公司与产品的购买者约定一个最低采购量，只要项目公司按照最低采购量供应产品，不论购买者是否需要采购该产品，均应按照最低采购量支付相应价款。

5. 融资合同。从广义上讲，融资合同可能包括项目公司与融资方签订的项目贷款合同、担保人就项目贷款与融资方签订的担保合同、政府与融资方和项目公司签订的直接介入协议等多个合同。其中，项目贷款合同是最主要的融资合同。

在项目贷款合同中一般会包括以下条款：陈述与保证、前提条件、偿还贷款、担保与保障、抵销、违约、适用法律与争议解决等。同时，出于贷款安全性的考虑，融资方往往要求项目公司以其财产或其他权益作为抵押或质押，或由其母公司提供某种形式的担保或由政府作出某种承诺，这些融资保障措施通常会在担保合同、直接介入协议以及 PPP 项目合同中予以具体体现。

需要特别强调的是，PPP 项目的融资安排是 PPP 项目实施的关键环节，鼓励融资方式多元化、引导融资方式创新、落实融资保障措施，对于增强投资者信心、维护投资者权益以及保障 PPP 项目的成功实施至关重要。

6. 保险合同。由于 PPP 项目通常资金规模大、生命周期长，负责项目实施的项目公司及其他相关参与方通常需要对项目融资、建设、运营等不同阶段的不同类型的风险分别进行投保。通常可能涉及的保险种类包括货物运输险、工程一切险、针对设计或其他专业服务的职业保障险、针对间接损失的保险、第三者责任险。

鉴于 PPP 项目所涉风险的长期性和复杂性，为确保投保更有针对性和有效性，建议在制定保险方案或签署保险合同前先咨询专业保险顾问的意见。

7. 其他合同。在 PPP 项目中还可能会涉及其他的合同，如与专业中介机构签署的投资、法律、技术、财务、税务等方面的咨询服务合同。

五、PPP 操作方式

《财政部关于印发政府和社会资本合作模式操作指南（试行）的通知》（财金〔2014〕113 号）项目运作方式主要包括委托运营、管理合同、建设—运营—移交、建设—拥有—运营、转让—运营—移交和改建—运营—移交等。具体运作方式的选择主要由收费定价机制、项目投资收益水平、风险分配基本框架、融资需求、改扩建需求和期满处置等因素决定。现行的 PPP 模式有以下几种操作方式：

（一）委托运营（Operations&Maintenance，O&M）

是指政府将存量公共资产的运营维护职责委托给社会资本或项目公司，社会资本或项目公司不负责用户服务的政府和社会资本合作项目运作方式。政府保留资产所有权，只向社会资本或项目公司支付委托运营费。合同期限一般不超过 8 年。

（二）管理合同（Management Contract，MC）

是指政府将存量公共资产的运营、维护及用户服务职责授权给社会资本或项目公司的项目运作方式。政府保留资产所有权，只向社会资本或项目公司支付管理费。管理合同通常作为转让—运营—移交的过渡方式，合同期限一般不超过 3 年。

（三）建设—运营—移交（Build - Operate - Transfer，BOT）

是指由社会资本或项目公司承担新建项目设计、融资、建造、运营、维护和用户服务职责，合同期满后项目资产及相关权利等移交给政府的项目运作方式。合同期限一般为 20—30 年。

（四）建设—拥有—运营（Build - Own - Operate，BOO）

由 BOT 方式演变而来，两者区别主要是 BOO 方式下社会资本或项目公司拥有项目所有权，但必须在合同中注明保证公益性的约束条款，一般不涉及项目期满移交。

（五）转让—运营—移交（Transfer - Operate - Transfer，TOT）

指政府将存量资产所有权有偿转让给社会资本或项目公司，并由其负责运营、维护和用户服务，合同期满后资产及其所有权等移交给政府的项目运作方式。合同期限一般为 20—30 年。

（六）改建—运营—移交（Rehabilitate - Operate - Transfer，ROT）

是指政府在 TOT 模式的基础上，增加改扩建内容的项目运作方式。合同期限一般为 20—30 年。

六、城市综合开发 PPP 项目税务管理必要性

（一）我国税收制度不够完善、相关税收体系仍不够健全

目前，城市综合开发已经展现出向市场化大方向发展的不可逆趋势，越来越多的社会资本方参与城市建设中，与城市发展运营共生。但是，我国目前关于城市综合开发运营的税收法律、法规存在很大一片空白，即使是现今最常用的 PPP 模式，也尚未出台相应的上位法规，导致许多项目在增值税、企业所得税、房产税、契税、土地增值税、城镇土地使用税等税种上都有一定程度的不明确，现有的税收优惠政策也很难适用。同时，部分税种如土地增值税、房产税、城镇土地使用税等地方税种存在很强的地域性，不可盲目套用其他项目的历史经验。各地税务机关在开展税收管理工作时，通常参照行业内部的税收规定，导致社会资本方不仅很难开展税收预测、税收筹划工作，还时常由于税收政策与执行口径的不明确，承担超额税负。

因此，如何在现有税收法律法规的体系下，因地制宜地做好政策研究与运用，沟通当地税务机关平衡收益与税负，将极大影响项目的利润。

（二）项目开发周期长、业务链条长带来的税务问题

首先，城市综合开发项目寄托了当地政府对未来发展的期望，不仅是要“建起来”，还要“建得好”，更要“转得好”。从土地开发到项目建设完毕，再到产业运营推动产城融合，往往需要经历十几年甚至是数十年的发展。要求城市开发商不仅需要对过往的税收政策烂熟于心，更要不断研究层出不穷的最新税收政策，融会贯通。

其次，城市综合开发既涉及土地一级开发，又涉及土地二级开发建设，还要帮助政府进行产业运营，更要保障自己的利益，获取一定的利润。这些过程中涉及的业务链条几乎囊括了我国绝大部分税种。因此，税金计算过程既繁琐，又复杂，稍有差池，可能会导致上亿甚至是几十亿的税金偏差。

最后，城市综合开发的各个模式在我国的发展尚未成熟，各业务链条均存在模糊或交叉地带，对于各类业务模式的拆解、分析存在一定的难度。并且，税法不会对每一个业务都做出详细规定如何纳税，对于特殊的，尤其是非常规业务的纳税，就成为最容易导致失误的地方。因此，如何有效降低税务风险以及纳税成本，依法合规运用税收优惠政策，成为城市综合开发项目税务管理的核心目标

（三）以盈利为目的的本质要求

虽然，城市综合开发的最终目的是推进新型城镇化建设，实现我国以人为本的核心价值观。但作为参与者之一的社会资本方，必须满足其作为一家公司的本质需求，即获取利润。即使作为社会资本方之一的国有企业，也必须守住不能亏损的底线，甚至是实现国有资产增值的目标。而税收问题直接关系到企业的风险与收益。

（四）从“业财融合”到“业财税一体化”

综上，城市综合开发 PPP 项目，因其土地一、二级联动的特性，不仅存在一般 PPP 项目开发建设运营的全部税务管理难点，更叠加了二级土地开发复杂的涉税管理要求。相较于一般 PPP 项目，从项目投测、融资管理、合约签订、公司设立、一级土地整理、二级土地开发、项目运营、项目退出等均对税务管理提出了更高的要求。前述提到的每一个环节，都将在不同的阶段对项目税金计算产生一定的影响。例如，项目投测阶段与政府方关于项目立项主体、资产权属、出资比例、征地拆迁模式与票据获取、政府付费/可行性缺口补助、运营费用承担与收益分配等，都将直接影响项目各个阶段的利润及税金。因此，城市综合开发 PPP 项目的财务管理，不仅需运用“业财融合”的管理理念，前置财务人员的角色，充分发挥财务信息对业务的预测、管控和评价作用，更要将该管理理念进一步升级为“业财税一体化”，提升税务管理在财务工作中的重要性。通过前置税务管理工作，优化测算结果，为前端业务提出指导性意见及风险防范措施，并将税务管理工作持续贯穿于整个全项目开发周期中，实现业务流程、财务流程、税务管理流程的有机结合，进而实现利润最大化。

项目、城市综合开发的各个阶段在我国的发展尚未成熟，各业务模式 [illegible]

（三）以盈利为目的本质要求

[illegible]

（四）从"业财融合"到"业财税一体化"

[illegible]

管 理 篇

第二章

项目公司设立

PPP 项目公司是依法设立的自主运营、自负盈亏的具有独立法人资格的经营实体，作为 PPP 项目合同及项目其他相关合同的签约主体，负责项目的具体实施。在项目公司设立前期，项目投资人主要通过 PPP 合同、股东协议、公司章程等文件明确项目公司股权结构设置，股东股权比例、出资金额、出资方式、股权转让、税后利润分配等事宜。

本章节结合 PPP 合同签订与谈判细节，整理归纳出在项目公司成立阶段影响项目收益的重要涉税风险点，并针对性地提出合同修改意见。

第一节　注册资本金

一、基本概况

项目的资本金按各批次 PPP 投资范围内项目总投资的一定比例设置，项目分期分批实施，相应的项目资本金由投资方按约定的股权比例根据项目实施进度分期投入到位。

二、涉税分析

根据《关于企业投资者投资未到位而发生的利息支出企业所得税前

扣除问题的批复》（国税函〔2009〕312 号）的规定，凡企业投资者在规定期限内未足额缴纳资本额的，其对外借款所发生的利息，相当于投资者实缴资本额与在规定期限内应缴资本额的差额应计付的利息，不属于企业合理的支出，应由企业投资者负担，不得在计算企业应纳税所得额时扣除。

若 PPP 协议中约定注册资本金为总投资的 20%，同时又约定各股东按照项目建设进度分期分批出资，在认缴资本和实缴资本不一致的情况下，部分税务机关会认定为股东出资不到位，出资不到位金额对应的借款利息存在不能税前扣除的风险。

三、管理建议

1. 项目公司章程中不要明确注册资本为总投资的固定比例，而应明确为“公司注册资本以实际出资额为准”，后期项目公司可根据股东出资进度分阶段修改章程。

2. 国税函〔2009〕312 号文件中的“规定期限”应为项目公司章程约定的出资时间，分期出资情况下，项目公司章程应对各期应缴资本额和出资期限予以明确。

3. 对于各股东按公司章程约定分次实缴出资时，项目公司应根据《国家税务总局关于资金账簿印花税问题的通知》（国税发〔1994〕25 号）的规定，按“实收资本”和“资本公积”两项的合计增加金额补贴印花。

注册资本实行认缴制后，认缴但未实际投入的资本，认缴时账务不作处理，实际投入时记入“实收资本”科目，即注册资本实行认缴制后，认缴但未实际收到投入的资本时，无需缴纳印花税，待实际收到投入资本时再缴纳印花税。

第二节　土地出资

一、涉税分析

对于投资方以土地出资的，项目公司需关注两大要点：一是关于作价入股土地价值的确定；二是对于项目公司接收土地涉及的相关税费的分析。

原则上，投资方以土地作价入股项目公司应以出资时点的土地公允价值确定其出资额，但是该过程风险不可控。此外，由于投资方以土地出资的过程中对应的土地使用权权属人已变更为项目公司，因此，项目公司需就承受土地行为缴纳契税和印花税。

（一）契税

根据《财政部　税务总局关于继续支持企业事业单位改制重组有关契税政策的通知》（财税〔2018〕17号）的规定，以出让方式或国家作价出资（入股）方式承受原改制重组企业、事业单位划拨用地的，不属上述规定的免税范围，对承受方应按规定征收契税。因此，政府以作价出资（入股）方式转移国有土地使用权的行为，应视同土地使用权转让，项目公司作为承受方应按规定缴纳契税。

（二）印花税

项目公司实收资本增加，“记载资金的账簿”的印花税计税依据为“实收资本”与“资本公积”两项的合计金额。因此，项目公司应按实收资本和资本公积的当年净增加金额，缴纳万分之二点五的印花税。

二、管理建议

对于土地出资的涉税处理，需关注两大要点：一是出资时点的土地价值确定；二是移交环节的税费承担。针对以上问题，我们提出如下谈判思路：

（一）出资时点的土地价值确定

根据《国家税务总局关于企业所得税应纳税所得额若干问题的公告》（国家税务总局公告2014年第29号）第一条的规定：县级以上人民政府（包括政府有关部门，下同）将国有资产明确以股权投资方式投入企业，企业应作为国家资本金（包括资本公积）处理。该项资产如为非货币性资产，应按政府确定的接收价值确定计税基础。

因此，对于作价入股的土地价值的确定，可与政府方协商，由政府方直接将土地以股权投资方式投入项目公司，然后再以股权划转方式将该股权转给接收方，从而使该作价入股土地可按政府确定的接收价值确定计税基础，增加双方的谈判空间。

该方式下，由于政府方无法开具增值税专用发票，因而项目公司应向政府方索取合规的财政票据（如行政事业统一收据等），作为公司企业所得税税前扣除的凭据。

（二）移交环节的税费承担

由于项目资产权属影响项目公司移交资产环节的税收成本，因此，项目公司应参考以下谈判思路，提前与政府协商、明确无偿移交资产环节的税费承担。

1. 对于 PPP 无偿移交范围内的资产，项目公司应尽量不取得产权，从而规避无偿移交资产时的视同销售风险。

2. 若基于融资等客观因素考虑，项目公司需持有部分资产产权的，项目公司应与政府方沟通，由其协助项目公司与税务机关进行谈判，明确项目公司作为资产权属人，无偿移交 PPP 项目范围内资产时不征税；同时双方在 PPP 协议里明确，对于因税收政策进一步明确或税务机关掌握标准变动而在无偿移交环节产生的税费由政府方承担。

3. 对于项目公司取得产权的资产，但税务机关未给予明确不征税意见的，项目公司应与政府方谈判，明确项目公司因无偿移交资产而承担的增值税、土地增值税等相关税费由政府方补偿。

第三节　利润分配

一、基本概况

基于风险、收益等因素的考量，对于项目公司产生的不同业务利润，PPP 协议应约定股东方以不同形式参与分配。具体包括但不限于：

1. 土地整理配合服务、基础设施项目、公共服务与产业配套项目的投资收益分配；

2. 整体项目下的建设施工利润的分配；

3. 其他利润，主要包括产业导入利润和运营服务利润的分配。

股东回报机制如表 2 – 1 所示。

表 2-1　　股东回报机制

回报分项	社会资本	政府资本出资代表
投资收益	有	股本金由财政统筹安排，不回收本金也不计算投资收益（即不纳入政府付费计算范围）
工程利润	全额享有	不参与分配
其他利润（如有）	参与分配	参与分配（根据财政部相关规定，若其股本金由财政统筹安排或国有土地作价出资的，其所得利润分配收益须上交国库）

二、分配方案

由于项目公司产生的不同业务利润，其对应的股东分配主体不同，且项目公司税后利润仅能按照持股比例分配，无法按照业务类型分割，因此，针对以上错综复杂的分配形式，我们在考虑合理设置股权结构的基础上，提出以下解决方案：

（一）设立全资子公司

1. 方案内容。投资方设立全资子公司，并委托其负责本项目的融资工作，投资方通过向子公司支付借款利息的方式将本项目的投资收益转移至子公司。同时，项目公司将本项目建安工程全部发包给投资方联合体，由其留存全部施工利润。

2. 方案优点。该方案中，通过设立子公司和发包建安工程等方式，将项目公司的投资收益和建安利润转移到其他纳税主体，从而实现不同业务利润的分割。

3. 方案缺点。首先，由于新设的子公司无实际经营业务，且基本无资产，因而较难获得外部融资；其次，作为独立的纳税主体，子公司取得的贷款利息收入需按“贷款服务”税目，适用6%的税率缴纳增值税；最后，由于投资方与子公司为关联企业，双方借款交易在不符合独立交易原则时，对于投资方超过债资比部分支付的利息不得在企业所得税前扣除。

（二）引入财务投资人

1. 方案内容。金融机构发起成立资管产品募集资金，投资方和引入的财务投资人共同认购资管产品份额，并通过收取固定收益的方式实现分配，其中，用于分配的收益 =（总投资 - 注册资本金）×综合收益率7.89%。

2. 方案优点。可分离项目投资收益和其他收益，从而实现利润分配；无方案一关联交易定价的涉税风险。

3. 方案缺点。首先，投资方需支付一定比例的通道费，因而投资资金较原方案更多；其次，由于固定收益的计算基数是项目融资额，因此，除融资额之外，投资方无法获得注册资本金对应的投资回报，但是该弊端可通过提高贷款利率水平予以解决，即约定的贷款利率高于综合收益率；最后，由于资管产品管理人运营资管产品过程中发生的增值税应税行为需按照3%的征收率缴纳增值税，因此，对比现有结构，该方案下将多缴纳一道增值税，直接影响投资人的实际收益。

（三）设立两个会计核算主体

项目公司设立两个核算主体，同时公司章程约定不同的分红方式，具体为：

1. 按两个会计主体盈亏计算分配利润。

（1）方案内容。项目公司下设两个独立的会计核算主体（利润中心），分别为投资中心和运营中心。其中，投资中心负责建设、投融资业务的会计核算，运营中心负责运营业务的会计核算。

针对股东分配条款，项目公司应在公司章程中明确约定，运营中心发生亏损时，项目公司当年税后利润如何分配；运营中心盈利时，应先用运营中心税前利润弥补以前年度累计亏损，弥补亏损后运营中心仍有税后利润可供分配的，又当如何分配。

（2）方案优点。该方案不改变现有交易模式，仅从项目公司会计核算层面对业务利润进行分离，从而达到各股东参与不同利润分配的目的。同时，项目公司作为独立纳税法人，汇总不同核算主体的营业利润，并按盈亏互抵后的利润计算应缴纳的企业所得税，因此，也不存在重复纳税的问题。

（3）方案缺点。该方案中，公司章程约定的利润分配方式计算比较复杂，且完全不同于以往传统的分配方式，因而，较难获得税务机关认可。

2. 分阶段约定不同的分红比例。

（1）方案内容。由于前期运营收益比较小，项目公司章程可分阶段修改，前期约定政府不分红，中期少量分红，后期逐渐增加分红。具体分红比例需要根据测算数据进行修改。

（2）方案优点。该方案在不改变现有交易架构的情况下，可简单、明晰地实现投资收益和其他收益的分割，从而达到各股东参与不同利润分配的目的。

（3）方案缺点。在政府拥有一票否决权的情况下，频繁修改章程较为困难。

（四）成立两个项目公司

投资方与政府方谈判设立两个项目公司，其中，项目公司 1 负责投融资及建设，项目公司 2 负责产业导入和综合运营服务。

根据运营权转移方式的不同，该方案又可细分为：

1. 委托运营。

（1）方案内容。项目公司 1 委托项目公司 2 运营。

（2）方案优点。通过投融资、建设、运营等业务的分离，从而实现不同利润的分割，以达到各股东参与对应利润分配的目的。

（3）方案缺点。首先，投资方和政府需额外出资项目公司 2，增加了两者的资金压力；其次，委托运营方案需获得政府认可、批准；最后，委托运营模式下，项目公司 1 向项目公司 2 支付的委托运营费相对固定，而本项目的运营等其他利润未知，由于两者较难匹配，因此，项目公司 2 实现的利润很难与本项目实际的运营等其他利润完全相等，而且项目公司收取固定的委托运营费也与本项目综合运营市场化的初衷相违背。

2. 政府方授予特许经营权。

（1）方案内容。政府将特许经营权直接授予项目公司 2。

（2）方案优点。通过投融资、建设、运营等业务的分离，从而实现不同利润的分割，以达到各股东参与对应利润分配的目的。

（3）方案缺点。首先，投资方和政府需额外出资项目公司 2，增加了两者的资金压力；其次，项目公司 1 授予特许经营权的行为是否缴纳增值税，现行税收政策不明确；最后，特许经营权如何授予也是本方案的难点。

第三章

合同签订与谈判

本章节主要基于 PPP 合同草案及前期项目调研情况，针对项目的不确定事项和税收风险点，提出项目公司与政府和税务机关主体之间的谈判要点及思路。

第一节　合同签订要点

PPP 项目周期长、交易结构复杂、各方主体非对称等项目特性，决定了 PPP 项目全生命周期中必然存在着一定的风险。在前期 PPP 项目的实践中，由于各种原因导致双方对相关风险责任承担产生分歧，严重影响项目的进展。而社会资本方相对政府比较弱势，如果前期没有针对相关涉税条款提前明确，会导致后期出现涉税问题时十分被动。因此，在 PPP 项目签订协议前期，针对各项问题与政府谈判确定是非常必要的，避免后期引起纠纷造成不必要的损失。

一、合同签订原则

（一）项目合同构成

下列文件应视为构成并作为阅读和理解项目合同的组成部分，且互为补充和解释，如各文件存在冲突之处，以如下排列次序在前者优先适用：

1. 本合同执行过程中双方签订的各批次项目执行合同、补充协议（如果有）；

2. 本合同协议书；

3. 本合同条款及合同附件；

4. PPP 项目投资协议；

5. PPP 项目的招标文件（含招标过程中发出的补遗、澄清文件）；

6. PPP 项目的投标文件（含评标期间经确认的澄清文件）；

7. 经批准的规划文件、设叶文件、技术标准、规范等；

8. 构成本合同组成部分的其他文件。

在项目合同履行过程中签署的与本协议有关的文件均构成本合同文件组成部分。

当上述文件之间对同一事项约定存在不一致或矛盾之处，按照后约优先于前约的原则适用签订时间在后的合同条款，如果是同时签订的文件，由双方协商确认适用的条款。招标文件、投标文件与本合同互为补充，在本合同中没有明确规定的应当参考招标文件、投标文件的相关陈述，招标文件、投标文件没有明确说明的按照本合同的有关规定执行。

（二）签订原则

根据上述项目合同构成条款，项目合同体系由 PPP 项目框架合同和各批次项目执行合同等文件组成，且各批次项目执行合同优先适用 PPP 项目框架合同。

鉴于项目合同构成形式及法律优先适用顺序差异，我们建议，针对分期分批子项目涉及的税务事项条款在各批次项目执行合同中进行约定，PPP 项目框架合同中不对具体事项进行明确，仅增加兜底条款，如“分期分批子项目具体涉税条款以各批次项目执行合同约定为准”。

此外，对于合同体系由“框架合同 + 执行合同”形式构成的，公司还需重点关注印花税的问题。由于 PPP 项目合同（含框架合同和各批次项目执行合同）不在印花税应税凭证列举范围内，PPP 项目合同是否需要缴纳印花税尚存在争议，实务中，合同双方均未贴花。但对属于印花税应税凭证的合同，如总承包合同，则建议框架合同中不记载明确金额，由各批次执行合同予以记载，以规避重复缴纳印花税的风险。

二、与政府谈判要点

（一）项目立项主体

谈判思路。如第六章土地一级开发/第一节土地整理配合服务项目/一、项目立项主体/（二）涉税分析所述，项目立项主体影响税务机关对项目公司移交资产行为适用税目、税率的判定，因此，项目公司可参考以下谈判思路与政府方协商。

1. 尽量与 PPP 协议保持一致，政府作为本项目的立项主体。

2. 若实务中项目公司为立项主体，且后期不考虑变更，则 PPP 协议应作相应的修订，一是明确立项主体变更为项目公司，避免合同与实际情况不相符合；二是明确项目公司作为立项主体时增加的相关税费由政府承担，且以合理方式补偿给项目公司。

3. 如果立项主体需要变更，相关批复文件需要重新审批，要求政府给予协助，如果政府协助不到位导致无法变更立项主体的损失由其承担。

（二）资产权属

谈判思路。详见第二章项目公司成立/第二节土地出资/二、管理建议/(二）移交环节的税费承担。

（三）土地出资

谈判思路。详见第二章项目公司成立/第二节土地出资/二、管理建议/(一）出资时点的土地价值确定。

（四）前期费用

谈判思路。如第六章土地一级开发/第一节土地整理配合服务项目/二、前期费用/(二）涉税分析所述，针对前期费用，项目公司需全面梳理其合同、发票、付款情况，尤其是针对政府作为合同执行主体，已付款或取票的合同，并根据合同的实际执行情况，参考以下方案进行处理：

（1）政府方已签订合同，但尚未支付款项，也未取得发票。此种情况下，建议政府方、项目公司与第三方企业补签三方协议，将合同权利全部转移给项目公司。项目公司直接与第三方企业进行结算，并取得项目公司抬头的发票。

（2）政府方已与第三方企业签合同并支付部分款项，但尚未取得发票。此种情况下，建议政府方、项目公司与第三方企业补签三方协议，将合同权利全部转移给项目公司。由于项目前期政府方已向第三方企业支付款项，因此，项目公司需偿还政府代垫款，同时向第三方企业索取项目公司抬头的发票。

（3）政府已与第三方签合同并付款，且已经取得发票。此种情况下，项目公司可参考以下思路进行谈判：

①与政府方沟通，由其协助项目公司与税务机关就代收转付方案进行谈判。

②代收转付方案不可行时，项目公司应就无法取得发票产生的税收损失补偿问题与政府方进行谈判。

③政府方不补偿税费的，项目公司应与政府方、第三方企业协商补签三方协议。项目公司偿还政府方前期代垫的款项，政府方则将已收取的发票退回第三方企业，由其重新开具项目公司抬头的发票；发票无法退回重开时，政府方以向项目公司提供前期管理服务的方式，向项目公司开具"企业管理服务"税目的发票。

提示：对于补签的三方协议，若属于印花税应税范围，均需按新签协议适用税率重新缴纳印花税。

2. 谈判落实。针对政府方已垫付的前期费用，项目公司采取的解决方案是补签三方协议，偿还政府垫付款时，项目公司可取得行政事业收费收据。

（五）征地拆迁费

谈判思路。增值税方面，如第三章合同签订与谈判/第一节合同签订要点/二、与政府的谈判要点/（六）政府付费/可行性缺口补助所述，项目公司未来收取的政府付费中包含征地拆迁费产生的全部增值税及附加，即便针对政府付费采取不同的纳税模式，项目公司仍无需承担该部分税费。

企业所得税方面，由于项目公司支付征地拆迁款仍需取得合规票据才能在所得税前扣除。因此，项目公司应与政府进行沟通，并在PPP协议中明确政府应提供合规的财政票据，作为项目公司支付征地拆迁费的前提。

（六）政府付费/可行性缺口补助

谈判思路。针对政府付费和可行性缺口补助是否为含税价，目前存在争议：

（1）常规理解，政府付费中建设成本应该是含税金额，综合收益是不含税的，政府付费公式中的增值税金及附加仅指综合收益的增值税金及附加。

（2）根据一些 PPP 协议草案条款中关于 Sn 的释义，政府支付的增值税金及附加是指项目公司第 n 期产生的进项抵扣后应纳增值税及附加，以及一些合同关于税费分担机制的约定，我们理解，政府付费计算公式中的建设成本和综合收益均为不含税价，项目公司发生的所有增值税及附加均能获得补偿。

以上两种理解的主要差异之处在于，建设成本对应产生的增值税金及附加能否得到补偿。在项目公司取票不充分，认证抵扣的进项税额不能完全抵减销项税额时，第一种理解下，该税费由项目公司自行承担，而在第二种理解下，该税费可从政府付费中得到弥补。

鉴于政府付费为不含税价时对项目公司更加有利，因此，项目公司和政府谈判的方向是建设成本和综合收益都为不含税价。

（七）关注激励机制、风险分担条款

谈判思路。鉴于很多协议草案对合作期限的约定较为笼统，各子项目的建设期和运营期未准确划分，而运营期限又影响各子项目计算的付费收益，因此，我们提出以下建议：

（1）建设期与运营期分开规定相应年限。建设期的年限直接影响运营期年限，如何设置相应条款，需要结合项目的类型来确定。

针对准经营性项目，后期收入主要来源于使用者的付费，收取使用者付费的年限直接影响项目的收益。因此，此类项目如建设期提前完工，提前完工期限不应扣减运营期限；如建设期滞后完工，运营期限应从达到运营条件后计算运营期；如 PPP 项目部分工程建设达到了运营的条件，提前运营的，不应计算运营期限，而应整个项目全部达到运营条件后才开始计算运营期。

针对非经营性项目，后期收入主要来源于政府付费，此类项目的运营期限决定政府付费的时点，而政府付费项目，无论付费的时点从何时计算，付费的期限不变。因此，此类项目如果建设期提前完工，应考虑提前进入运营期，政府提前回购；如果建设期滞后完工，政府付费时点不应改变，运营期应相应缩短，总合作期限不变；如果部分工程各子项目单独进入运营期，应分别单独计算运营期限。

（2）PPP 项目是基于目前相关税收政策签订的，后期由于税收政策的变动减少相关税费的，政府应给予社会资本方享受政策带来的红利；如果税收政策的变动增加相关税费的，政府应该承担政策变动给社会资本方带来的损失。

（八）超额收益分配

谈判思路。

1. 合同条款。

案例：

对于某准经营性项目，PPP合同中约定了如下收益分成条款：在进入运营期4年（培育期）后，每三年为一个评估周期，由政府方与项目公司共同聘请第三方评估单位，对项目周边及同类性质项目的市场经营收入平均水平进行评估，用项目公司实际经营收入与市场平均收入水平评估值对比，若项目公司实际经营收入高于市场平均收入评估值，则对超出部分（超额收益）由政府与项目公司按照4:6的比例由双方共享；若项目公司实际经营收入低于市场平均收入评估值，对于非项目公司原因导致的缺口部分，由政府和项目公司按4:6的比例分担风险。其中，政府可获取的收益分成额首先用于支付项目投资成本（包括建设成本、综合收益等），不足部分由政府支付可行性缺口补贴，纳入财政承受能力评估范围。其计算公式为：

可行性缺口补助 = 投资成本 - 经营净收入 - 政府可获取的收益分成（如有） + 运营补贴（如有） + 增值税金及附加

上述收益分成比例仅适用于物业一级租（售）收入（含物业管理费收入）及相应的物业管理成本（包括推广费、人工费、水电费、办公费等直接成本及税金等，但不含贷款利息等财务成本），若项目公司采用物业租（售）之外的其他经营模式（如自主进行二级经营等），其收益分成机制另行协商确定。

项目公司若为入园企业提供其他服务的，双方的收益分成机制由其自行协商确定。

2. 涉税分析。对PPP项目中设置的超额收益分成机制，需要注意以下涉税难点：

（1）超额收益与超额收入的概念混淆不清，存在理解差异。政府分得的部分究竟是收入还是利润，建议项目公司与政府方明确。

（2）经确认后属于超额收入分成的，项目公司需区分有无可行性缺口补助两种情形分别进行处理：

若当年计算的可行性缺口补助为正数，即抵减政府可获取的分成收入后，项目公司仍可获得可行性缺口补助，在这种情况下，项目公司未实际发生此项成本、费用支出，不存在税前扣除问题。

若当年存在政府分成收入，且按公式计算的可行性缺口补助小于等于零，则对于项目公司向政府支付的超额收入分成部分，需取得合规票据用于企业所得税税前扣除，但由于双方无交易业务实质，因而该部分支出存在无法税前扣除的风险。因此，建议项目公司与政府协商，对无法税前扣除的税费损失由政府方承担。

(3) 经确认后属于超额利润分成的，项目公司同样需区分税前利润和税后利润分配两种情形：

①税前利润分成方式下，项目公司仍存在无法税前扣除的风险，并且由于适用收益分成机制的业务仅为物业一级租（售）服务，因此，会计核算上，项目公司需对物业一级租（售）服务和其他经营模式取得的收入和成本进行区分，否则，无法准确计算政府分成收益。

②税后利润分成方式下，项目公司无税前扣除问题，但是，由于计算分成收益的扣除基准仅为物业管理直接成本，包括推广费、人工费、水电费、办公费等直接成本及税金等，但不含贷款利息等财务成本，对项目公司而言，政府分成收益部分未共同分摊此部分成本，因此，在税后利润基础上计算政府分成收益的操作性难度较大。

(九) 运营期大中修费用

谈判思路。

案例：

在某 PPP 协议草案中，对于基础设施项目，其维修养护范围明确包含建设实体工程（含主体和附属设施）的日常维修养护（含小修、大修）以及道路、路灯等硬件设施、设备每 6 年一次大修服务内容，且项目公司通过政府支付运维绩效服务费方式获得大中修成本的补偿。

对于准经营性项目，即产业大厦、科技孵化中心、研发大楼、通用厂房、工业厂房、仓储物流、安置房、社区服务中心等，其维修养护范围仅包括日常管理维护，不含房屋和设备的大中修，且费用补偿方式也未予明确。

建议在 PPP 协议中明确约定准经营性项目的大中修问题，包括具体大修时间、费用补偿等。

（十）回迁安置房

谈判思路。如第六章土地一级开发/第一节土地整理配合服务项目/四、回迁安置房所述，若项目公司作为安置房立项主体，并且同时提供建筑服务，存在增值税和土地增值税的视同销售风险，基于此，我们提出以下建议：

（1）项目公司应与政府协商，由政府作为立项主体，同时在PPP协议明确约定项目公司不拥有安置房产权，仅提供房产代建服务，以规避产权转让带来的一系列税收问题。

（2）若上述建议可实现，基于安置房建设项目采用政府付费模式，在当前PPP税收政策不明晰的情况下，项目公司仍需提前与政府和税务机关沟通政府付费适用的税目和税率问题。

（3）若上述建议无法实现，则项目公司应与政府对安置房无偿移交涉及的税费补偿问题进行谈判。

（十一）收益条款

谈判思路。对于内涵一致的综合收益和投资收益，协议中应明确相关条款，加以统一，以避免歧义。

案例：

在某项目签订的投资协议中约定，社会资本合理收益率。同时，补充条款对PPP投资协议及相关文件适用优先顺序作出补充说明，即遵循后约优先于前约的原则，投资协议优于招投标文件和PPP合同草案。

由于上述投资协议中仅明确了社会资本合理收益率，未提及综合收益率等关键条款，且投资协议在合同执行层面处于优先顺位。因此，我们建议，在投资协议中增加综合收益率计算公式，即年综合收益率＝同期五年期以上银行贷款基准利率＋社会资本合理收益率（中标价），以避免产生歧义，使得项目公司投资收益按照社会资本合理收益率计算。

三、与税务机关谈判要点

（一）项目立项主体

如第六章土地一级开发/第一节土地整理配合服务项目/一、项目立项主体分析，由于实务中存在部分税务机关以项目立项主体作为资产产权归属的判定条件之一，从而导致前期项目公司立项，运营期满无偿移交资产时按“销售不动产”税目缴纳增值税。因此，项目公司应提前与当地税务机关沟通，项目公司作为立项主体，但不拥有资产产权的情况下，其无偿移交资产时应涉及缴纳增值税等相关税费。

（二）项目适用税目和税率

谈判思路。鉴于目前关于政府付费和可行性缺口补助的增值税政策尚未明确，因此，项目公司应结合四种纳税模式的测算结果，选择最优方案与当地税务机关进行谈判。对四种纳税模式，其关注要点如表 3－1 所示。

表 3－1　　纳税方案对比表

方案名称	方案谈判方向	方案要点	注意事项
贷款服务模式（0＋6%）	项目公司提供的本质上是贷款服务，应比照贷款服务缴纳增值税	此方案下，项目公司提供资金，获取固定收益，其本质是一种贷款服务，应按照“金融服务—贷款服务”缴纳增值税	因比照贷款服务缴纳增值税，因此，其取得的进项税额也不得在税前抵扣
综合管理服务模式（6%＋6%）	项目公司提供的是综合管理服务，包括建筑、金融贷款、运营维护的多项服务	此方案下，项目公司提供的不是单一服务，而是针对项目的整体综合服务，应按照“企业管理服务”税目缴纳增值税	项目公司的收益按照 6% 缴纳增值税，但其取得的进项税额中，大部分为 10% 的建筑安装业的发票，可能会产生留抵
建筑服务模式（9%＋9%）	项目公司提供的是建筑服务，虽然项目公司没有施工资质，但是其本质上还是一项建筑服务	此方案下，认为项目公司提供了一个整体的建筑服务，所有的收入都是建筑收入	项目公司如按照建筑服务 10% 缴纳增值税，税负较重
建筑服务＋贷款服务模式（9%＋6%）	项目公司提供的本金部分是建筑服务，其余部分为提供的资金的利息收入	此方案下，认为项目公司提供了两项服务，一项是建筑服务，另外一项是贷款服务	项目公司需将每期收回的款项人工进行区分，划分建筑服务与贷款服务的金额，管理复杂

（三）地方优惠政策

需要根据中央及地方政府颁布的招商引资及扶持工业、服务业发展的相关文件，梳理出项目公司及总包方可能享受的优惠政策，包括但不限于：

1. 招商引资奖励。在产业导入阶段，对项目公司引荐固定资产投资额达规定标准的工业、现代服务业等项目，是否可给予一定比例的奖励资金；或对引荐国家级孵化器、研发机构等创新创业平台的，是否可给予固定金额的鼓励资金。

2. 大项目落户奖励。项目公司注册成立，且项目主体工程正式动工后，是否可申请一次性奖励。

3. 服务业发展扶持。

（1）对列入市级或省级以上的现代服务业项目，是否可申请服务业发展引导资金。

（2）对省级以上现代服务业集聚区内公共服务平台产生税收的，是否可获得市创新驱动发展引导补助资金，并优先推荐其申报省级、国家级项目资金补助。

（3）对新获得国家级或省级的现代服务业基地等称号的集聚区，是否可给予一次性的资金扶持。

（4）保障现代服务业项目用地需求。项目公司运营 PPP 合同范围外的业务，且需要购置土地的，是否可在符合条件时由省、市协调安排年度土地利用年度计划指标。

4. 总包方落户优惠。若本项目总包方在项目所在地设立子公司，以子公司的名义开展业务，在工商、住建、税务部门办理相关手续时，子公司是否可获得相关优惠。

第二节 其他合同签订要点

一、股东协议

（一）注册资本

根据国税函〔2009〕312 号文件规定，相当于投资者实缴资本额与在规定期限内应缴资本额的差额应计付的利息，其不属于企业合理的支出，应由企业投资者负担，不得在计算企业应纳税所得额时扣除。

由于实际操作时，各地对认缴制下的“应缴资本额”的理解存在较大差异，部分税务机关认为“应缴资本额”为公司股东认缴的全部注册资本，因此针对该税收征管风险，我们建议，投资协议中“注册资本按总投资的20%设定”的条款修改为“注册资本以实际出资额为准”，后期项目公司股东再根据实际出资额及投资进度阶段性修改协议。

（二）注资时间

股东各方注册资本金的时间影响资金的占用成本，因此，股东投资协议的注册资金的投入时间尽量与投资建设进度相匹配。

（三）利润分配

根据《中华人民共和国公司法》第三十四条规定，在全体股东约定的情况下，可以不按照出资比例分取红利。现行《中华人民共和国税法》规定，不按比例分红享受股息、红利免征企业所得税时应有合理的理由且在公司章程中明确约定。所以，对于同股不同权的情形，社会资本方分取股息、红利时也可以享受免征企业所得税的优惠。因此，建议在签订股东投资协议时，应明确不按投资比例分红的具体方式、是否参与管理等情况。

（四）明股实债

明股实债方式下，需要注意财务投资人利息支出的税前扣除问题，建议在引入财务投资人签订投资协议时，明确以下事项：

1. 项目公司接受投资后，需要按投资合同或协议约定的利率定期支付利息（或定期支付保底利息、固定利润、固定股息，下同）；

2. 有明确的投资期限或特定的投资条件，并在投资期满或者满足特定投资条件后，项目公司需要赎回投资或偿还本金；

3. 财务投资人对项目公司净资产不拥有所有权；

4. 财务投资人不具有选举权和被选举权；

5. 财务投资人不参与项目公司日常生产经营活动。

满足以上条件，项目公司支付给财务投资人的利息支出可以按规定进行税前扣除。

（五）税费承担

投资方将土地折价入股以及项目公司取得产权的项目，项目公司账面会形成无形资产或者固定资产，后期按照合作期限进行摊销。运营期满后无偿移交可能存在视同销售的风险。因此，建议在投资协议中明确约定，因无偿移交视同销售产生的增值税及附加税费、土地增值税、企业所得税等相关税费应由政府补偿。

（六）股权退出

投资方退出的时间和退出方式将适用不同的税收政策，涉及的税额也不尽相同。因此，在签订股东协议时，应明确投资方股权可以退出的时间和方式，包括但不限于政府回购股权。

若现阶段无法确定股权退出的相关事宜，建议后期以签订补充协议方式予以明确。

二、总承包协议

（一）预付款开票

在签订工程承包合同时，尽量约定合理的预付款比例和时间，避免工程承包方在收到预付款时即开具发票，避免提前缴纳增值税，最大限度降低资金的占用。

（二）明确计税方法

业务模式直接影响计税方法的选择，经过测算确定计税方法后，应合理考虑税费成本选择业务模式，如甲供材时总承包方才可以选择简易计税，并在签订总承包合同时明确选择的计税方式、税率、发票等相关内容。

（三）质保金的形式与发票开具

根据《国家税务总局关于在境外提供建筑服务等有关问题的公告》（国家税务总局公告2016年第69号）的规定，纳税人提供建筑服务，被工程发包方从应支付的工程款中扣押的质押金、保证金，未开具发票的，以纳税人实际收到质押金、保证金的当天为纳税义务发生时间。如果项目公司与社会资本方在工程合同中约定，工程竣工结算后社会资本方按未扣除质保金的工程款全额开具发票给项目公司，并执行合同条款，会造成社会资本方提前缴纳质保金部分的增值税及附加税，从而导致社会资本方的资金占用，增加资金成本。

《国家税务总局关于贯彻落实企业所得税法若干税收问题的通知》（国税函〔2010〕79号）第五条规定，企业固定资产投入使用后，由于工程款项尚未结清未取得全额发票的，可暂按合同规定的金额计入固定资产计税基础计提折旧，待发票取得后进行调整。但该项调整应在固定资产投入使用后12个月内进行。对于质保时间超过12个月的，还要考虑项目公司要扣除投资成本，取得发票时间不得超过固定资产投入使用后12个月。

项目公司与社会资本方应综合考虑资金占用、成本扣除等因素后，确定合理的质保金开票及付款时间，并在总承包合同中明确。

第四章

融资模式

第一节　股东借款

一、基本概况

根据《贷款通则》的相关规定，企业之间不得违反国家规定办理借贷或者变相借贷融资业务，因此股东贷款一般是指股东提供合法资金转入委托银行，委托银行根据股东确定的贷款对象（项目公司）、用途、金额、期限、利率等代为发放、监督使用并协助收回的贷款业务。

值得关注的是，在 2018 年 1 月 6 日，银监会正式发布的《商业银行委托贷款管理办法的通知》（银监发〔2018〕2 号）第十条中明确禁止了受托管理的他人资金作为委托方资金来源，因此，任何资产管理产品募集的资金都不能再发放委托贷款。这导致以往股东资金通过资管通道向项目公司发放委托贷款的融资渠道被封堵，项目公司融资更为艰难。

二、涉税分析

（一）增值税

根据《财政部　国家税务总局关于全面推开营业税改征增值税试点

的通知》（财税〔2016〕36 号）的相关规定，项目公司接受贷款服务向贷款方支付的利息及与该笔贷款直接相关的投融资顾问费、手续费、咨询费等费用，不能抵扣进项税。因此，项目公司取得的与股东贷款直接相关的利息、手续费等增值税专用发票不能抵扣进项税额。

（二）企业所得税

企业所得税上，项目公司支付给股东方的利息应凭增值税发票作为税前扣除凭证。在取得合规发票的前提下，对于支付的股东贷款利息支出，项目公司还需重点关注以下两项涉税要点：一是借款金额是否超过关联方债资比限制，超过时能否证明其借款交易公允性；二是约定的借款利率是否超过金融企业同期同类贷款利率。

1. 关联方债资比。《财政部 国家税务总局关于企业关联方利息支出税前扣除标准有关税收政策问题的通知》（财税〔2008〕121 号）规定：关联企业之间发生借款交易，如果能够提供资料证明借款交易符合独立交易原则或者借款方的企业所得税实际税负不高于关联贷款方的实际税负，不受债资比 2:1（其他企业）或 5:1（金融企业）的限制，借款方支付给关联贷款方的利息支出，允许在企业所得税前扣除；如果不能够提供资料证明符合上述条件的，借款方债资比超出比例部分对应的利息支出，不允许在企业所得税前扣除。

根据以上政策，项目公司发生的股东借款金额，在不超过该股东方投入资本两倍以内，对应支付的利息支出可全部于税前扣除；若借款金额超过投入资本两倍的，项目公司需从关联债权投资金额、利率、期限、融资条件以及债资比例等方面准备相关资料，以证明双方借款交易符合独立交易原则，具体资料包括：

（1）企业偿债能力和举债能力分析。

（2）企业集团举债能力及融资结构情况分析。

（3）企业注册资本等权益投资的变动情况说明。

（4）关联债权投资的性质、目的及取得时的市场状况。

（5）关联债权投资的货币种类、金额、利率、期限及融资条件。

（6）非关联方是否能够并且愿意接受上述融资条件、融资金额及利率。

（7）企业为取得债权性投资而提供的抵押品情况及条件。

（8）担保人状况及担保条件。

（9）同类同期贷款的利率情况及融资条件。

（10）可转换公司债券的转换条件。

（11）其他能够证明符合独立交易原则的资料。

2. 融企业同期同类贷款利率。《国家税务总局关于企业所得税若干问题的公告》（国家税务总局公告2011年第34号）第一条规定：根据《企业所得税法实施条例》第三十八条规定，非金融企业向非金融企业借款的利息支出，不超过按照金融企业同期同类贷款利率计算的数额的部分，准予税前扣除。鉴于目前我国对金融企业利率要求的具体情况，企业在按照合同要求首次支付利息并进行税前扣除时，应提供“金融企业的同期同类贷款利率情况说明”，以证明其利息支出的合理性。

“金融企业的同期同类贷款利率情况说明”中，应包括在签订该借款合同当时，本省任何一家金融企业提供同期同类贷款利率情况。该金融企业应为经政府有关部门批准成立的可以从事贷款业务的企业，包括银行、财务公司、信托公司等金融机构。“同期同类贷款利率”是指在贷款期限、贷款金额、贷款担保以及企业信誉等条件基本相同下，金融企业提供贷款的利率。既可以是金融企业公布的同期同类平均利率，也可以是金融企业对某些企业提供的实际贷款利率。

根据以上规定，项目公司承担股东借款利率合理性的举证责任，若不提供或不能提供“情况说明”，只能按照人民银行同期的基准利率进行税前扣除。同时，项目公司提供“情况说明”的时间为“首次支付利息并进行税前扣除时”，最晚到企业所得税汇算清缴时，也就是次年的5月31日前，不需要备案，也不需要提供给税务机关，项目公司只需要留存备查即可。

（三）印花税

借款人和非金融组织所签订的借款合同（如民间借贷）不属于借款合同印花税的征税范围，不征收印花税。项目公司与股东方直接签订的借款合同，由于双方均为非金融组织，因此，该借款合同无需缴纳印花税。

三、管理建议

1. 对于发生的股东借款利息支出，项目公司至少需留存备查以下资料作为税前列支凭据：

（1）借款合同；

（2）首次支付利息的凭证；

（3）本省任何一家金融企业提供的同期同类贷款利率情况说明；

（4）发票。

2. 若项目公司取得“同期同类贷款利率情况说明”存在较大阻碍，且对于超基准利率的利息支出考虑以息转费的方式予以转移，我们理解，项目公司支付手续费、咨询费、服务费等费用时，应具有合理性，且形式要件需齐全。相关资料包括但不限于：

（1）签订服务合同，服务内容需明确；

（2）股东方提供的服务成果；

（3）股东方开具的发票；

（4）项目公司的付款凭证。

针对“息转费”方式，我们理解，财税 2016 年 36 号文件早已明确规定：纳税人接受贷款服务向贷款方支付的与该笔贷款直接相关的投融资顾问费、手续费、咨询费等费用，其进项税额不得从销项税额中抵扣。该项条款的出台，其实质是为堵塞利用“息转费”方式进行税收筹划的漏洞，并且在实际征管中，税务机关对以提供融资咨询、财务顾问等名义收取的财务顾问费、贷款承诺费、融资安排费、理财咨询费等费用极为关注，一旦被查实，项目公司面临的税收风险较大。站在商业银行角度，由于银监会对银行通过“息转费”方式分解利息、费用，人为调整收入结构的行为进行了整顿，国家发改委下发的《商业银行收费行为执法指南》中也对“息税分离”作出强制性规定，基于风险和行业监管的考虑，银行叫停“息转费”业务的可能性非常大，项目公司寻求到有合作意向的金融机构的概率也大大降低。

第二节　外部借款

一、基本概况

项目贷款是针对项目公司进行贷款，以项目产生的现金流或资产作为还款来源的贷款方式。项目贷款是常用的项目融资方法。

项目公司通过项目贷款进行融资，既可有效的隔离社会资本方的财务风险（社会资本方提供担保等增信措施的除外），又可实现社会资本方表外融资的目的，但由于项目公司成立时间短、资产少、资信较差，在严格的银行风控、授信条件下，项目公司获取项目贷款比较困难。

二、涉税分析

（一）增值税

根据《财政部 国家税务总局关于全面推开营业税改征增值税试点的通知》（财税〔2016〕36号）的相关规定，项目公司接受贷款服务向贷款方支付的利息及与该笔贷款直接相关的投融资顾问费、手续费、咨询费等费用，不能抵扣进项税。因此，项目取得的与贷款直接相关的利息、手续费等增值税专业发票不能抵扣进项税额。

（二）企业所得税

根据企业所得税的相关规定，预提的利息支出不能在企业所得税税前扣除，应在实际发生利息支出并取得贷款方开具的增值税发票后，方可在企业所得税税前扣除。

（三）印花税

项目公司签订贷款协议，按照借款合同适用0.005%税率申报缴纳印花税；签订的抵押、质押协议不需要缴纳印花税。

第三节　资管产品融资

一、基本概况

资管产品，包括银行理财产品、资金信托（包括集合资金信托、单一资金信托）、财产权信托、公开募集证券投资基金、特定客户资产管理计划、集合资产管理计划、定向资产管理计划、私募投资基金、债权投资计划、股权投资计划、股债结合型投资计划、资产支持计划、组合类保险资产管理产品、养老保障管理产品。

受国资委对央企杠杆率的监管限制，社会资本方以资管产品进行融资通常具有较强的出表诉求，因此，一般的融资方案通常设计资管产品成为项目公司大股东，以达到社会资本方表外融资目的。同时，金融机构基于投资收益和退出安排等因素的考量，往往也将资管产品募集资金以“明股实债”或“小股大债”形式投入项目公司。但在财办金〔2017〕92 号文件“严禁以债务性资金充当资本金”，国资发财管〔2017〕192 号文件“严格遵守资本金制度，禁止名股实债和购买劣后级份额”、资管新政“限制名股实债结构”等一系列国家政策颁布后，以上传统的融资路径基本被阻断，资管产品以股权形式投资项目公司必须要求同股同权，且社会资本方不得作为劣后级投资人认购资管产品份额。

二、涉税分析

常见资管产品的形式有三种：一是债权形式引入，即借款方式；二是股权形式引入；三是股债联动形式引入。在不同融资模式下，项目公司与社会资本方的涉税情况如下。

（一）债权融资模式

1. 项目公司。

（1）增值税。根据《财政部 国家税务总局关于资管产品增值税有关问题的通知》（财税〔2017〕56 号）的规定，资管产品的管理人在运营过程中取得的固定收益属于增值税应税范围，2018 年 1 月 1 日起应适用简易计税方法，按照 3% 的征收率缴纳增值税。项目公司应从 2018 年 1 月 1 日起要求管理人开具税率为 3% 的增值税发票，以此作为利息支出凭据税前列支。

项目公司支付给贷款方的借款利息及与该笔贷款相关的手续费、投融资顾问费、咨询费等，不得抵扣进项税额。但管理人收取的基金管理费，不属于与贷款相关的手续费、投融资顾问费、咨询费，项目公司可以取得管理人开具的增值税专用发票，抵扣进项税。

（2）企业所得税。项目公司以从管理人取得的利息支出、手续费、管理费等费用的增值税发票作为企业所得税前列支的合法凭据。

（3）印花税。根据印花税相关规定，银行及其他金融组织和借款人所签订的借款合同，按照借款合同适用 0.005% 税率缴纳印花税，因此，项目公司与资管产品管理人签订的贷款合同需按照借款合同适用 0.005%

税率缴纳印花税。

2. 社会资本方。

（1）增值税。根据《财政部 国家税务总局关于明确金融房地产开发教育辅助服务等增值税政策的通知》（财税〔2016〕140号）的相关规定，投资收益是指合同中明确承诺到期本金可全部收回的投资收益。因此，社会资本方作为投资人从资管产品取得的投资收益，需依据合同中规定的相应条款判断是属于保本收益还是非保本收益。如属于保本收益，则应属于利息收入按照贷款服务适用6%缴纳增值税，如属于非保本收益，不征收增值税。对于保本收益的判断，各地税务机关执行过程中可能会出现偏差，社会资本方应结合各地的执行口径进行涉税处理。

社会资本方将购买的资管产品持有至到期，不属于金融商品转让。如果投资人中途转让此资管产品，应按照金融商品转让适用6%税率依据价差缴纳增值税。

（2）企业所得税。社会资本方自资管产品取得持有期间（含到期）的投资收益及取得转让差价收益，均应计入应纳税所得额计算缴纳所得税。

（3）印花税。投资人与管理人签订的资管产品认购合同不属于借款合同，不征收印花税。

（二）股权融资模式

1. 项目公司。项目公司以股权形式引入资管产品，区分固定收益和非固定收益股权投资两种类型。

（1）增值税。固定收益股权投资模式下，项目公司的涉税处理与债权融资模式下的处理一致，本章节不再赘述，具体内容详见第四章融资模式/第三节资管产品融资/二、涉税分析/（一）债权融资模式/1. 项目公司/（1）增值税。

非固定收益股权投资模式下，资管产品管理人取得投资收益为股息、红利，不属于增值税应税范围，不征收增值税，因而，项目公司无需向管理人索取增值税发票，以付款回单、分红决议等资料作为入账凭据即可。

（2）企业所得税。固定收益股权投资模式下，项目公司支付的固定股息，实质上属于接受混合型投资发生的利息支出，该部分利息支出需满足《国家税务总局关于企业混合性投资业务企业所得税处理问题的公告》（国家税务总局公告〔2013〕41 号）文规定的条件，才能在企业所得税前扣除，具体条件如下：

①被投资企业接受投资后，需要按投资合同或协议约定的利率定期支付利息（或定期支付保底利息、固定利润、固定股息，下同）；

②有明确的投资期限或特定的投资条件，并在投资期满或者满足特定投资条件后，被投资企业需要赎回投资或偿还本金；

③投资企业对被投资企业净资产不拥有所有权；

④投资企业不具有选举权和被选举权；

⑤投资企业不参与被投资企业日常生产经营活动。

非固定收益股权投资模式下，项目公司向股东分配的股息红利属于税后利润分配，不可在企业所得税税前列支。

（3）印花税。项目公司以股权形式引入资管产品的，需就接受的投入资本，即“实收资本”和“资本公积”两项合计金额增加部分，适用万分之二点五的税率缴纳印花税。

2. 社会资本方。

（1）增值税。无论在固定收益和非固定收益股权投资模式下，社会资本方作为投资人认购资管产品取得投资收益的涉税处理均与债权融资模式下保持一致，本章节不再赘述，具体内容详见第四章融资模式/第三节资管产品融资/二、涉税分析/（一）债权融资模式/2. 社会资本方/（1）增值税。

（2）企业所得税。社会资本方取得的投资收益应并入收入总额按适用税率缴纳企业所得税。

（3）印花税。投资人与管理人签订的资管产品认购合同不属于借款合同，不征收印花税。

（三）股债联动融资模式

股债联动融资模式下，项目公司和社会资本方的涉税处理可分别参照债权融资模式和股权融资模式进行处理。此外，项目公司还需重点关注债资比问题，具体内容详见第四章融资模式/第一节股东借款/二、涉税分析/（二）企业所得税/1. 关联方债资比。

三、管理建议

1. 社会资本方与资管产品管理人签订的投资合同应尽量避免出现保

本字样或者与保本相关的条款。

2. 项目公司与资管产品管理人签订的贷款合同或投资合同中应明确约定管理人需提供增值税发票等相关条款。

第四节　资产证券化

一、基本概况

资产证券化业务（Asset Backed Securitization，简称 ABS），是指以基础资产所产生的现金流为偿付支持，通过结构化等方式进行信用增级，在此基础上发行资产支持证券的业务活动。

基础资产，是指符合法律法规规定，权属明确，可以产生独立、可预测的现金流且可特定化的财产权利或者财产。其可以是单项财产权利或者财产，也可以是多项财产权利或者财产构成的资产组合。具体而言，基础资产可以是企业应收款、租赁债权、信贷资产、信托受益权等财产权利，基础设施、商业物业等不动产财产或不动产收益权，以及中国证监会认可的其他财产或财产权利。

在典型的 PPP 项目资产证券化结构中，PPP 项目公司作为基础资产转让人，将 PPP 项目公司未来收益权（包含项目公司服务收入、政府缺口补助等）转让给资产服务机构设立的资产支持计划；资产支持计划则通过发行资产支持证券的方式从投资人处取得资金，支付给基础资产转让人；而投资人则未来通过持有的资产支持证券从中获益。

二、涉税分析

（一）项目公司

1. 增值税。项目公司以基础资产未来所产生的现金流作为偿付支持进行资产证券化的过程，其转让基础资产的环节实质上为以未来收益权作质押而筹集资金，基础资产的所有权或者经营权并未发生转移，不属于增值税应税范围。因此，项目公司无需缴纳增值税。

基础资产证券化募集的资金投入项目公司，项目公司支付固定利息，属于资管产品管理人将其通过资管计划募集的资金通过债权的形式投资于项目公司。根据财税〔2017〕56 号文件规定，证券公司作为纳税人 2018 年 1 月 1 日起应适用简易计税方法，按照 3% 的征收率缴纳增值税。因此，项目公司 2018 年 1 月 1 日起应要求证券公司开具税率为 3% 的增值税发票，但不可抵扣进项税额。

2. 企业所得税。项目公司以基础资产未来所产生的现金流作为偿付支持进行资产证券化的过程，其转让基础资产的环节实质上为以未来收益权作质押而筹集资金，基础资产的所有权或者经营权并未发生转移，因此，项目公司不确认收入。

项目公司取得证券公司开具的增值税发票，以此作为利息支出凭据税前列支。

3. 印花税。参照《关于信贷资产证券化有关税收政策问题的通知》（财税〔2006〕5 号）中有关印花税的相关规定，项目公司与资产证券化执行的各单位签订的合同无需缴纳印花税。具体如下：

项目公司与资金保管机构、证券登记托管机构（指中央国债登记结算有限责任公司）以及其他为证券化交易提供服务的机构签订的其他应税合同；因开展资产证券化业务而专门设立的资金账簿暂免征收印花税。

（二）社会资本方

社会资本方作为投资人购买证券进行投资，其涉税处理与第四章融资模式/第三节资管产品融资/二、涉税分析/（一）债权融资模式/2. 社会资本方的涉税处理一致，在此不再赘述。

三、管理建议

对于基础资产打包转让给证券公司进行资产证券化，签订合同时，约定以基础资产未来收益权所产生的现金流作为偿付，以此基础资产进行资产证券化。

在进行资产证券化时，根据企业融资目的和商业实质的判断，在签订合同时应明确结构化设计方案、决策权归属、收益与风险分配、管理费标准、基金份额退出或转让机制等。

第五章

项目基本情况分析

第一节　回报机制

城市综合开发 PPP 项目，回报通常包含以下部分：政府付费、基础设施项目建设综合收益、前期规划与咨询收益、产业导入收益、使用者付费、可行性缺口补助等构成。

一、政府付费

（一）征地拆迁、指标费

计算公式为：政府付费 = 建设成本 + 综合收益 + 增值税金及附加（按项目公司每笔付款计算后汇总）

1. 综合收益。其中，综合收益的计算基础为项目全投资（建设成本 - 政府资本代表出资额）。

年综合收益率 = 同期五年期以上银行贷款基准利率 + 社会资本合理收益率

综合收益从项目公司支付的款项到“拆迁专用共营账户”之日起计（“拆迁补偿安置资金专用账户”为暂定名，具体名称以经双方确认的账户名为准)。

2. 增值税金及附加。包括征地拆迁补偿、土地指标、综合收益所产生的增值税金及附加,按当期国家税收政策按实计取。

(二)基础设施项目建设综合收益

计算公式为:政府付费 = 建设成本 + 综合收益 + 运维绩效服务费 + 增值税金及附加(按单个项目分别计算后汇总)

1. 综合收益。综合收益的计算基础典型计算方式如下:

项目全投资 = (建设成本 - 政府资本代表出资额)

年综合收益率 = 同期五年期以上银行贷款基准利率 + 社会资本合理收益率

为便于读者理解,举例分析如下:

某城市综合开发 PPP 项目,综合收益分建设期综合收益和运营期综合收益。建设期综合收益的计算基础是项目公司负责投融资的建设成本总额(即建设成本—政府资本代表资本金出资额)。土地使用成本的综合收益从项目公司支付的款项到政府账户之日起计。除土地使用成本外的工程建设成本,在施工准备期[项目立项核准(或备案)通过之日至监理工程师批准的开工日止],按项目公司负责投融资的建设成本总额的10%月平均投入模式计算收益;在施工期间(监理工程师批准的开工日起至项目已完工具备使用条件并经甲方书面确认完工之日止),按项目公司负责投融资的建设成本总额的90%月平均投入模式计算收益(因项目公司原因导致工期延误的,该子项目延误期间的综合收益不计取);完工确认之日起至通过竣工验收之日止,按项目公司负责投融资的建设成本总额的100%按实际时间计算收益,建设期综合收益只计算但不支付,按"资本化"处理后在运营期一并支付。运营期综合收益的计算基础是项目公司负责投融资的建设成本总额 + 建设期综合收益(资本化),以通过竣工验收之日起,按累积未支付额和资金占用时间计算。

2. 运维绩效服务费。主要依据经审批的运营维护方案,由项目公司根据当地定额标准确定;定额标准缺项的,参照相关的概算定额、预算定额或其他指导价格确定;当年未及时公布的,按照上一年或近年颁布的指标或标准执行结合市场水平编制运维服务费年度预算,提交政府审查,并结合运维绩效考核情况结算支付。

3. 增值税金及附加。建设成本的增值税按规定可按进项税抵扣,因此，项目公司应按抵扣建设成本（征地拆迁费除外）进项增值税后的应纳增值税额计算增值税及附加，根据当期税务政策按实结算。在大多数PPP项目约定中，政府方为规避承担不应由其负担的税费，会做如下约定：项目公司取得合法有效的进项凭证，在规定时间内做好发票认证等相关工作，若因项目公司未执行相关规定导致的额外税费，由其自行承担。其余的增值税及附加（如果有）视为包含在相关费用的报价中，不另行结算支付。

（三）前期规划与咨询

前期规划与咨询收益，通常按国家及地方、行业相关计费标准由政府方与项目公司协商确定。一般情况下，PPP合同签订前已发生的服务费，按相应服务合同结算，不计取收益。

（四）产业导入

因城市综合开发PPP项目通常带有产业导入要求，通常情况下，产业导入服务按照项目公司所导入产业优质率和为本地带来的效益计取和支付。典型收益包括招商引资奖励、基于导入产业优质率和效益计取的服务费。

1. 招商引资奖励：按照当地招商引资奖励办法执行。

2. 基于导入产业优质率和效益计取的服务费：项目公司所引入企业的投入产出比、税收贡献率等高于地方招商引资相关标准的，对于税收收入高出标准的部分，以年留存于本区级税收收入额作为参考计取基数，乘以中标服务费率计算服务费。该服务费只有在实际税收收入高于地方招商引资相关标准方可支付，且结合绩效考核调整。

二、使用者付费

城市综合运营PPP项目的综合运营服务内容通常包括：物业管理服务、维修养护服务、仓储物流服务、园区公共服务、科技孵化服务、金融配套服务及其他运营服务等。一般情况下，对于综合运营服务的具体服务内容和所需费用由社会资本（项目公司）与具体使用者自行协商定价，自负盈亏，不纳入政府付费（或补贴）范围。

三、可行性缺口补助

一般可行性缺口补助包含的项目包括准经营性公共服务和产业配套

设施。典型的收益计算公式和细则内容举例如下：

（一）收益计算公式

可行性缺口补助=投资成本-经营净收入-政府可获取的收益分成（如有）+运营补贴（如有）+增值税金及附加（按单个项目分别计算后汇总）

（二）投资成本

投资成本=建设成本+投资收益

（三）经营净收入

经营净收入=（经营收入-运营成本）

其中，经营收入按项目公司报送的物业租售等合同价格结合财务审计确定。

运营成本（即物业管理费、运营期土地租赁费等），物业管理费按当期地方物业管理费指导价格确定（若某一时段没有可适用的指导价格的，在上年末由双方协商确定），若项目公司实际成本超支的，由其自行承担风险和损失，政府不予补贴。

（四）政府可获取的收益分成

在进入运营期N年（培育期）后，每n年为一个评估周期，由政府方与项目公司共同聘请第三方评估单位，对项目周边及同类性质项目的市场经营收入平均水平进行评估，用项目公司实际经营收入与市场平均收入水平评估值对比，若项目公司实际经营收入高于市场平均收入评估值，则对超出部分（超额收益）由政府与项目公司按照一定比例由双方共享；若项目公司实际经营收入低于市场平均收入评估值，对于非项目公司原因导致的缺口部分，由政府和项目公司按一定比例分担风险。其中，政府可获取的收益分成额首先用于支付项目投资成本（包括建设成本、综合收益等），不足部分由政府支付可行性缺口补贴，纳入财政承受能力评估范围。

（五）运营补贴

因城市综合开发项目产业导入需要及PPP项目的特殊性，在项目运营前期，经营收入很可能小于运营成本，在此种情形下，差额部分政府给予一定比例的运营补贴，除经政府批准的对引入企业免租期（一般按“三免两减半”计算免租期）内按一定比例补贴外，其他暂按差额部分的一定比例计取，一并计入可行性缺口补贴范围。[①]

（六）增值税金及附加

综合收益增值税金及附加一般按当期国家税收政策按实计取。

---

① 运营补贴机制同样可能仅适用于物业一级租（售）收入及相应的物业管理成本；政府支付运营补贴的前提条件是项目经营收入不低于市场平均水平，由于项目公司原因导致运营收入低于市场平均水平的，差额部分由项目公司自行承担。

第六章

土地一级开发

城市综合开发 PPP 项目绝大多数为典型的土地一二级联动开发模式，即项目公司经政府授权，获得 PPP 合同范围内土地的一级开发权，对区域范围内的土地进行统一的征地、拆迁、安置、补偿，并进行适当的市政配套设施建设，使该区域范围内的土地达到“七通一平”① 的建设条件（熟地）。该土地达到市场流通条件后，项目公司通过土地交易中心，以“招拍挂”、租赁等方式取得土地二级开发权，并在该土地上进行公共服务与产业配套设施等商业化开发建设，同时提供与之相关的产业服务。

第一节　土地整理配合服务项目

一、项目立项主体

（一）基本概况

一般 PPP 项目中，地方政府土地储备部门作为土地收储和前期开发

① 七通一平，是指基本建设中前期工作的道路通、自来水通、电通、排水通、排洪通、电讯通、煤气管通及平整土地等的基础建设。

的项目主体，负责土地规划、土地指标申报与调整、土地收储、土地开发与出让等主体工作，项目公司依法配合土地储备项目主体（地方土地储备部门）提供土地整理配合服务，同时，项目公司经政府授权，成为项目的立项主体，进而承担土地一级开发的纳税义务。

（二）涉税分析

原则上，资产权属人应以房屋、土地管理部门颁发的产权证上登记的权利人为准，项目立项主体不应作为资产权属判定依据，并进一步影响税收认定。但实务中，存在部分地方税务机关以项目立项主体判定公司交付资产适用的税目和税率，从而导致立项主体因素对项目公司税收成本、风险产生客观影响。

如营改增后，国家税务总局湖北省税务局出台的政策：对于 BOT 项目，以政府立项的，在交付阶段，项目公司按照“销售无形资产”税目征收增值税；以投融资人立项，在转让阶段，项目公司按照“销售不动产”税目征收增值税。但此政策仅适用于湖北省内项目情况，其他省份未出台相关政策。

由于项目立项主体影响税务机关对资产权属的认定，从而导致项目公司立项，并作为产权人移交资产时，其税负水平显著高于政府立项、项目公司无产权情况下的税负水平，因此，项目公司应参考以下谈判思路，提前与政府协商、明确项目立项主体涉及的税费承担问题，并在 PPP 协议条款中予以落实。

（三）管理建议

详见第三章合同签订与谈判/第一节合同签订要点/二、与政府的谈判要点/（一）项目立项主体，本章节不再阐述。

二、前期费用

（一）基本概况

前期费用，即前期咨询工作费，是指项目实施机构开展 PPP 项目的立项、工可、入库、两评一案、PPP 合同等前期相关工作所需费用。根据 PPP 协议约定，在项目公司成立前，前期工作如规划、立项、可研、相关专项评估、专业咨询、招标投标等，由政府或其授权部门完成。上述费用由政府与提供服务的公司（以下简称第三方公司）签订合同，并垫付合同款项，待项目公司成立后，由项目公司向政府偿还垫付款；对于政府尚未支付的费用，项目公司按服务合同约定结算，政府于项目公司代为支付给第三方公司后 n 年内支付（部分项目约定为免计投资收益）。

（二）涉税分析

1. 已执行完费用。工程前期费用中如勘察、设计等费用项目公司成立可能前期已经发生，政府方已经承担了代付功能。以下针对不同的代付主体进行如下分析：

（1）政府代垫费用。

①典型模式。前期费用由政府方支付，对方单位将发票开具给政府方。后期通过公开招标，政府方与社会资本方达成合作共赢，并约定由项目公司承担此 PPP 项目前期发生的各项费用，项目公司成立后由其将前期费用支付给政府方，政府方开具资金往来收据作为支付凭证，项目公司凭此收据入账，计入资产的价值，并在企业所得税税前抵扣。

②涉税分析。

a. 增值税。根据相关税收规定，进项抵扣必须取得增值税专用发票，政府方承担的前期费用发票开具抬头为政府方，而项目公司只收到政府方开具的资金往来收据，造成进项税额无法抵扣。

b. 企业所得税。根据相关税收规定，未按规定取得的合法有效凭据不得在税前扣除。项目公司应从政府方取得行政事业性收费收据，而不是取得政府方开具的资金往来收据。资金往来收据不属于合法有效凭据，项目公司取得的前期费用票据不合规，在企业所得税税前扣除存在风险。

③管理建议。

a. 针对政府方承担的前期费用通过第三方中介机构进行确认，确认其费用的真实性，并要求政府方提供有关票据的复印件及支付资金的行政事业性收费收据作为原始凭证入账。

b. 与主管税务机关协商，能够针对此部分工程前期费用作为代收转付处理，政府付费时，不开具增值税发票。

c. 因政府方无法提供行政事业收费收据，导致前期费用无法税前扣除，项目公司多承担的税费，建议与政府协商，由政府方承担。

d. 如果政府无法提供行政事业收费收据，可与开具发票的单位协商，签订补充协议，由开具发票的单位重新开具发票，此种方式实际操作比较困难。

（2）政府平台公司代垫费用。

①现状描述。前期费用由政府方通过平台公司支付，平台公司为签订 PPP 项目合作协议中政府指定的平台公司，对方单位将发票开具给平台公司。

后期通过公开招标，政府方与社会资本方达成合作共赢，并约定由项目公司承担此项目前期发生的费用，项目公司成立后由其直接支付给平台公司，平台公司开具资金往来收据作为支付凭证，项目公司据此入账，在企业所得税税前抵扣。

②涉税分析。平台公司作为企业法人，自负盈亏，独立承担责任，可以办理增值税一般纳税人认定。平台公司作为独立的纳税人，前期发生的费用转由项目公司承担，属于两个纳税人的交易，如果项目公司不取得发票，前期费用直接以收据在税前扣除，存在一定的风险。

③管理建议。

a. 针对平台公司承担的前期费用通过第三方中介机构进行确认，确认其费用的真实性。

b. 与平台公司签订服务协议，要求其针对前期发生的费用按照“服务业”开具增值税专用/普通发票。如果平台公司为一般纳税人，前期发生的费用已经抵扣进项税，则再开具增值税发票缴纳增值税，不会多承担税金；如果前期发生的费用没有抵扣进项税，平台公司开具增值税发票，需要承担 6% 的增值税。

项目公司取得增值税专用发票可以抵扣进项税，并可以依据合同、资金及发票在所得税税前扣除。

c. 如果平台公司不同意签订服务协议开具增值税专用/普通发票，与主管税务机关协商，能够针对此部分工程前期费用作为代收转付处理，政府付费时，不开具增值税发票。

d. 项目公司应与政府方协商，确实无法开具发票，导致前期费用无法税前扣除，项目公司多缴纳的税费，由政府方承担。

2. 未执行或未执行完的费用。

（1）现状描述。项目前期费用签订的合同可能存在没有执行完毕或者后期需要支付尾款的情况，此时将面临合同是否继续执行及项目后期支付尾款如何开具发票的问题。

如果未执行完毕的合同不进行合同主体的变更，直接将发票开具给项目公司，并由项目公司支付相关款项，项目公司存在“三流不一致”

无法抵扣进项税的风险。

（2）管理建议。未执行或未执行完的费用，政府方、项目公司、第三方应协商签订三方协议，由第三方直接与项目公司进行业务结算、开具发票及资金支付。

三、征地拆迁费

（一）基本概况

一般情况下，政府负责协调政府土地储备部门完成项目相关的征地、拆迁补偿和土地收储工作，并且政府直接与相关单位签订征拆合同。项目公司成立后，对政府的征拆合同及征拆进度予以审核和确认，并按合同约定按时支付尚未支付的征拆费用。其中，政府已代为支付的费用，项目公司需在 PPP 合同签订后一定期限内予以确认并直接返还给政府。项目公司发生的征拆成本通过后期政府付费方式予以补偿。

（二）涉税分析

营业税政策下，根据《国家税务总局关于纳税人投资政府土地改造项目有关营业税问题的公告》（国家税务总局公告 2013 年第 15 号）和《国家税务总局关于政府收回土地使用权及纳税人代垫拆迁补偿费有关营业税问题的通知》（国税函〔2009〕520 号）的规定，对于项目公司以自负盈亏模式从事土地一级开发工作的，视为投资行为，其取得的开发收益不纳入征税范围；对于其他收益模式下的土地一级开发行为，均需按照规定缴纳营业税。其中，项目公司取得的建筑物拆除、平整土地劳务收入按“建筑业”税目缴纳营业税；受托代付征拆费的，以收到的代理劳务收入减去对外支付的征拆费的差额按“代理业”税目缴纳营业税。营改增后，各地的执行口径也基本延续了营业税政策，但 2021 年后，税务局因营业税已经不存在，不承认法规有效性。同时，值得关注的是，北京市已出台的政策《北京市国家税务局 北京市地方税务局 北京市财政局关于土地一级开发项目涉及增值税发票等有关问题的通知》（市规划国土发〔2017〕186 号）规定，对土地一级开发的增值税处理给出了方向性指引：一是明确了企业销售额口径，即代收且代付的部分不属于增值税征收范围，即只有代收超过代付部分的部分才需要征收增值税，开具增值税发票。尽管文件没有明确一级开发业务适用的具体税目，但无论适用哪个税目，均可以按照上述口径确定销售额；二是明确了企业代收且代付的款项，或者最终收款方（通常为拆迁户个人）不能自行开具发票的，企业可以凭收据和银行回单入账，解决了向个人支付款项无法取得发票的问题。这也与国家税务总局公告2018年第28号文关于企业所得税税前扣除凭证的管理规定一致。

（三）管理建议

如第三章合同签订与谈判/第一节合同签订要点/二、与政府的谈判要点/（六）政府付费/可行性缺口补助所述，若对征地拆迁费所产生的增值税及附加，政府给予全额补偿，则在征拆安置子项目中，即便在不同的政府付费纳税模式下，项目公司仍无额外税负增加。此种情况下，项目公司只需重点关注对外支付征地拆迁费应取得何种票据入账。

1. 向政府方支付征地拆迁款。支付对象为政府方时，项目公司需按照第三章合同签订与谈判/第一节合同签订要点/二、与政府的谈判要点/（五）征地拆迁费中的谈判思路与政府协商，要求政府方提供财政票据，并落实于PPP合同中。

2. 向个人支付征地拆迁款。支付对象为个人时，项目公司应按照国家税务总局关于发布《企业所得税税前扣除凭证管理办法》的公告（国家税务总局公告2018年第28号）的规定，并参照北京市政策，以个人开具的收据（或赔偿领取明细表）和银行付款回单作为入账依据，同时备好相应的辅助证明材料，如拆迁补偿合同、赔偿依据的相关文件等。

四、回迁安置房

（一）基本概况

土地整理配合服务子项目中包含部分安置房建设，安置房由项目公司负责办理立项等手续，并根据回迁需求建设，且于完工验收后即时无偿移交给政府或其授权部门，项目公司不负责后续事宜。

（二）涉税分析

营改增前，《纳税人开发回迁安置用房有关营业税问题的公告》（国家税务总局公告2014年第2号）规定："纳税人以自己名义立项，在该纳税人不承担土地出让价款的土地上开发回迁安置房，并向原居民无偿转让回迁安置房所有权的行为，按照《中华人民共和国营业税暂行条例实施细则》（财政部 国家税务总局令第52号）第五条之规定，视同销售不动产征收营业税，其计税营业额按财政部 国家税务总局令第52号第二十条第一款第（三）项的规定予以核定，但不包括回迁安置房所处地块的土地使用权价款。”按照《营业税条例细则》第二十条规定，纳税人发生细则第五条所列视同发生应税行为而无营业额的，按规定顺序确定营业额。第二十条第（三）款规定，营业额 = 营业成本或者工程成本 ×（1 + 成本利润率）÷（1 − 营业税税率）。公式中的成本利润率，由省、自治区、直辖市税务局确定。回迁安置房核定的销售不动产计税依据中不应包含土地成本。

营改增后，国家尚未出台明确回迁安置房的增值税政策，但部分地区有颁发相关规定，以广东省为例，根据《广东省地方税务局、广东省国家税务局、广东省国土资源厅关于印发〈广东省“三旧”改造税收指引〉的通知》（粤地税发〔2017〕68 号）规定，国有土地出让的受让方负责拆迁安置。根据《国家税务总局关于土地增值税清算有关问题的通知》（国税函〔2010〕220 号）的规定，用建造的本项目房地产安置回迁户的，安置用房视同销售处理，按《国家税务总局关于房地产开发企业土地增值税清算管理有关问题的通知》（国税发〔2006〕187 号）第三条第（一）款规定确认收入，同时将此确认为房地产开发项目的拆迁补偿费。支付给回迁户的补差价款，计入拆迁补偿费；回迁户支付给房地产开发企业的补差价款，应抵减本项目拆迁补偿费。采取异地安置，异地安置的房屋属于自行开发建造的，房屋价值按国税发〔2006〕187 号文件第三条第（一）款的规定计算，计入本项目的拆迁补偿费；异地安置的房屋属于购入的，以实际支付的购房支出计入拆迁补偿费。货币安置拆迁的，凭合法有效凭据计入拆迁补偿费。

因此，基于营业税政策平移原则和广东省关于安置房土地增值税视同销售处理的掌握口径，我们更倾向于认定，以项目公司为主体立项、建设的安置房，无偿转让给原拆迁户时，项目公司需按“转让不动产”税目，适用 9% 税率计算缴纳增值税；同时，回迁安置房作为一个项目单独核算，并进行土地增值税清算。

（三）管理建议

详见第三章合同签订与谈判/第一节合同签订要点/二、与政府的谈判要点/（十）回迁安置房，本章节不再阐述。

五、项目收益分析

如第五章项目基本情况分析/第一节回报机制/一、政府付费介绍，土地整理配合服务项目属于政府付费，其中，征地安置、指标费用为可用性服务费；七通一平、拆迁安置房为可用性服务费和运维绩效服务费两部分。

由于项目公司从事土地一级开发，其收益主要来源于可用性服务费，运维绩效服务费主要针对项目公司在运营期提供的维修养护服务，因此，本章节主要对可用性服务费的纳税模式作出探讨，运维绩效服务费的纳税分析详见第六章土地一级开发/第二节基础设施项目/四、项目收益分析。

（一）贷款服务模式

1. 模式分析。项目公司收到可用性服务费时仅就回报部分按6%税率（税目按贷款服务）计算销项税，投资成本的进项税额不允许抵扣。

项目公司从运营期开始，每期按照收回的可用性服务费，依据可用性服务费计算公式，分开计算并核算投资成本和投资回报，将计算明细表留存备查。其中的投资成本应确认为代垫款收回，投资回报应确认为增值税应税收入，按照贷款服务，适用6%税率计算缴纳增值税。

2. 优缺点分析。该方案在运营期可使税务机关源源不断取得增值税收入，容易获得税务机关的认可。由于项目投资成本所对应的进项税额均不抵扣，因此，可以有效解决项目公司支付给政府的前期代垫费用不能取得增值税专用发票进行抵扣的问题。

对于可用性服务费中所对应的投资回报部分，项目公司给政府开具税目为贷款服务的增值税发票，本质上就把PPP项目视为代建项目（BT），则不能符合政府的PPP项目初衷，可能无法通过后续对PPP项目的政府审计。

3. 发票开具。对于投资本金，若不作为增值税应税收入，政府也同意开具收款收据的，项目公司给政府开具收款收据；如果政府不同意开具收款收据，经主管税务机关认可，给政府开具零税率的增值税发票。

对于投资回报，项目公司按照贷款服务给政府开具发票。

4. 管理建议。项目公司收到的可用性服务费中，属于项目投资成本的部分不确认销项税，则不能给政府开具相应的增值税发票，仅可开具收款收据，因此，项目公司需要提前与政府沟通，政府是否同意对于投资成本部分的付款只开具收据，如果政府不同意开具收据，则项目公司可要求政府一起与主管税务机关沟通，使主管税务机关同意项目公司就投资成本部分给政府开具零税率的发票。但项目公司最好能取得主管税务机关出具的可以开具零税率发票的红头文件，如果税务机关不同意出具红头文件，则项目公司应保存好相关会议纪要和沟通记录，以备后续各方检查。

（二）企业管理服务模式

1. 模式分析。可用性服务费全额按6%税率（税目按企业管理服务）计算销项税，项目投资成本的进项税额允许抵扣。

项目公司承担设计、建设、融资、运营、移交等功能，相当于提供了从项目前期到项目结束的全周期的综合管理服务，因此，该模式下，项目公司应针对取得的可用性服务费全额按"企业管理服务"适用6%税率缴纳增值税。相应地，项目投资成本中能取得专用发票并符合抵扣条件的进项税额允许抵扣。

2. 优缺点分析。该模式下，项目公司提供综合管理服务，不属于不可抵扣范围，因此，其建设期支出取得的进项税额均可抵扣，建设期结束项目公司会形成大量留抵，而运营期收入比较均匀，运营前期产生的销项税额会优先冲抵留抵税额，造成项目公司运营前期在当地无任何税收贡献。若项目中建筑安装工程成本所占比例较大，还有可能造成至项目运营结束，项目公司仍有留抵税额未抵减完，项目公司在当地无增值税贡献，对税务机关不利，但此种模式企业税负较低。

这种缴纳方式对于企业最为有利，对税务机关最为不利。因此，税务机关不容易接受这种纳税模式。

3. 发票开具。项目公司从政府取得可用性服务费可以按照"现代服务业—商务辅助服务—企业管理服务"6%的税率开具增值税发票给政府。

（三）建筑服务模式

1. 模式分析。可用性服务费全额按9%税率（税目按建筑安装服务）计算销项税，项目投资成本的进项税额允许抵扣。

2. 优缺点分析。该模式下，项目公司建设成本允许抵扣进项税，其中建筑安装工程成本可以抵扣9%的进项税，但其他成本如征地拆迁、融资利息，无法抵扣进项税，设计、监理、审计等也只能按照6%税率抵扣。如果成本中不可抵扣进项税额的费用所占比例较大，则项目公司将承担较高的增值税税负。这种缴纳方式对于项目公司最为不利，而税务机关可能参考原来BT模式的征税方式，更容易提出此纳税方案。

3. 发票开具。项目公司从政府取得的可用性服务费，可以按照“建筑安装服务”9%的税率给政府开具增值税发票。

4. 管理建议。如果税务机关提出此纳税方案时，建议项目公司与税务机关积极沟通，说明PPP项目的交易实质，争取其他纳税模式，或申请对于不能抵扣进项税额的成本费用部分计算抵扣或可差额纳税。

（四）建筑服务+贷款服务（或企业管理服务）模式

1. 模式分析。此种模式更多地参考了原投资项目的征管方式，在该模式下，可用性服务费中所对应的项目投资成本按9%税率（税目按照建筑安装服务）计算销项税，投资回报部分按6%税率（税目贷款服务或企业管理服务）计算销项税，投资成本的进项税额允许抵扣。

2. 优缺点分析。这种模式下，项目公司投资成本按9%缴纳增值税，同时允许抵扣进项税，其中建筑安装工程成本可以抵扣9%的进项税，但其他成本如征地拆迁、融资利息，无法抵扣进项税，可能造成项目公司税负增加。这种方式操作相对比较复杂，需要对于可用性服务费进行相应的划分，开具不同服务内容和税率的发票。但目前这种方案是项目公司和税务机关普遍认可的一种方式。

3. 发票开具。项目公司取得的可用性服务费，可以划分为PPP项目投资本金和投资回报两部分，其中投资本金可按照“建筑安装服务”适用9%税率给政府开具发票，投资回报可按照“企业管理服务”或“贷款服务”适用6%税率给政府开具发票。

第二节　基础设施项目

项目公司需重点考虑三大问题：一是取得项目建设用地时的涉税情况；二是结合项目公司、总承包方整体税负测算结果，确定本项目是否选择甲供，以及总承包方的计税方式；三是项目公司正式进入建设期后，对发生的利息支出和计提的利息收入的税务处理，其中，对于利息支出，项目公司应主要关注明股实债下利息扣除、关联方债资比扣除限制、利率扣除限制以及关联交易是否符合独立交易原则等特殊情况下的处理，其具体内容详见第四章融资模式/第一节 股东借款/二、涉税分析/（二）企业所得税，本章节主要分析对利息收入的税务处理。

一、建设用地

（一）基本概况

一般 PPP 项目中，基础设施项目的建设用地由政府采用划拨方式提供给项目公司使用，政府相关职能部门拥有土地使用权和建成资产所有权。

（二）涉税分析

1. 契税。根据《财政部 税务总局关于继续支持企业事业单位改制重组有关契税政策的通知》（财税〔2018〕17 号）的规定，对承受县级以上人民政府或国有资产管理部门按规定进行行政性调整、划转国有土地、房屋权属的单位，免征契税。因此，项目公司以划拨方式取得的土地不需要缴纳契税。

2. 印花税。划拨方式取得土地使用权所签订的书据不属于印花税列举的应税凭证，项目公司不需要缴纳印花税。

二、甲供工程

（一）基本概况

甲供工程，是指全部或部分设备、材料、动力由发包方自行采购的建筑工程。一般纳税为甲供工程提供的建筑服务，可以选择适用简易计税方法计税，征收率为3%，并可开具3%税率的增值税专用发票。

纳税人提供建筑服务适用简易计税方法的，以取得的全部价款和价外费用扣除支付的分包款后的余额为销售额。用于简易计税方法项目，不得抵扣进项税额。

（二）涉税分析

根据财税〔2016〕36 号文件规定，存在甲供材的建筑工程，总承包方可以选择简易计税方式，但选择简易计税方式不一定就对项目公司及总包方更有利，具体见以下分析：

1. 对项目公司的影响。项目公司作为增值税一般纳税人，主观上会认为采购材料对应的增值税税率为13%，建筑服务对应的增值税税率为9%，采购材料会比建筑多抵扣进项税。但此观点并不完全正确，在不含税价格一定的情况下，对项目公司而言，如选择甲供材方式，虽然可多取得6%的进项税抵扣，但也需要提前支付出此部分资金。

同时，进项税越大，购买方需要提前支付的资金越多，而且在不含税金额一定的情况下，税率差的影响仅限附加税。即在不含税价格一定的情况下，对项目公司而言，如选择甲供材方式，虽然可多取得6%的进项税抵扣，但也需要提前支付出此部分资金。

因此，对于项目公司而言，其增值税税负最优取决于自身的进销项平衡，在选择甲供材方案时，需要调整项目公司可取得进项税额，以匹配自身的销项税额。

2. 对总承包的影响。对于作为总承包的建筑企业而言，甲供材方式可以选择简易计税，也可选择一般计税。如总承包选择简易计税方法，其项目成本相关的进项税不能抵扣，则其不含税报价中的各项成本项目需以含税价计入；如总承包选择一般计税方法，其项目成本相关的进项税可以抵扣，则其不含税报价中的各项成本项目需以不含可抵扣进项税的价格计入。

3. 对项目整体的影响。由于甲供材方式影响总承包方计税方法的选择，而不同计税方式下，总承包工程项目对应的税前造价及适用税率不同，进而影响总承包方、项目公司和整体的税负及利润水平。因此，项目公司应结合税负测算结论，判定其是否选择甲供。

（三）基于整体考虑的测算思路

1. 增值税。

（1）项目公司。

①销项税额。在财务测算的基础上，对利润表中预测的运营期内项目公司营业收入进行价税分离，确定各年度的销项税额。

其中，对于可用性服务费或可行性缺口补助，需分别按照0+6%、6%+6%、9%+6%、9%+9%四种纳税模式，测算投资本金和收益部分产生的销项税额；对于运营绩效服务费和使用者付费收入，则需按各自适用税率进行价税分离。

②进项税额。对项目公司进项税额的测算主要为建设成本和运营成本两部分，其中建设成本包括征地拆迁补偿费、前期费用、建安工程费、其他工程费用等。

a. 征地拆迁费用。项目公司支付征地拆迁费，一般无法取得增值税专用发票，因此，测算时其对应的进项税额为零。

b. 前期费用。对前期费用的处理需区分政府垫付和项目公司直接支付两种情况。若为政府垫付，则测算时需考虑是否按计划执行的方式，将该部分费用从总投资中扣除，若是，应相应调整测算表中总投资数额。若为项目公司直接对外支付，则需结合预估的取票率和适用税率，测算该费用对应可抵扣的进项税额。一般而言，项目公司对外支付前期费用通常可取得 6% 税率的专用发票。

c. 建安工程费。建筑安装工程费一般由总包方全额开具发票，不存在不能取得增值税专用发票的问题。但由于建安工程费产生的进项税额受建安发包产值、是否选择甲供材以及甲供材比例大小的影响，因此，测算需基于项目公司、总承包方整体展开，通常该部分测算需考虑以下三种情形：

➢ 项目公司不选择甲供材，总承包方选择一般计税方式，项目公司按施工合同金额取得 9% 对应的进项税额。

➢ 项目公司选择象征性甲供材，总承包方选择简易计税方式，项目公司仅按施工合同金额 3% 取得对应的进项税额。

➢ 项目公司选择实质性甲供材，总承包方选择简易计税方式，项目公司可按施工合同金额 3% 取得对应的进项税额以及甲供材金额 16% 对应的进项税额。

d. 其他工程费用。其他工程费用需要划分具体明细项目，依据适用税目确定可取得增值税专用发票的税率，并进行测算。

e. 运营成本。对于项目公司运营期产生的运维成本，需根据其业务适用的税率及预估的取票率，确定综合抵扣率后预测其产生的进项税额。

③应纳税额。

当期增值税应纳税额 = 当期销项税额 - 当期进项税额 - 上一期留抵税额

原则上，按上述方法测算出项目公司各年度销项税额、进项税额后即可得出当期的增值税应纳税额。

（2）总承包方。

①销项税额。项目公司建设期内按施工合同取得的进项税额，即总承包方提供建安服务产生的销项税额，因此，测算总承包方销项税额主要有以下两种情形：

a. 项目公司不选择甲供材，总承包方选择一般计税方式，按施工合同金额9%计算对应的销项税额；

b. 项目公司选择甲供材（不区分象征性甲供材和实质性甲供材），总承包方选择简易计税方式，并按施工合同金额3%计算对应的销项税额。

②进项税额。对于总承包方产生的进项税额，主要是根据发包工程概算各项成本、费用明细适用的税率及预估的取票率，确定综合抵扣率，进而预测其产生的进项税额。简易计税方式下，无需预估总承包的进项税额。

③应纳税额。

当期增值税应纳税额＝当期销项税额－当期进项税额－上一期留抵税额

原则上，按上述方法测算出总承包方建设期内销项税额、进项税额后即可得出当期的增值税应纳税额。

2. 附加税费。根据上述方式测算出项目公司增值税应纳税额后，可直接适用项目所在地城市维护建设税税率（7%、5%、1%）、教育费附加3%和地方教育费附加2%测算对应的附加税费。

3. 企业所得税。首先，需要根据测算项目的具体情况判断是否可享受税收优惠政策；其次，由于PPP项目中，项目公司一般前期亏损较大，因此，需要考虑企业所得税亏损弥补5年的期限限制。

三、建设期利息

（一）基本概况

项目公司建设期投入的资金，若政府依据约定的利率给予一定的投资补偿，即在建设期间以确认的投资额为基数按实际占用时间计算利息，政府依据合同约定于运营期内支付此部分利息。

（二）涉税分析

项目公司在会计核算时，对于利息收入的确认，遵循的是权责发生制原则。即属于当期的收入，不论款项是否收到，均作为当期的收入。而根据《中华人民共和国企业所得税法实施条例》规定，利息收入的纳税义务发生时间，是按合同约定的债务人应付利息的日期确认收入的实现。

因此，对于计息不付息的方式，会产生税会差异，项目公司在企业所得税汇算清缴时应对会计核算确认的利息调减应纳税所得额。但此种方式导致项目季度申报时，按会计利润预缴企业所得税，导致汇算清缴时产生退税。

（三）管理建议

1. 由于项目公司的特殊性，针对计息不付息产生的预缴大于实际应缴纳的企业所得税问题与当地主管税务机关进行沟通，能否在季度预缴时调整利息收入。

2. 与政府协商，尽量保持计息付息一致。

3. 如果上述协商不行，建议按照正常纳税申报，如果预缴大于实际应缴纳的企业所得税时，办理退税或者抵减后期应纳税额。

四、项目收益分析

第五章项目基本情况分析/第一节回报机制/一、政府付费介绍，基础设施项目属于政府付费，其收益来源于可用性服务费和运维绩效服务费两部分，其中，在土地一级开发阶段，项目公司主要收益来源为可用性服务费，其涉税情况与土地整理配合服务项目中的可用性服务费一致，均为四种纳税模式，具体内容详见第六章土地一级开发/第一节土地整理配合服务项目/五、项目收益分析；对于运维绩效服务费，主要是政府方基于项目公司在运营期提供的维修养护服务的付费补偿，其涉税情况本章节不作探讨，具体内容详见第六章土地一级开发/第二节基础设施项目/四、项目收益分析。

二级开发篇

第七章

二级开发涉税管理

在城市综合开发 PPP 项目中，涉及二级开发的内容主要有以下三类：回迁房建设及销售、棚户区改造移交、商品房及写字楼建设及销售。究其税收本质，只要涉及不动产所有权的转移，无论项目公司是否为房地产开发公司，无论其经营范围是否为房地产开发，无论其房屋产权是整体移交政府或是移交个人，其实质均为不动产销售，总体税收处理原则与房地产开发企业类似，个别涉及保障房、经济适用房建设的，可享受企业所得税预缴或土地增值税预缴优惠政策。

实务中，多数项目公司社会资本方为非房企业，再加上 PPP 项目入库管理中，明确不允许出现纯房地产开发行为，故项目公司基本不了解房地产开发税收管理要求，给项目二级开发涉税管理带来重大税收风险隐患。考虑到房地产开发管理增值税、企业所得税、土地增值税、房产税等均有单独管理要求，本章将按照房地产开发公司从成立至注销的开发环节为主线，通过对各开发环节涉及税种相关的税收政策进行列示，具体对涉及税种的计算方法、操作要点及关注事项等进行说明，使读者对房地产公司涉税业务实操有全面的了解。

第一节 取得国有土地使用权环节涉税业务

土地是房地产开发项目建设的基础，因此，取得土地的环节是房地产开发流程中的重要环节。房地产开发企业出于经营需要，常采取不同的拿地方式。目前取得土地的最常见方式为“招拍挂”，除此之外，也有通过协议转让、股权收购、联合开发等方式取得土地。取得土地的方式不同，适用的税收政策也会存在差异，进而影响房地产开发公司的税负。

取得国有土地使用权环节涉及税种包括：因受让国有土地使用权过程中产生的印花税、契税，以及受让国有土地使用权后应缴纳的城镇土地使用税、耕地占用税以及受本环节影响的增值税、企业所得税和土地增值税。

本业务环节主要涉及税种如表 7 – 1 所示。

表 7 – 1　　　　取得国有土地使用权环节涉税表

序号	税种	涉税事项	筹划思路		风险提示	筹划思路/风险提示内容简述
			税收优惠	准确运用税收政策		
1	增值税	增值税差额征税		√	√	企业通过“招拍挂”方式取得的土地，如果符合条件，增值税可使用差额征税政策
2		母公司拿地，土地成本在子公司扣除的注意事项		√	√	同时符合财税〔2016〕140 号文件规定的三个条件，就可以由项目公司按规定扣除房地土地价款
3		土地价款票据合规问题		√	√	企业向政府部门支付的土地价款应当取得省级以上（含省级）财政部门监（印）制的财政票据

续表

序号	税种	涉税事项	筹划思路		风险提示	筹划思路/风险提示内容简述
			税收优惠	准确运用税收政策		
4	土地增值税	取得土地使用权时支付的契税的扣除问题		√	√	在取得土地环节，支付的土地价款和契税将构成土地增值税清算中扣除项目
5		取得土地使用权时土地拍卖佣金扣除的问题		√	√	公司支付的土地拍卖佣金在土地增值税清算时应计入“房地产开发费用”项目进行扣除
6		延期缴纳出让金被加收利息或滞纳金的处理		√	√	不属于按国家统一规定交纳的有关费用，不能作为土地成本的一部分，在计算土地增值税时扣除
7		计算增值税时抵减的销项税额在土地增值税清算时的处理		√	√	应按规定调增土地增值税清算收入，而非减少土地成本
8	契税	计税依据		√	√	国有土地使用权出让、土地使用权出售、房屋买卖，为成交价格
9		纳税义务时间		√	√	纳税人签订土地、房屋权属转移合同的当天，或者纳税人取得其他具有土地、房屋权属转移合同性质凭证的当天
10		土地拍卖佣金是否作为契税的计税依据		√	√	土地拍卖佣金是支付给中介机构而不是支付给土地出让方或转让方的，应该计入管理费用，不作为契税的计税依据
11		市政础设施配套费是否作为契税的计税依据		√	√	部分省市规定配套设施费暂不用计入契税计税依据
12	城镇土地使用税	计税依据	√	√	√	实际占用的土地面积乘以适用的税额
13		纳税义务时间	√	√	√	从合同约定交付土地时间的次月起缴纳城镇土地使用税；合同未约定交付土地时间的，从合同签订的次月起缴纳城镇土地使用税

续表

序号	税种	涉税事项	筹划思路		风险提示	筹划思路/风险提示内容简述
			税收优惠	准确运用税收政策		
14	耕地占用税	计税依据		√	√	实际占用的耕地面积（平方米）×单位税额
15		纳税义务时间		√	√	纳税人收到土地管理部门办理占用农用地手续通知的当天
16	印花税	计税依据		√	√	《国有建设用地使用权出让合同》作为产权转移书据，按合同所记载金额的0.5‰申报汇贴
17		纳税义务时间		√	√	应纳税凭证应当于书立或者领受时贴花
18	企业所得税	拆迁补偿费税前扣除所需资料		√	√	须提供拆迁协议、拆迁双方支付和取得拆迁补偿费用凭证等能够证明拆迁补偿费用真实性的材料
		差额计征增值税中扣除的土地价款在企业所得税中的处理		√	√	土地价款扣除销售额所抵减的销项税额不可以在企业所得税前扣除

一、通过“招拍挂”取得土地使用权

（一）涉及税种

1. 契税。

（1）税收政策。

“①《中华人民共和国契税法》规定：

第一条　在中华人民共和国境内转移土地、房屋权属，承受的单位和个人为契税的纳税人，应当依照本法规定缴纳契税。

第二条　本法所称转移土地、房屋权属，是指下列行为：

（一）土地使用权出让；

（二）土地使用权转让，包括出售、赠与、互换；

（三）房屋买卖、赠与、互换。

前款第二项土地使用权转让，不包括土地承包经营权和土地经营权的转移。

以作价投资（入股）、偿还债务、划转、奖励等方式转移土地、房屋权属的，应当依照本法规定征收契税。

第三条　契税税率为百分之三至百分之五。

契税的具体适用税率，由省、自治区、直辖市人民政府在前款规定的税率幅度内提出，报同级人民代表大会常务委员会决定，并报全国人民代表大会常务委员会和国务院备案。

省、自治区、直辖市可以依照前款规定的程序对不同主体、不同地区、不同类型的住房的权属转移确定差别税率。

第四条　契税的计税依据：

（一）土地使用权出让、出售，房屋买卖，为土地、房屋权属转移合同确定的成交价格，包括应交付的货币以及实物、其他经济利益对应的价款；

（二）土地使用权互换、房屋互换，为所互换的土地使用权、房屋价格的差额；

（三）土地使用权赠与、房屋赠与以及其他没有价格的转移土地、房屋权属行为，为税务机关参照土地使用权出售、房屋买卖的市场价格依法核定的价格。

纳税人申报的成交价格、互换价格差额明显偏低且无正当理由的，由税务机关依照《中华人民共和国税收征收管理法》的规定核定。”

②《关于免征土地出让金出让国有土地使用权征收契税的批复》（国税函〔2005〕436号）规定：对承受国有土地使用权所应支付的土地出让金，要计征契税。不得因减免土地出让金，而减免契税。

③《财政部 税务总局关于贯彻实施契税法若干事项执行口径的公告》（财政部 税务总局公告2021年第23号）规定：

“二、关于若干计税依据的具体情形

（一）以划拨方式取得的土地使用权，经批准改为出让方式重新取得该土地使用权的，应由该土地使用权人以补缴的土地出让价款为计税依据缴纳契税。

（二）先以划拨方式取得土地使用权，后经批准转让房地产，划拨土地性质改为出让的，承受方应分别以补缴的土地出让价款和房地产权属转移合同确定的成交价格为计税依据缴纳契税。

（三）先以划拨方式取得土地使用权，后经批准转让房地产，划拨土地性质未发生改变的，承受方应以房地产权属转移合同确定的成交价格为计税依据缴纳契税。

（四）土地使用权及所附建筑物、构筑物等（包括在建的房屋、其他建筑物、构筑物和其他附着物）转让的，计税依据为承受方应交付的总价款。

（五）土地使用权出让的，计税依据包括土地出让金、土地补偿费、安置补助费、地上附着物和青苗补偿费、征收补偿费、城市基础设施配套费、实物配建房屋等应交付的货币以及实物、其他经济利益对应的价款。

（六）房屋附属设施（包括停车位、机动车库、非机动车库、顶层阁楼、储藏室及其他房屋附属设施）与房屋为同一不动产单元的，计税依据为承受方应交付的总价款，并适用与房屋相同的税率；房屋附属设施与房屋为不同不动产单元的，计税依据为转移合同确定的成交价格，并按当地确定的适用税率计税。

（七）承受已装修房屋的，应将包括装修费用在内的费用计入承受方应交付的总价款。

（八）土地使用权互换、房屋互换，互换价格相等的，互换双方计税依据为零；互换价格不相等的，以其差额为计税依据，由支付差额的一方缴纳契税。

（九）契税的计税依据不包括增值税。”

（2）操作要点。

①通过“招拍挂”取得土地使用权，以协议方式出让的，契税的计税依据为成交价格。成交价格包括土地出让金、土地补偿费、安置补助费、地上附着物和青苗补偿费、拆迁补偿费、市政建设配套费等承受者应支付的货币、实物、无形资产及其他经济利益。

②如果成交价格中含有土地前期开发成本，不能扣除其中的土地前期开发成本。

③土地拍卖佣金是支付给中介机构而不是支付给土地出让方或转让方的，应该计入管理费用，不作为契税的计税依据。

④对承受国有土地使用权所应支付的土地出让金，要计征契税。不得因减免土地出让金，而减免契税。

⑤契税的纳税义务发生时间为签订《国有建设用地使用权出让合同》的当天，或取得其他具有土地、房屋权属转移合同性质凭证的当天。房地产项目公司应当在与市、县国土部门签订《国有建设用地使用权出让合同》之日起10日内，按照土地成交总价款乘以3%—5%的税率，向土地所在地的契税征收机关办理纳税申报，并在契税征收机关核定的期限内缴纳税款。

项目公司所在地的税务机关或财政部门对缴纳时间和方式有地方特殊规定的，请与相关部门进行沟通确认，遵照执行，并报房地产总部备案。

2. 城镇土地使用税。

（1）税收政策。

①《中华人民共和国城镇土地使用税暂行条例》（2019年修订）规定：

土地使用税以纳税人实际占用的土地面积为计税依据，依照规定税额计算征收。土地占用面积的组织测量工作，由省、自治区、直辖市人民政府根据实际情况确定。

土地使用税每平方米年税额如下：

大城市1.5元至30元；

中等城市1.2元至24元；

小城市0.9元至18元；

县城、建制镇、工矿区0.6元至12元。

省、自治区、直辖市人民政府，应当在上条规定的税额幅度内，根据市政建设状况、经济繁荣程度等条件，确定所辖地区的适用税额幅度。

市政街道、广场、绿化地带等公共用地免征土地使用税。

土地使用税按年计算、分期缴纳。缴纳期限由省、自治区、直辖市人民政府确定。土地使用税由土地所在地的税务机关征收。土地管理机关应当向土地所在地的税务机关提供土地使用权属资料。

②《财政部、国家税务总局关于教育税收政策的通知》（财税〔2004〕第39号）规定：

对国家拨付事业经费和企业办的各类学校、托儿所、幼儿园自用的房产、土地，免征房产税、城镇土地使用税。

③《财政部、国家税务总局关于房产税、城镇土地使用税有关政策

的通知》（财税〔2006〕186号）规定：

从合同约定交付土地时间的次月起缴纳城镇土地使用税；合同未约定交付土地时间的，从合同签订的次月起缴纳城镇土地使用税。

④《国家税务总局关于通过招拍挂方式取得土地缴纳城镇土地使用税问题的公告》（国家税务总局公告2014年第74号）规定：

通过招标、拍卖、挂牌方式取得的建设用地，不属于新征用的耕地，纳税人应按照《财政部 国家税务总局关于房产税 城镇土地使用税有关政策的通知》（财税〔2006〕186号）第二条规定，从合同约定交付土地时间的次月起缴纳城镇土地使用税；合同未约定交付土地时间的，从合同签订的次月起缴纳城镇土地使用税。

（2）操作要点。

①涉及拆迁的土地使用税计算。因拆迁使土地陆续交于受让人，所以存在计税面积和计税时间标准不统一的问题。此类问题应积极提供实际取得土地时间相关资料，据实计算土地使用税。

②交地日期的合同约定。如果土地出让合同约定的交地日期是××年×月1日前，则项目公司从×+1月开始缴纳土地使用税，税务机关后期进行土地使用税核查时，可能会认定××年×月1日前是指×-1月，需从×月开始缴纳土地使用税，则项目公司涉及少缴纳一个月土地使用税的税收风险，同时会产生滞纳金、罚款。

建议提前与负责签订土地合同部门沟通，尽量避免合同出现类似表述，如已签订此类合同，应提前向税务机关咨询得到确定答复后缴纳。

③实际交地迟于合同约定交地时间。针对此情况，可与相关部门沟通按实际交地时间签订补充协议，据此按照实际交地时间次月缴纳土地使用税。

④实际占用应税土地面积的确定。实际占用应税土地面积应以由人民政府确定的单位组织测定的土地面积为准，尚未组织测量的，以政府核发的土地使用证书上所确认的土地面积为准，纳税期限内未核发土地使用证书的，项目公司自行申报土地面积，待核发土地证后进行调整。

⑤税收优惠政策的使用。如果国有土地使用权证上的面积属于政府规划市政道路、绿地等面积时，项目公司应积极与税务机关沟通该部分面积免征土地使用税。对于非市政范畴的小区内业主共有的道路、广场、绿化用地等，应在土地的实物或权利状态发生变化时，按比例依法终止

城镇土地使用税纳税义务。

部分地区税务机关会在项目前期根据规划减免学校、幼儿园、社区配套用房、公共道路及绿化等符合减免政策用地的土地使用税。上述减免政策地区公司应与主管税务机关积极沟通。

3. 耕地占用税。

（1）税收政策。《中华人民共和国耕地占用税法》规定：

在中华人民共和国境内占用耕地建设建筑物、构筑物或者从事非农业建设的单位和个人，为耕地占用税的纳税人，应当依照本法规定缴纳耕地占用税。

耕地占用税以纳税人实际占用的耕地面积为计税依据，按照规定的适用税额一次性征收，应纳税额为纳税人实际占用的耕地面积（平方米）乘以适用税额。

耕地占用税的税额如下：

人均耕地不超过 1 亩的地区（以县、自治县、不设区的市、市辖区为单位，下同），每平方米为 10 元至 50 元；

人均耕地超过 1 亩但不超过 2 亩的地区，每平方米为 8 元至 40 元；

人均耕地超过 2 亩但不超过 3 亩的地区，每平方米为 6 元至 30 元；

人均耕地超过 3 亩的地区，每平方米为 5 元至 25 元。

各地区耕地占用税的适用税额，由省、自治区、直辖市人民政府根据人均耕地面积和经济发展等情况，在前款规定的税额幅度内提出，报同级人民代表大会常务委员会决定，并报全国人民代表大会常务委员会和国务院备案。各省、自治区、直辖市耕地占用税适用税额的平均水平，不得低于本法所附《各省、自治区、直辖市耕地占用税平均税额表》规定的平均税额。

耕地占用税的纳税义务发生时间为纳税人收到自然资源主管部门办理占用耕地手续的书面通知的当日。纳税人应当自纳税义务发生之日起 30 日内申报缴纳耕地占用税。

耕地占用税由税务机关负责征收。

（2）操作要点。

①如果房地产开发项目占用了耕地，项目公司需要缴纳耕地占用税。耕地占用税以纳税人实际占用的耕地面积为计税依据，按照规定的适用税额一次性征收。

应交耕地占用税 = 实际占用的耕地面积（平方米）× 单位税额

②经批准占用耕地的，耕地占用税纳税义务发生时间为纳税人收到土地管理部门办理占用农用地手续通知的当天，项目公司应当在收到土地管理部门的通知之日起 30 日内缴纳耕地占用税。

4. 印花税。

(1) 税收政策。

①《中华人民共和国印花税法》规定：

第一条　在中华人民共和国境内书立应税凭证、进行证券交易的单位和个人，为印花税的纳税人，应当依照本法规定缴纳印花税。

在中华人民共和国境外书立在境内使用的应税凭证的单位和个人，应当依照本法规定缴纳印花税。

第六条　应税合同、产权转移书据未列明金额的，印花税的计税依据按照实际结算的金额确定。

计税依据按照前款规定仍不能确定的，按照书立合同、产权转移书据时的市场价格确定；依法应当执行政府定价或者政府指导价的，按照国家有关规定确定。

②《财政部 国家税务总局关于印花税若干政策的通知》（财税〔2006〕162 号）规定：

对土地使用权出让合同、土地使用权转让合同按产权转移书据 0.05% 征收印花税。

(2) 操作要点。项目公司应当将《国有建设用地使用权出让合同》作为产权转移书据，按合同所记载金额的 0.5‰ 申报汇贴，并由税务机关在合同上加注完税标志。

（二）影响税种

1. 增值税。

(1) 税收政策。

①关于发布《房地产开发企业销售自行开发的房地产项目增值税征收管理暂行办法》的公告（国家税务总局公告 2016 年第 18 号）规定：

“房地产开发企业中的一般纳税人（以下简称一般纳税人）销售自行开发的房地产项目，适用一般计税方法计税，按照取得的全部价款和价外费用，扣除当期销售房地产项目对应的土地价款后的余额计算销售额。销售额的计算公式如下：

销售额 =（全部价款和价外费用 - 当期允许扣除的土地价款）÷（1 +9%）

当期允许扣除的土地价款按照以下公式计算：

当期允许扣除的土地价款 =（当期销售房地产项目建筑面积 ÷ 房地产项目可供销售建筑面积）× 支付的土地价款

当期销售房地产项目建筑面积，是指当期进行纳税申报的增值税销售额对应的建筑面积。

房地产项目可供销售建筑面积，是指房地产项目可以出售的总建筑面积，不包括销售房地产项目时未单独作价结算的配套公共设施的建筑面积。

支付的土地价款，是指向政府、土地管理部门或受政府委托收取土地价款的单位直接支付的土地价款。

在计算销售额时从全部价款和价外费用中扣除土地价款，应当取得省级以上（含省级）财政部门监（印）制的财政票据。

一般纳税人应建立台账登记土地价款的扣除情况，扣除的土地价款不得超过纳税人实际支付的土地价款。

一般纳税人销售自行开发的房地产老项目，可以选择适用简易计税方法按照5%的征收率计税。一经选择简易计税方法计税的，36个月内不得变更为一般计税方法计税。

房地产老项目，是指：

（一）《建筑工程施工许可证》注明的合同开工日期在2016年4月30日前的房地产项目；

（二）《建筑工程施工许可证》未注明合同开工日期或者未取得《建筑工程施工许可证》但建筑工程承包合同注明的开工日期在2016年4月30日前的建筑工程项目。

一般纳税人销售自行开发的房地产老项目适用简易计税方法计税的，以取得的全部价款和价外费用为销售额，不得扣除对应的土地价款。”

②《财政部、国家税务总局关于全面推开营业税改征增值税试点的通知》（财税〔2016〕36号）规定：

房地产开发企业中的一般纳税人销售其开发的房地产项目（选择简易计税方法的房地产老项目除外），以取得的全部价款和价外费用，扣除受让土地时向政府部门支付的土地价款后的余额为销售额。

房地产老项目，是指《建筑工程施工许可证》注明的合同开工日期在 2016 年 4 月 30 日前的房地产项目。

③《增值税会计处理的规定》（财会〔2016〕22 号）规定：

关于“企业发生相关成本费用允许扣减销售额的账务处理”规定如下：按现行增值税制度规定企业发生相关成本费用允许扣减销售额的，发生成本费用时，按应付或实际支付的金额，借记“主营业务成本”“存货”“工程施工”等科目，贷记“应付账款”“应付票据”“银行存款”等科目。待取得合规增值税扣税凭证且纳税义务发生时，按照允许抵扣的税额，借记“应交税费——应交增值税（销项税额抵减）”或“应交税费——简易计税”科目（小规模纳税人应借记“应交税费——应交增值税”科目），贷记“主营业务成本”“存货”“工程施工”等科目。

④《财政部 国家税务总局关于明确金融房地产开发教育辅助服务等增值税政策的通知》（财税〔2016〕140 号）规定：“财税〔2016〕36 号第一条第（三）项第 10 点中‘向政府部门支付的土地价款’，包括土地受让人向政府部门支付的征地和拆迁补偿费用、土地前期开发费用和土地出让收益等。

房地产开发企业中的一般纳税人销售其开发的房地产项目（选择简易计税方法的房地产老项目除外），在取得土地时向其他单位或个人支付的拆迁补偿费用也允许在计算销售额时扣除。纳税人按上述规定扣除拆迁补偿费用时，应提供拆迁协议、拆迁双方支付和取得拆迁补偿费用凭证等能够证明拆迁补偿费用真实性的材料。

房地产开发企业（包括多个房地产开发企业组成的联合体）受让土地向政府部门支付土地价款后，设立项目公司对该受让土地进行开发，同时符合下列条件的，可由项目公司按规定扣除房地产开发企业向政府部门支付的土地价款。

（一）房地产开发企业、项目公司、政府部门三方签订变更协议或补充合同，将土地受让人变更为项目公司；

（二）政府部门出让土地的用途、规划等条件不变的情况下，签署变更协议或补充合同时，土地价款总额不变；

（三）项目公司的全部股权由受让土地的房地产开发企业持有。”

（2）操作要点。

①企业通过“招拍挂”方式取得的土地，一般纳税人新项目和选择

一般计税方法的老项目，可按照取得的全部价款和价外费用，扣除当期销售房地产项目对应的土地价款后的余额计算销售额，即差额征税。小规模纳税人和一般纳税人选择简易计税方法的老项目，以取得的全部价款和价外费用为销售额，不适用差额征税政策。

房地产企业采取差额计征增值税的，应注意相关账务处理。房地产企业支付土地出让金、征地和拆迁补偿费用、土地前期开发费用时的账务处理：

借：开发成本——土地成本/土地征用拆迁补偿费

　　贷：银行存款

房地产企业交房结转收入扣除土地出让金、征地和拆迁补偿费用、土地前期开发费用，抵减销项税额冲减“主营业务成本”的账务处理：

借：应交税费——应交增值税（销项税额抵减）

　　贷：主营业务成本

②房地产开发企业中的一般纳税人在销售其开发的房地产项目时，可扣除向政府部门支付的土地价款，包括土地受让人向政府部门支付的征地和拆迁补偿费用、土地前期开发费用和土地出让收益等；也可以扣除向其他单位或个人支付的拆迁补偿费用。

③企业向政府部门支付的土地价款应当取得省级以上（含省级）财政部门监（印）制的财政票据。取得土地时直接向其他单位或个人支付的拆迁补偿费，各地税务机关有一些具体规定，除要提供拆迁公告、拆迁协议、原房产证、身份证等证明材料外，对于按规定应取得发票的必须取得发票，无法取得发票的，需取得当事人签字凭证。

④房地产开发企业以总公司的名义通过“招拍挂”形式取得土地后，总公司先行支付土地价款（取得的财政票据名头为总公司名称），后又成立分公司或子公司，以分公司或子公司的名义开发房地产项目的，依据财税〔2016〕140号文件的相关规定，需要同时符合政策规定的三个条件，就可以由项目公司按规定扣除房地产开发企业向政府部门支付的土地价款。

根据国土资发〔2006〕114号文件规定，申请人竞得土地后，拟成立新公司进行开发建设的，应在申请书中明确新公司的出资构成、成立时间等内容。出让人可以根据招标挂牌出让结果，先与竞得人签订《国有土地使用权出让合同》，在竞得人按约定办理完新公司注册登记手续后，再与新公司签订《国有土地使用权出让合同变更协议》；也可按约定直接与新公司签订《国有土地使用权出让合同》。母公司在向国土部门提交的《投标申请书》中约定以下内容：

a. 拟成立子公司进行开发建设；

b. 拟成立子公司的出资构成、成立时间；

c. 房地产母公司代替拟成立子公司垫付土地出让金，土地出让金的收据待子公司注册成立后直接开到子公司名下。

竞买成功后，国土部门先与母公司签订《国有土地使用权出让合同》，在母公司办理完子公司注册登记手续后，再与子公司签订《国有土地使用权出让合同变更协议》；或者约定国土部门直接与子公司签订《国有土地使用权出让合同》。

2. 企业所得税

（1）税收政策。《国家税务总局关于印发〈房地产开发经营业务企业所得税处理办法〉的通知》（国税发〔2009〕31号）规定：开发产品计税成本支出的内容如下：

“（一）土地征用费及拆迁补偿费。指为取得土地开发使用权（或开发权）而发生的各项费用，主要包括土地买价或出让金、大市政配套费、契税、耕地占用税、土地使用费、土地闲置费、土地变更用途和超面积补交的地价及相关税费、拆迁补偿支出、安置及动迁支出、回迁房建造支出、农作物补偿费、危房补偿费等。”

（2）操作要点。对于发生的成本，应及时取得发票等税前扣除凭证，避免因未取得扣税凭证而在汇算清缴时做纳税调整，造成不必要的损失。

①拆迁补偿费用税前扣除所需资料。向其他单位或个人支付的拆迁补偿费用，必须提供拆迁协议、拆迁双方支付和取得拆迁补偿费用凭证等能够证明拆迁补偿费用真实性的材料。这些真实材料具体内容如下：

将政府拆迁文件或公告、被拆迁人姓名、联系方式、身份证号码、被拆迁建筑所在路段及门牌号码、拆迁面积、补偿标准、补偿金额、被拆迁人签章等档案资料备置于本公司备查。

房地产企业与每一位被拆迁人签订的拆迁补偿协议，收集每一位被拆迁人签字的身份证复印件，由每一位被拆迁人签字并按有手印的拆迁补偿款清单。

被拆迁人签字的收款收据或有银行盖章的支付拆迁补偿款的支付

凭证。

如果存在被拆迁人是承租人并获得拆迁补偿款，则还需要提供出租人与承租人签订的租赁合同复印件。

②房地产企业差额计征增值税中扣除的土地价款在企业所得税中的处理。销售房地产项目的“主营业务成本”是不含土地出让价款所抵减的销项税额，即计算企业所得税时允许扣除的主营业务成本应剔除土地出让价款所抵减的销项税额后的金额确认（会计核算冲减“主营业务成本”并计入应纳税所得额）；但在计算土地增值税时其开发成本发生额中的土地成本是其支付的全部价款，不扣减所抵减的销项税额。在计算企业所得税时，土地价款（包括土地出让金、征地拆迁补偿费和土地前期开发费用）扣除销售额所抵减的销项税额不可以在企业所得税前扣除。

3. 土地增值税。

（1）税收政策。

①《国家税务总局关于土地增值税清算有关问题的通知》（国税函〔2010〕220号）规定：

房地产开发企业为取得土地使用权所支付的契税，应视同“按国家统一规定交纳的有关费用”，计入“取得土地使用权所支付的金额”中扣除。

②《2011年度总局税收答疑汇编——土地增值税篇》规定：

问题内容：《土地增值税清算管理规程》（国税发〔2009〕91号）有各类附表作为附件。有部分地方税务局的工作人员解释说，在进行土地增值税清算时，能否作为扣除项目，应以上述附表中列举的项目为准。那么，在参加土地竞拍时支付的佣金以及工程部门发生的差旅费又是否可以作为土地增值税的扣除项目呢？

回复意见：根据《土地增值税暂行条例实施细则》第七条一款规定：“取得土地使用权所支付的金额，是指纳税人为取得土地使用权所支付的地价款和按国家统一规定交纳的有关费用。”佣金是支付给中介机构而不是支付给土地出让方或转让方的，因此不应当作为取得土地使用权所支付的金额，但可以计入管理费用计算比例扣除。

第二款规定：“开发间接费用是指直接组织、管理开发项目发生的费用，包括工资、职工福利费、折旧费、修理费、办公费、水电费、劳动保护费、周转房摊销等。”因此工程部门发生的办公费—差旅费可以作为土地增值税的扣除项目。

③《广州市地方税务局关于印发 2016 年土地增值税清算工作有关问题处理指引的通知》（穗地税函〔2016〕188 号）规定：纳税人选用增值税一般计税方法计税的，土地增值税预征收入按“含税销售收入/（1 + 11%）”确认；土地增值税清算收入按“（含税销售收入 + 本项目土地价款 ×11%）/（1 +11%）”确认，即：纳税人按规定允许以本项目土地价款扣减销售额而减少的销项税金，应调增土地增值税清算收入。

（2）操作要点。

①在取得土地环节，支付的土地价款和契税将构成土地增值税清算中扣除项目——取得土地使用权所支付的金额，房地产开发企业可按取得土地使用权所支付的金额加计 20% 计入扣除项目。

②土地拍卖佣金是支付给中介机构而不是支付给土地出让方或转让方的，因此不应当作为取得土地使用权所支付的金额计入房地产开发成本，应该计入管理费用，按比例在土地增值税前扣除。

③延期缴纳出让金被加收利息或滞纳金，不属于按国家统一规定交纳的有关费用，不能作为土地成本的一部分，在计算土地增值税时扣除。

④广州市地方税务局发布的穗地税函〔2016〕188 号文件规定，通过“招拍挂”方式取得土地，在计算增值税时抵减的销项税额，应按规定调增土地增值税清算收入，而非减少土地成本。目前，仅广州市地方税务局针对该问题发布了政策法规，其他地方税务局均未形成成文的规定。建议公司在进行土地增值税清算前提前与当地税务局沟通，确定各地方税务局对该问题的处理口径。

二、协议转让方式取得土地使用权

（一）涉及税种

1. 契税。

（1）税收政策。《中华人民共和国契税法》规定：

“第一条　在中华人民共和国境内转移土地、房屋权属，承受的单位和个人为契税的纳税人，应当依照本法规定缴纳契税。

第二条　本法所称转移土地、房屋权属，是指下列行为：

（一）土地使用权出让；

（二）土地使用权转让，包括出售、赠与、互换；

（三）房屋买卖、赠与、互换。

前款第二项土地使用权转让，不包括土地承包经营权和土地经营权的转移。

以作价投资（入股）、偿还债务、划转、奖励等方式转移土地、房屋权属的，应当依照本法规定征收契税。

第三条　契税税率为百分之三至百分之五。

契税的具体适用税率，由省、自治区、直辖市人民政府在前款规定的税率幅度内提出，报同级人民代表大会常务委员会决定，并报全国人民代表大会常务委员会和国务院备案。

省、自治区、直辖市可以依照前款规定的程序对不同主体、不同地区、不同类型的住房的权属转移确定差别税率。

第四条　契税的计税依据：

（一）土地使用权出让、出售，房屋买卖，为土地、房屋权属转移合同确定的成交价格，包括应交付的货币以及实物、其他经济利益对应的价款；

（二）土地使用权互换、房屋互换，为所互换的土地使用权、房屋价格的差额；

（三）土地使用权赠与、房屋赠与以及其他没有价格的转移土地、房屋权属行为，为税务机关参照土地使用权出售、房屋买卖的市场价格依法核定的价格。

纳税人申报的成交价格、互换价格差额明显偏低且无正当理由的，由税务机关依照《中华人民共和国税收征收管理法》的规定核定。”

（2）操作要点。契税的纳税义务发生时间为签订《国有建设用地使用权出让合同》的当天，或取得其他具有土地、房屋权属转移合同性质凭证的当天。项目公司应当在与市、县国土部门签订《国有建设用地使用权出让合同》之日起 10 日内，按照土地成交总价款乘以 3%—5% 的税率，向土地所在地的契税征收机关办理纳税申报，并在契税征收机关核定的期限内缴纳税款。

2. 城镇土地使用税。参照本指引第七章二级开发涉税管理/第一节取得国有土地使用权环节涉税业务/一、通过“招拍挂”取得土地使用权/（一）涉及税种。

3. 耕地占用税。参照本指引第七章二级开发涉税管理/第一节取得国有土地使用权环节涉税业务/一、通过“招拍挂”取得土地使用权/（一）涉及税种。

4. 印花税。参照本指引第七章二级开发涉税管理/第一节取得国有土地使用权环节涉税业务/一、通过“招拍挂”取得土地使用权/（一）涉及税种。

（二）影响税种

1. 增值税。

（1）税收政策。《财政部 国家税务总局关于全面推开营业税改征增值税试点的通知》（财税〔2016〕36 号附件 1）规定：

纳税人发生应税行为，应当向索取增值税专用发票的购买方开具增值税专用发票，并在增值税专用发票上分别注明销售额和销项税额。

小规模纳税人发生应税行为，购买方索取增值税专用发票的，可以向主管税务机关申请代开。

（2）操作要点。项目公司以转让方式取得的土地使用权，受让方应向转让方索取增值税专用发票（若是小规模纳税人可要求其向税务机关申请代开），按照取得的进项税进行税前抵扣。

2. 土地增值税。参照本指引第八章第一节相关内容。

3. 企业所得税。参照本指引第八章第一节相关内容。

第二节　项目公司成立环节涉税业务

为满足开发项目的需要，PPP 项目中，既可以以现有公司主体直接立项开发，也可以设立二级非法人分支机构或者直接设立子公司进行开发，还可以通过参股、控股、股权收购等重组形式取得项目开发权。项目开发主体的确立方式将直接影响设立时税费的缴纳，或间接影响后续开发各阶段的税费。

本环节涉及税种包括：公司成立过程中，因领取的各种权利、许可证照，以及建账时启用营业账簿而产生的印花税以及受本环节影响的增值税和土地增值税，具体如表 7－2 所示。

表 7－2　　项目公司成立环节涉税表

序号	税种	涉税事项	筹划思路		风险提示	筹划思路/风险提示内容简述
			税收优惠	准确运用税收政策		
1	印花税	计税依据		√	√	对营业账簿按万分之二点五税率贴花
2		纳税义务时间		√	√	汇总申报缴纳的期限不得超过一个月；核定征收印花税的，纳税期限为一个月，税额较小的，纳税期限可为一个季度
3	企业所得税	开办费的处理	√	√	√	公司综合考虑开办费用发生额及公司盈利额的大小来选择将开办费的扣除方式
4	增值税	一般纳税人和小规模纳税人的选择问题	√	√	√	项目公司可以先注册为小规模纳税人将来再转为一般纳税人

一、印花税

（一）税收政策

1.《财政部、国家税务总局关于改变印花税按期汇总缴纳管理办法的通知》（财税〔2004〕170 号）规定：

为进一步方便纳税人，简化印花税贴花手续，经研究决定，将《中华人民共和国印花税暂行条例施行细则》第二十二条“同一种类应纳税凭证，需频繁贴花的，应向当地税务机关申请按期汇总缴纳印花税。税务机关对核准汇总缴纳印花税的单位，应发给汇缴许可证。汇总缴纳的期限限额由当地税务机关确定，但最长期限不得超过一个月”的规定，修改为：“同一种类应纳税凭证，需频繁贴花的，纳税人可以根据实际情况自行决定是否采用按期汇总缴纳印花税的方式。汇总缴纳的期限为一个月。采用按期汇总缴纳方式的纳税人应事先告知主管税务机关。缴纳方式一经选定，一年内不得改变。”

2.《中华人民共和国印花税法》规定：

第一条　在中华人民共和国境内书立应税凭证、进行证券交易的单位和个人，为印花税的纳税人，应当依照本法规定缴纳印花税。

在中华人民共和国境外书立在境内使用的应税凭证的单位和个人，

应当依照本法规定缴纳印花税。

第二条　本法所称应税凭证，是指本法所附《印花税税目税率表》列明的合同、产权转移书据和营业账簿。

第十一条　已缴纳印花税的营业账簿，以后年度记载的实收资本（股本）、资本公积合计金额比已缴纳印花税的实收资本（股本）、资本公积合计金额增加的，按照增加部分计算应纳税额。

（二）操作要点

1. 成立环节涉及按比例税率计税的项目主要为资金账簿；记载资金的账簿按实收资本和资本公积合计金额的 0.25‰贴花，因增资等原因引起项目公司实收资本、资本公积增加的，按增加金额的 0.25‰贴花，除资金账簿外的其他账簿免征印花税。

2. 按比例税率计算纳税而应纳税额不足 1 角的，免纳印花税；应纳税额在 1 角以上的，其税额尾数不满 5 分的不计，满 5 分的按 1 角纳税。

3. 在中华人民共和国境内书立、领受印花税应税凭证的单位和个人，填报《印花税纳税申报（报告）表》，按规定向主管税务机关办理印花税申报。同一种类应纳税凭证，需频繁贴花的，纳税人可以根据实际情况自行决定是否采用按期汇总缴纳印花税的方式。

汇总申报缴纳的期限不得超过一个月。采用按期汇总申报缴纳方式的，一年内不得改变。实行核定征收印花税的，纳税期限为一个月，税额较小的，纳税期限可为一个季度，具体由主管税务机关确定。纳税人应当自纳税期满之日起 15 日内申报缴纳印花税。

二、企业所得税

（一）税收政策

1.《国家税务总局关于企业所得税若干税务事项衔接问题的通知》（国税函〔2009〕98 号）规定：

“九、关于开（筹）办费的处理

新税法中开（筹）办费未明确列作长期待摊费用，企业可以在开始经营之日的当年一次性扣除，也可以按照新税法有关长期待摊费用的处理规定处理，但一经选定，不得改变。”

2.《国家税务总局关于企业所得税应纳税所得额若干税务处理问题的公告》（国家税务总局公告 2012 年第 15 号）规定：

“五、关于筹办期业务招待费等费用税前扣除问题

企业在筹建期间，发生的与筹办活动有关的业务招待费支出，可按实际发生额的60%计入企业筹办费，并按有关规定在税前扣除；发生的广告费和业务宣传费，可按实际发生额计入企业筹办费，并按有关规定在税前扣除。”

（二）操作要点

由于开办费不得计算为当期亏损，针对开办费企业所得税前扣除方式的选择，建议项目公司综合考虑开办费用发生额及公司盈利额的大小来选择将开办费在开始生产经营的当年一次计入当年损益还是在不低于三年的期限摊销扣除。如果开办费用发生额较大，当年盈利额无法覆盖，建议采用在不低于三年的期限摊销扣除的方式，以免造成税款损失。

三、增值税

（一）税收政策

1.《财政部 税务总局关于进一步实施小微企业“六税两费”减免政策的公告》（财政部 税务总局公告2022年第10号）规定：

“一、由省、自治区、直辖市人民政府根据本地区实际情况，以及宏观调控需要确定，对增值税小规模纳税人、小型微利企业和个体工商户可以在50%的税额幅度内减征资源税、城市维护建设税、房产税、城镇土地使用税、印花税（不含证券交易印花税）、耕地占用税和教育费附加、地方教育附加。

二、增值税小规模纳税人、小型微利企业和个体工商户已依法享受资源税、城市维护建设税、房产税、城镇土地使用税、印花税、耕地占用税、教育费附加、地方教育附加其他优惠政策的，可叠加享受本公告第一条规定的优惠政策。”

2.《国家税务总局关于纳税人认定或登记为一般纳税人前进项税额抵扣问题的公告》（国家税务总局公告2015年第59号）。

“一、纳税人自办理税务登记至认定或登记为一般纳税人期间，未取得生产经营收入，未按照销售额和征收率简易计算应纳税额申报缴纳增值税的，其在此期间取得的增值税扣税凭证，可以在认定或登记为一般纳税人后抵扣进项税额。”

（二）操作要点

在项目公司注册办理税务登记时，可先注册为小规模纳税人，待开票确认收入时再转登记为一般纳税人，自注册日起至转登记为一般纳税人止，该阶段可享受按照50%税额幅度减征房产税、城镇土地使用税、印花税等税种的政策。但应注意，项目公司需满足在此期间未取得生产经营收入，未按照销售额和征收率简易计算应纳税额申报缴纳增值税的条件，其在此期间取得的增值税扣税凭证才可以在认定或登记为一般纳税人后抵扣进项税额。

第三节　开工建设环节涉税业务

房地产开发企业建设环节是建设成本发生的主要环节，涉及前期工程费、建筑安装工程费、基础设施费、公共配套设施费、开发间接费的核算。该阶段发生的建筑施工成本及各项费用将直接影响开发项目未来企业所得税计税成本的扣除以及土地增值税扣除项目金额的确定。

本环节涉及开工建设过程中，取得各种增值税进项发票的抵扣，与设计单位、施工单位、供应商等签订的合同印花税。项目公司涉及直接向环境排放应税污染物，应当按照规定缴纳环境保护税。如果设计单位是非居民企业时，还涉及代扣代缴增值税、城建税及附加的问题，可能涉及代扣代缴企业所得税、代扣代缴印花税。同时，该环节可能对后续企业所得税清算及土地增值税清算产生影响。具体如表7-3所示。

表7-3　　开工建设环节涉税表

序号	税种	涉税事项	筹划思路		风险提示	筹划思路/风险提示内容简述
			税收优惠	准确运用税收政策		
1	增值税	进项税发票抵扣问题		√	√	开工建设环节取得各种进项税发票抵扣注意事项
2	印花税	纳税范围		√	√	在开工建设阶段，需要贴印花税的合同有购销合同、加工承揽合同、仓储保管合同等，拆迁补偿协议不必贴花

续表

序号	税种	涉税事项	筹划思路		风险提示	筹划思路/风险提示内容简述
			税收优惠	准确运用税收政策		
3	环境保护税	纳税义务人		√	√	《中华人民共和国环境保护税法》规定，直接向环境排放应税污染物的企业事业单位和其他生产经营者为环境保护税的纳税人，需要和税务机关确认环保税的纳税义务人
4	城镇土地使用税	计税依据	√	√	√	实际占用的土地面积乘以适用的税额
		纳税义务时间	√	√	√	从合同约定交付土地时间的次月起缴纳城镇土地使用税；合同未约定交付土地时间的，从合同签订的次月起缴纳城镇土地使用税
5	企业所得税（代扣代缴）	税收缴纳		√	√	明确是否产生扣缴义务，扣缴义务人按照10%的税率代扣代缴
6	增值税、城建税及附加税（代扣代缴）	税收缴纳		√	√	扣缴义务人按照适用税率代扣代缴
7	印花税（代扣代缴）	税收缴纳		√	√	扣缴义务人按照适用税目和应纳税额代扣代缴
8	土地增值税	土地增值税清算单位		√	√	项目立项对土地增值税清算单位的影响
9		开发间接费与期间费用的区分		√	√	按成本费用类型分别归集计入开发间接费与期间费用
10		红线外配套支出		√	√	是否可在土地增值税清算时扣除，地方税务局口径不同
11		车位土地成本的分摊		√	√	无产权的车位不分摊土地成本，有产权且占有容积率的车位需要分摊土地成本，有产权但不占有容积率的车位不分摊土地成本

一、涉及税种

（一）增值税

1. 税收政策。

（1）《国家税务总局关于发布〈房地产开发企业销售自行开发的房地产项目增值税征收管理暂行办法〉的公告》（国家税务总局〔2016〕18号）规定：

“第十三条　一般纳税人销售自行开发的房地产项目，兼有一般计税方法计税、简易计税方法计税、免征增值税的房地产项目而无法划分不得抵扣的进项税额的，应以《建筑工程施工许可证》注明的‘建设规模’为依据进行划分。

不得抵扣的进项税额 = 当期无法划分的全部进项税额 ×（简易计税、免税房地产项目建设规模 ÷ 房地产项目总建设规模）”

（2）《财政部、国家税务总局关于全面推开营业税改征增值税试点的通知》（财税〔2016〕36 号）规定：

“第十五条　农业生产者销售的自产农产品免征增值税。”

“第二十五条　下列进项税额准予从销项税额中抵扣：

（一）从销售方取得的增值税专用发票（含税控机动车销售统一发票，下同）上注明的增值税额。

（二）从海关取得的海关进口增值税专用缴款书上注明的增值税额。

（三）购进农产品，除取得增值税专用发票或者海关进口增值税专用缴款书外，按照农产品收购发票或者销售发票上注明的农产品买价和13% 的扣除率计算的进项税额。计算公式为：

进项税额 = 买价 × 扣除率

买价，是指纳税人购进农产品在农产品收购发票或者销售发票上注明的价款和按照规定缴纳的烟叶税。

购进农产品，按照《农产品增值税进项税额核定扣除试点实施办法》抵扣进项税额的除外。

（四）从境外单位或者个人购进服务、无形资产或者不动产，自税务机关或者扣缴义务人取得的解缴税款的完税凭证上注明的增值税额。”

（3）《财政部　国家税务总局 关于全面推开营业税改征增值税试点的通知》（财税〔2016〕36 号 附件 2）规定：

“（七）建筑服务。

一般纳税人以清包工方式提供的建筑服务，可以选择适用简易计税方法计税。

以清包工方式提供建筑服务，是指施工方不采购建筑工程所需的材料或只采购辅助材料，并收取人工费、管理费或者其他费用的建筑服务。

一般纳税人为甲供工程提供的建筑服务，可以选择适用简易计税方法计税。

甲供工程，是指全部或部分设备、材料、动力由工程发包方自行采购的建筑工程。”

（4）《关于建筑服务等营改增试点政策的通知》（财税〔2017〕58号）规定：

“建筑工程总承包单位为房屋建筑的地基与基础、主体结构提供工程服务，建设单位自行采购全部或部分钢材、混凝土、砌体材料、预制构件的，适用简易计税方法计税。”

（5）《关于明确金融、房地产开发、教育辅助服务等增值税政策的通知》（财税〔2016〕140号）规定：

“四、资管产品运营过程中发生的增值税应税行为，以资管产品管理人为增值税纳税人。”

（6）《关于资管产品增值税有关问题的通知》（财税〔2017〕56号）规定：

“一、资管产品管理人（以下称管理人）运营资管产品过程中发生的增值税应税行为（以下称资管产品运营业务），暂适用简易计税方法，按照3%的征收率缴纳增值税。

资管产品管理人，包括银行、信托公司、公募基金管理公司及其子公司、证券公司及其子公司、期货公司及其子公司、私募基金管理人、保险资产管理公司、专业保险资产管理机构、养老保险公司。

资管产品，包括银行理财产品、资金信托（包括集合资金信托、单一资金信托）、财产权信托、公开募集证券投资基金、特定客户资产管理计划、集合资产管理计划、定向资产管理计划、私募投资基金、债权投资计划、股权投资计划、股债结合型投资计划、资产支持计划、组合类保险资产管理产品、养老保障管理产品。

财政部和税务总局规定的其他资管产品管理人及资管产品。”

(7)《关于租入固定资产进项税额抵扣等增值税政策的通知》(财税〔2017〕90号) 规定:

“七、自2018年1月1日起，纳税人支付的道路、桥、闸通行费，按照以下规定抵扣进项税额:

(一) 纳税人支付的道路通行费，按照收费公路通行费增值税电子普通发票上注明的增值税额抵扣进项税额。

2018年1月1日至6月30日，纳税人支付的高速公路通行费，如暂未能取得收费公路通行费增值税电子普通发票，可凭取得的通行费发票(不含财政票据，下同) 上注明的收费金额按照下列公式计算可抵扣的进项税额:

高速公路通行费可抵扣进项税额 = 高速公路通行费发票上注明的金额 ÷ (1 + 3%) × 3%

2018年1月1日至12月31日，纳税人支付的一级、二级公路通行费，如暂未能取得收费公路通行费增值税电子普通发票，可凭取得的通行费发票上注明的收费金额按照下列公式计算可抵扣进项税额:

一级、二级公路通行费可抵扣进项税额 = 一级、二级公路通行费发票上注明的金额 ÷ (1 + 5%) × 5%

(二) 纳税人支付的桥、闸通行费，暂凭取得的通行费发票上注明的收费金额按照下列公式计算可抵扣的进项税额:

桥、闸通行费可抵扣进项税额 = 桥、闸通行费发票上注明的金额 ÷ (1 + 5%) × 5%

(三) 本通知所称通行费，是指有关单位依法或者依规设立并收取的过路、过桥和过闸费用。”

(8)《财政部、国家税务总局关于印发〈农业产品征税范围注释〉的通知》(财税字〔1995〕52号) 规定:

“农业生产者销售的自产农业产品，是指直接从事植物的种植、收割和动物的饲养、捕捞的单位和个人销售的注释所列的自产农业产品。

农业产品是指种植业、养殖业、林业、牧业、水产业生产的各种植物、动物的初级产品。”

(9)《关于个人独资企业和合伙企业投资者取得种植业 养殖业饲养业捕捞业所得有关个人所得税问题的批复》(财税〔2010〕96号) 规定:

“个人独资企业、合伙企业、个体工商户从事种植业、养殖业、饲养业和捕捞业（简称‘四业’）的经营所得，投资者免征个税。”

（10）《关于加强免征增值税货物专用发票管理的通知》（国税函〔2005〕780号）规定：

“一、增值税一般纳税人（以下简称‘一般纳税人’）销售免税货物，一律不得开具专用发票（国有粮食购销企业销售免税粮食除外）。如违反规定开具专用发票的，则对其开具的销售额依照增值税适用税率全额征收增值税，不得抵扣进项税额，并按照《中华人民共和国发票管理办法》及其实施细则的有关规定予以处罚。”

（11）《国家税务总局关于明确中外合作办学等若干增值税征管问题的公告》（国家税务总局公告2018年第42号）规定：

“六、一般纳税人销售自产机器设备的同时提供安装服务，应分别核算机器设备和安装服务的销售额，安装服务可以按照甲供工程选择适用简易计税方法计税。

一般纳税人销售外购机器设备的同时提供安装服务，如果已经按照兼营的有关规定，分别核算机器设备和安装服务的销售额，安装服务可以按照甲供工程选择适用简易计税方法计税。

纳税人对安装运行后的机器设备提供的维护保养服务，按照‘其他现代服务’缴纳增值税。”

2. 操作要点。项目公司在开工建设环节，会涉及取得增值税专用发票，判断发票是否可以抵扣，适用一般计税方法的纳税人兼营简易计税方法计税项目、免征增值税项目如何划分不得抵扣的进项税额等问题尤为重要。一般纳税人采用一般计税方法增值税进项税抵扣及不可抵扣情况列举如下：

（1）土地征用及拆迁补偿费（见表7－4）。

表7－4　　土地征用及拆迁补偿费进项税抵扣表

序号	项目	能否抵扣	抵扣凭证	备注
1	土地出让金	是	省级以上（含省级）财政部门监制的财政票据	可抵减销售额
2	土地转让费	否		
3	拆迁补偿安置费	是		可抵减销售额

续表

序号	项目	能否抵扣	抵扣凭证	备注
4	交易佣金	否		
5	契税	否		
6	其他规费等	否		

向政府取得土地使用权、土地管理部门直接支付的土地出让金，虽不能取得增值税专用发票，但根据国家税务总局 2016 年第 18 号文件规定，支付的土地价款，在计算缴纳增值税时，允许在计算销售额时从全部价款和价外费用中扣除。

土地票据抬头与项目公司不一致时，房地产开发企业（包括多个房地产开发企业组成的联合体）受让土地向政府部门支付土地价款后，设立项目公司对该受让土地进行开发，同时符合下列条件的，可由项目公司按规定扣除房地产开发企业向政府部门支付的土地价款（详见财税〔2016〕140 号）：

①房地产开发企业、项目公司、政府部门三方签订变更协议或补充合同，将土地受让人变更为项目公司；

②政府部门出让土地的用途、规划等条件不变的情况下，签署变更协议或补充合同时，土地价款总额不变；

③项目公司的全部股权由受让土地的房地产开发企业持有。

（2）前期工程、建筑安装、基础设施等工程款。工程项目如为非甲供工程，则由承包方开具 9% 税率的发票，如为甲供工程（甲供工程，是指全部或部分设备、材料、动力由工程发包方自行采购的建筑工程），可以选择适用简易计税方法计税，由承包方开具 3% 税率的发票。开具发票时应注意，取得承包方自行开具或者税务机关代开增值税发票时，应在发票的备注栏注明建筑服务发生地县（市、区）名称及项目名称，未注明相关信息的，不得抵扣进项税额，且不得在企业所得税及土地增值税前扣除。

人防费用，如自建，其建设工程取得的材料、建筑劳务等进项税额可以抵扣；如不建设人防设缴纳的人防易地建设费，不能抵扣进项税额。

向政府部门缴纳的报批报建费，一般能够取得行政事业单位收费凭证，无法取得增值税专用发票，不能抵扣进项税额。

门窗、电梯、空调、玻璃幕墙等工程，如果属于销售自产机器设备的同时提供安装服务，应分别核算机器设备和安装服务的销售额，安装服务可以按照甲供工程选择适用简易计税方法计税。

如果属于销售外购机器设备的同时提供安装服务，一般属于混合销售行为，如果供应商以生产、批发、零售为主，则应取得13%的增值税专用发票；如果以安装服务、施工为主则应取得9%的增值税专用发票；如果分别签订供货和安装两份合同，则供货合同取得13%的发票，安装取得9%的发票，同时安装服务可以按照甲供工程选择适用简易计税方法计税。

发生非正常损失的材料和运输费用中含有的进项税金（如因管理不善丢失的钢材、水泥）不得抵扣。

从境外单位或者个人购进服务、无形资产或者不动产，进项税额为自税务机关或者扣缴义务人取得的解缴税款的完税凭证上注明的增值税额，准予从销项税额中抵扣。

（3）其他费用（见表7-5）。

表7-5　　其他费用进项税抵扣表

序号	项目	能否抵扣	抵扣凭证	税率/征收率	备注
1	职工薪酬	否			
2	福利费	否			
3	社会保险费	否			
4	办公用品及设备	是	增值税专用发票	13%	
5	差旅费	是	增值税专用发票	9%，6%，3%	
6	业务招待费	否			
7	车辆修理费、油料费	是	增值税专用发票	13%	
8	车辆保险费	是	增值税专用发票	6%	
9	车辆过路过桥费	是	通行费发票	3%，5%	
10	停车费	是	增值税专用发票	9%，5%	
11	通信费	是	增值税专用发票	9%，6%	电信服务商自动分配
12	折旧费	否			
13	工会经费	否			
14	物业费	是	增值税专用发票	6%	
15	水费	是	增值税专用发票	9%，3%	

续表

序号	项目	能否抵扣	抵扣凭证	税率/征收率	备注
16	电费	是	增值税专用发票	13%，3%	
17	会议费	是	增值税专用发票	13%，6%	
18	资料费、文印费	是	增值税专用发票	9%	
19	报刊订阅费	是	增值税专用发票	9%	
20	图书资料费	是	增值税专用发票	9%	
21	广告宣传费	是	增值税专用发票	13%，6%	
22	审计费	是	增值税专用发票	6%	
23	财务、法律咨询费	是	增值税专用发票	6%	

差旅费包括差旅人员的吃、住、行费用。其中，餐饮费用属于交际应酬费，机票、船票、车票等属于旅客服务费用，注明旅客身份信息的航空运输电子客票准许按（票价＋燃油附加费）/(1＋9%)×9%抵扣；注明旅客身份信息的铁路车票准许按票面金额/(1＋9%)×9%抵扣；注明旅客身份信息的公路、水路等其他客票准许按照票面金额/(1＋3%)×3%抵扣；国内旅客运输服务取得增值税电子普通发票的，为发票上注明的税额。住宿费允许按照6%抵扣进项税额。

车辆维修费的进项税额允许按照13%抵扣，油料费的进项税额允许按照13%抵扣。

车辆过路过桥费，暂凭取得的通行费发票上注明的收费金额按照下列情形计算可抵扣的进项税额（见表7－6）。

表7－6　　车辆过路过桥费进项税抵扣表

可抵扣期限	通行类别	票据种类	可抵扣进项税额
2018年1月1日—以后	高速公路	增值税普通发票	增值税普通发票金额/(1＋3%)×3%
2018年1月1日—以后	一级、二级公路	增值税普通发票	增值税普通发票金额/(1＋5%)×5%
2018年1月1日—以后	桥、闸	通行费发票（不含财政票据）	通行费发票金额/(1＋5%)×5%

停车费，属于不动产租赁服务一般纳税人出租其2016年4月30日后取得的不动产，选择适用一般计税方法，其进项税额允许按照9%进行抵

扣；属于不动产租赁服务一般纳税人出租其2016年4月30日前取得的不动产，可以选择适用简易计税方法，按照5%的征收率计算应纳税额，允许增值税额按照5%抵扣。

通信费，包括办公电话、网络使用服务费、传真收发费。其中，基础电信服务的进项税额允许按照9%抵扣；增值电信服务的进项税额允许按照6%抵扣。

水电费，其中从自来水公司可以取得增值税专用发票，只能抵扣3%的进项税。从其他水厂购买的水，取得增值税专用发票，可抵扣9%的进项税。电网公司直接开具的电费，其增值税进项税额允许按照13%抵扣。（注：仅项目公司承担的水电费进项税可以抵扣，其余做转出）。

会议费包括会场租赁费、会场办公用品、住宿餐饮费。其中，会场租赁费允许按照9%抵扣；会场办公用品允许按照13%抵扣；住宿费允许按照6%抵扣；餐饮费不得抵扣。

广告宣传费包括印刷费、广告费、宣传费、展览费、条幅展示牌等材料费用、广告制作代理费。印刷费的进项税额允许按照13%抵扣；广告宣传费的进项税额允许按照6%抵扣；广告制作代理的进项税额允许按照6%进行抵扣，条幅、展示牌等材料，进项税额允许按照13%抵扣。

（4）借款费用（见表7-7）。

表7-7　　借款费用进项税抵扣表

序号	项目	能否抵扣	抵扣凭证	税率	备注
1	借款利息支出	否			
2	与借款相关的手续费、咨询费和顾问费	否			
3	银行手续费	是	增值税专用发票	6%	办理转账，汇款时发生的手续费都可以抵扣，要向银行索取增值税专用发票
4	保函手续费	是	增值税专用发票	6%	
5	开户手续费	是	增值税专用发票	6%	
6	账户管理费	是	增值税专用发票	6%	
7	网银管理费	是	增值税专用发票	6%	

资管产品管理人（以下称管理人）运营资管产品过程中发生的增值税应税行为（以下称资管产品运营业务），暂适用简易计税方法，按照

3%的征收率缴纳增值税。

资管产品管理人，包括银行、信托公司、公募基金管理公司及其子公司、证券公司及其子公司、期货公司及其子公司、私募基金管理人、保险资产管理公司、专业保险资产管理机构、养老保险公司。

资管产品，包括银行理财产品、资金信托（包括集合资金信托、单一资金信托）、财产权信托、公开募集证券投资基金、特定客户资产管理计划、集合资产管理计划、定向资产管理计划、私募投资基金、债权投资计划、股权投资计划、股债结合型投资计划、资产支持计划、组合类保险资产管理产品、养老保障管理产品。

注意：信托等资管产品利息支出项目公司应取得增值税发票，保证支出在所得税前扣除。

（5）资产购置（见表7－8）。

表7－8　　资产购置项目进项税抵扣表

序号	项目	能否抵扣	抵扣凭证	税率	备注
1	房屋建筑物	是	增值税专用发票	9%	
2	增值税税控系统	是	增值税发票	全额抵扣	税控专用设备等
3	办公用固定资产	是	增值税专用发票	13%	
4	软件	是	增值税专用发票	13%	

房地产开发企业涉及的固定资产、无形资产，凡专用于简易计税项目、免税项目、集体福利或个人消费项目的，其进项税额不允许抵扣；兼用于一般计税项目和简易计税项目的，该进项税额准予全部抵扣。

购置增值税税控系统的价款，允许按照购买金额全额从应纳增值税中扣除。

（6）农产品。项目公司在园林绿化工程中，如自行采购苗木、花草，依据《中华人民共和国增值税暂行条例》第八条规定，可按照农产品收购发票或者销售发票上注明的农产品买价和扣除率（9%）计算的进项税额进行抵扣。具体明细如表7－9所示。

如表7－9所示，销售方的身份、销售模式和开具发票类型均会对采购方的抵扣形式。同时，依据财税〔2010〕96号文件规定，农产品销售方如为个人独资企业、合伙企业、个体工商户从事种植业、养殖业、饲养业和捕捞业（简称“四业”）的经营所得，投资者免征个税。

表 7－9　　农产品进项税额抵扣表

销售方	发票类型	是否可抵扣	抵扣方式
一般纳税人	9% 增值税专用发票	是	认证抵扣
	9% 普票	否	需开具增值税专用发票
	自产、免税、普票	是	买价 ×9%
	批零、免税、普票	否	*
小规模纳税人	3% 增值税专用发票	是	金额 ×9%
	3% 普票	否	*
	自产、免税、普票	是	买价 ×9%
	批零、免税、普票	否	*
农民个人（自产）	自开、收购发票	是	买价 ×9%
	代开、普票、免税	是	买价 ×9%
合作社	自产、普票、免税	是	买价 ×9%
海关进口	海关进口增值税专用缴款书	是	比对抵扣 注明税额

（二）印花税

1. 税收政策。

（1）《中华人民共和国印花税法》规定：

“第二条　本法所称应税凭证，是指本法所附《印花税税目税率表》列明的合同、产权转移书据和营业账簿。”

（2）《中华人民共和国印花税暂行条例施行细则（1988）》（财税字〔1988〕第 255 号）规定：

“第十四条　条例第七条所说的书立或者领受时贴花，是指在合同的签订时、书据的立据时、账簿的启用时和证照的领受时贴花。

如果合同在国外签订的，应在国内使用时贴花。”

（3）《中华人民共和国印花税法（2018 年征求意见稿）》规定：

“（一）应税合同的计税依据，为合同列明的价款或者报酬，不包括增值税税款；合同中价款或者报酬与增值税税款未分开列明的，按照合计金额确定。”

2. 操作要点。

（1）房地产开发企业在开发建设阶段，涉及各种施工及承包合同的签订，应当按照《中华人民共和国印花税法》规定缴纳印花税。在开发建设阶段，需要贴印花税的合同有购销合同、加工承揽合同、仓储保管合同、建筑工程勘察设计合同、货物运输合同、借款合同、建筑安装工程承包合同、财产保险合同等，对于建安工程合同性质的工程委托书，也应当缴纳印花税。

（2）印花税只对税目税率表中列举的凭证和经财政部确定征税的其他凭证征税，对于《中华人民共和国印花税法》中未列举的无需贴花。

①工程监理合同不属于“技术合同”，也不属于印花税税法中列举的征税范围。工程监理单位承接监理业务而与建筑商签订的合同不征印花税。

②拆迁补偿协议不必贴花，开工环节取得的《建设用地规划许可证》《建设工程规划许可证》《建筑工程施工许可证》不在列举范围，也不需要贴花。

③对于已经在主体工程合同备案时建委代征的印花税，注意不能对此合同重复计算印花税。

④对已履行并贴花的合同，发现实际结算金额与合同所载金额不一致的，一般不再补贴印花。

⑤在签订各种施工及承包合同时，注意将价格和税款分开注明，避免因未分开注明而多缴纳印花税。

（三）环境保护税

1. 税收政策。

（1）《中华人民共和国环境保护税法》（2018 修正）规定：

“第二条　在中华人民共和国领域和中华人民共和国管辖的其他海域，直接向环境排放应税污染物的企业事业单位和其他生产经营者为环境保护税的纳税人，应当依照本法规定缴纳环境保护税。

第三条　本法所称应税污染物，是指本法所附《环境保护税税目税额表》、《应税污染物和当量值表》规定的大气污染物、水污染物、固体废物和噪声。”

“第七条　应税污染物的计税依据，按照下列方法确定：

（一）应税大气污染物按照污染物排放量折合的污染当量数确定；

（二）应税水污染物按照污染物排放量折合的污染当量数确定；

（三）应税固体废物按照固体废物的排放量确定；

（四）应税噪声按照超过国家规定标准的分贝数确定。”

“第十条　应税大气污染物、水污染物、固体废物的排放量和噪声的分贝数，按照下列方法和顺序计算：

（一）纳税人安装使用符合国家规定和监测规范的污染物自动监测设备的，按照污染物自动监测数据计算；

（二）纳税人未安装使用污染物自动监测设备的，按照监测机构出具的符合国家有关规定和监测规范的监测数据计算；

（三）因排放污染物种类多等原因不具备监测条件的，按照国务院生态环境主管部门规定的排污系数、物料衡算方法计算；

（四）不能按照本条第一项至第三项规定的方法计算的，按照省、自治区、直辖市人民政府生态环境主管部门规定的抽样测算的方法核定计算。

第十一条　环境保护税应纳税额按照下列方法计算：

（一）应税大气污染物的应纳税额为污染当量数乘以具体适用税额；

（二）应税水污染物的应纳税额为污染当量数乘以具体适用税额；

（三）应税固体废物的应纳税额为固体废物排放量乘以具体适用税额；

（四）应税噪声的应纳税额为超过国家规定标准的分贝数对应的具体适用税额。”

“第十六条　纳税义务发生时间为纳税人排放应税污染物的当日。

第十七条　纳税人应当向应税污染物排放地的税务机关申报缴纳环境保护税。

第十八条　环境保护税按月计算，按季申报缴纳。不能按固定期限计算缴纳的，可以按次申报缴纳。

纳税人申报缴纳时，应当向税务机关报送所排放应税污染物的种类、数量，大气污染物、水污染物的浓度值，以及税务机关根据实际需要要求纳税人报送的其他纳税资料。

第十九条　纳税人按季申报缴纳的，应当自季度终了之日起十五日内，向税务机关办理纳税申报并缴纳税款。纳税人按次申报缴纳的，应当自纳税义务发生之日起十五日内，向税务机关办理纳税申报并缴纳税款。”

（2）《国家税务总局北京市税务局 北京市环境保护局 北京市住房和城乡建设委员会 北京市城市管理综合行政执法局 关于建设施工工地扬尘

征收环境保护税有关事项的通知》（京税函〔2018〕4 号）规定：

“一、本市行政区域内的建设工程施工扬尘应缴纳的环境保护税由建设单位（含代建方）向建设项目所在地主管税务机关申报缴纳。”

2. 操作要点。房地产企业主要被认定的污染为大气污染，大气污染每污染相当量的税额在 1.2—12 元/月。

大气污染应纳税额 = 应税大气污染物当量数 × 适用税额

当量数 = 排放量/污染当量值（见“应税污染物和当量值表”）

排放量 =（扬尘产生系数 - 扬尘削减系数）× 各地工程调整系数 × 建筑面积或施工面积

需要注意的是，《中华人民共和国环境保护税法》规定，直接向环境排放应税污染物的企业事业单位和其他生产经营者为环境保护税的纳税人，但并没有明确规定环保税的纳税主体是建设方还是施工方。部分地区对环保税的纳税人做出了明确规定，如京税函〔2018〕4 号文件规定，北京地区环境保护税由建设单位（含代建方）向建设项目所在地主管税务机关申报缴纳。但大部分地区未出台相关政策，建议在涉及环保税缴纳时提前咨询主管税务机关，确认环保税的纳税主体。

（四）城镇土地使用税

本环节城镇土地使用税征收范围、税额计算、注意事项等税务事项参照本书第七章二级开发涉税管理/第一节　取得国有土地使用权环节涉税业务/一、“招拍挂”取得土地使用权/第（一）款相关规定处理。

二、影响税种

（一）土地增值税

1. 税收政策。

（1）《土地增值税暂行条例实施细则》规定：

“第七条　条例第六条所列的计算增值额的扣除项目，具体为：

开发间接费用，是指直接组织、管理开发项目发生的费用，包括工资、职工福利费、折旧费、修理费、办公费、水电费、劳动保护费、周转房摊销等。

第八条　土地增值税以纳税人房地产成本核算的最基本的核算项目或核算对象为单位。

第九条　纳税人成片受让土地使用权后，分期分批开发、转让房地产的，其扣除项目金额的确定，可按照转让土地使用权的面积占总面积的比例计算分摊，或按照建筑面积计算分摊，也可以按税务机关确认的其他方式计算分摊。”

（2）《国家税务总局关于印发〈土地增值税清算管理规程〉的通知》（国税发〔2009〕91 号）规定：

“第十七条　清算审核时，应审核房地产开发项目是否以国家有关部门审批、备案的项目为单位进行清算；对于分期开发的项目，是否以分期项目为单位清算；对不同类型房地产是否分别计算增值额、增值率，缴纳土地增值税。”

（3）《广西壮族自治区地方税务局关于明确土地增值税清算若干政策问题的通知》（桂地税发〔2008〕44 号）规定：

“房地产开发商按照当地政府要求建设的道路、桥梁等公共设施所产生的成本费用，凡属于房地产开发项目立项时所确定的各类设施投资，可据实扣除；与开发项目立项无关的，则不予扣除。”

（4）《关于土地增值税有关业务问题的公告》（苏地税规〔2012〕1 号）规定：

“房地产开发企业建造的各项公共配套设施，建成后移交给全体业主或无偿移交给政府、公共事业单位用于非营利性社会公共事业的，准予扣除相关成本、费用；未移交的，不得扣除相关成本、费用。项目规划范围之外的，其开发成本、费用一律不予扣除。”

（5）《房地产开发企业土地增值税清算管理办法的公告》（山西省地方税务局公告 2014 第 3 号）规定：

“第十九条　土地红线外的绿化、修路、配套等支出，不得扣除。”

（6）《辽宁省地方税务局关于明确土地增值税清算有关问题的通知》（辽地税函〔2012〕92 号）规定：

“转让有产权地下停车位取得的收入，计入土地增值税收入，地方税务机关允许其成本费用按照对应配比原则在土地增值税清算中扣除。

无产权地下停车位取得的收入，不计入土地增值税收入，其成本费用地方税务机关在土地增值税清算中不允许扣除。其他无产权的建筑物等比照执行。”

（7）《新疆维吾尔自治区地方税务局关于明确土地增值税相关问题的公告》（新疆维吾尔自治区地方税务局公告 2016 年第 6 号）规定：

“（三）关于无产权车位分摊土地成本问题，土地成本仅在可售面积中分摊，无产权的地下车位不分摊土地成本。”

（8）《江苏省地方税务局公告关于土地增值税若干问题的公告》（苏地税规〔2015〕8号）规定：

“二、关于土地成本分摊问题

土地成本是指取得土地使用权所支付的金额。土地成本仅在能够办理权属登记手续的建筑物及其附着物之间进行分摊。”

2. 操作要点。

（1）项目立项。企业对同一项目可能同时或分期、分区开发不同类型的房产，有别墅、洋房、商业物业或普通住宅等，他们的增值率和对应的税负会有所不同。由于土地增值税是以国家有关部门审批的房地产开发项目为单位进行清算，对于分期开发的项目，以分期项目为单位清算。各地的政策不尽相同。

若企业以分期开发的别墅、洋房、商业物业来分别立项，只能按这些分期项目为单位清算。但是，若企业对不同增值率的房产以一个项目或同一期来立项并经批准，则可按一个项目或同一期项目的整体增值率来进行土地增值税清算。若整体增值率低于个别房地产的增值率，那么企业的土地增值税的实际税负可能会有所降低。

企业在立项时，就应提早考虑项目的实际情况和相关影响，选择一个较优的方案来立项。这样企业就可以合理降低土地增值税的税负，为企业带来一定的经济利益。

（2）开发间接费。房地产项目开发建设过程中发生的费用归集为“开发间接费用”还是“期间费用”，将会对后期清算时加计扣除的金额产生影响。在土地增值税清算时，开发间接费用可计入“房地产开发成本”项目加计20%的扣除，而期间费用凡不能按转让房地产项目计算分摊利息支出或不能提供金融机构证明的，计入“房地产开发费用”项目加计10%扣除。

房地产企业的开发间接费用是为直接组织、管理开发项目所发生的工资、职工福利费、折旧费、修理费、办公费、水电费、劳动保护费、周转房摊销。除以上费用外，与直接组织和管理项目有关所发生的其他费用，例如，与项目相关的其他费用如职工教育经费、通讯费、交通差旅费、租赁费、管理服务费、样板间支出、利息支出、保安费用等，在进行土增税清算时是否能够计入房地产开发成本扣除需要视具体情况而定。

①样板间装修支出。对于样板间装修支出应分不同情况处理：

如果样板间是从外部租赁的，其装修支出应作为销售费用，在土地增值税清算时计入“房地产开发费用”项目按规定扣除，不得计入开发间接费用。

如果自建临时性样板间，后续需要拆除，则其装修支出应作为销售费用，在土地增值税清算时计入“房地产开发费用”项目按规定扣除，不得计入开发间接费用。

如果自建样板间，在以后年度进行销售，其装修费支出应作为“建筑安装工程费”科目核算，在土地增值税清算时计入“房地产开发成本”项目按规定扣除。

②管理人员工资及福利费。管理人员工资是支付给直接组织、管理项目的人员的工资及福利费，这类费用需要提供项目管理人员名单及劳务合同，可以在土地增值税前扣除。但如果是集团层面发生的，不可按项目归集的管理人员工资（如集团营销策划部管理人员同时为多个项目公司提供营销策划服务，其工资及福利费无法按项目归集），不得计入开发间接费用。

③通讯费。项目工程部安装电话，发生的电话费可以作为其他开发间接费列支，但项目管理人员报销的手机费难以与项目直接相关，不能列支在开发间接费，在土增税前扣除。

④差旅费。项目管理人员在开发期间发生的打车费、交通费等支出，可以列支为开发间接费用，但报销的私车加油费，难以区分与项目直接相关，不能列支在开发间接费，在土增税前扣除。

⑤沙盘模型制作费。沙盘模型主要是为销售而制作的，与项目开发建设无关，因此属于销售费用，不能计入开发间接费。

⑥职工教育经费和业务招待费。按会计制度相关规定，职工教育经费、业务招待费，均不能直接归集于开发产品的成本，作为期间费用核算，在计提该类费用时应直接计入管理费用或销售费用。

（3）红线外支出。《土地增值税暂行条例实施细则》第七条规定：条例第六条所列的计算增值额的扣除项目，具体为……其中公共配套设施费，包括不能有偿转让的开发小区内公共配套设施发生的支出。基础设施费，包括开发小区内道路、供水、供电、供气、排污、排洪、通讯、照明、环卫、绿化等工程发生的支出。

基于以上税收政策规定，“红线外支出”不属于开发项目内的相关支出，不可以在土地增值税前进行扣除。但有些地方性政策规定（如湖北省、广西壮族自治区税务局），若企业能提供与开发项目存在关联的证据，则可以扣除，有些则明确规定不得扣除（如江苏省、山西省税务局）。建议在土地增值税清算前，提前查询当地相关政策或咨询项目所在地主管税务机关，确认各地方税务局对该问题的处理口径。

（4）车位土地成本的分摊。关于无产权车位是否分摊土地成本的问题，国家税务总局并未出台相关政策，地方税务局有出台相关政策予以明确（如辽地税函〔2012〕92 号、新疆维吾尔自治区地方税务局公告 2016 年第 6 号、苏地税规〔2015〕8 号）。原则上来说，无产权的车位不分摊土地成本，有产权且占有容积率的车位需要分摊土地成本，有产权但不占有容积率的车位不分摊土地成本。

第四节　开盘预售环节涉税业务

本环节是房地产开发企业涉及税种最多的环节，涉及的税种主要有房地产开发企业预售房地产所取得收入应预缴土地增值税；按月或按季度预缴企业所得税；销售不动产应预缴增值税；应缴纳的附加税（城市维护建设税、教育费附加、地方教育费附加）；拥有土地使用权需缴纳城镇土地使用税；签订商品房销售合同需按产权转移书据缴纳印花税；在预售阶段业务宣传活动中随机向本单位以外的个人赠送礼品代扣代缴个人所得税，项目公司涉及直接向环境排放应税污染物，应当按照规定缴纳环境保护税（见表 7－10）。

一、土地增值税（预缴）

（一）税收政策

1.《财政部 国家税务总局关于营改增后契税 房产税 土地增值税 个人所得税计税依据问题的通知》（财税〔2016〕43 号）规定：

表 7－10　　　　开盘预售环节涉税表

序号	税种	涉税事项	筹划思路		风险提示	筹划思路/风险提示内容简述
			税收优惠	准确运用税收政策		
1	土地增值税（预缴）	预征率和计税依据		√	√	项目公司应该分不同房地产类型的（普通住宅、非普通住宅、其他类型房地产等）按照当地适用预征率进行预缴
		预缴时间和地点		√	√	土地增值税由房地产项目所在地的税务机关负责征收，预缴时间根据各省规定
2	企业所得税（预缴）	所得税额计算		√	√	房地产开发企业在开盘预售环节应按销售未完工开发产品取得的收入计算预计毛利和当期账面实际利润总额合并计算当期应预缴的企业所得税，年度进行汇算清缴，多退少补
		预缴时间和地点		√	√	房地产开发企业（查账征收和核定征收）开盘预售环节无论盈利还是亏损均需按月或按季度预缴企业所得税
3	增值税（预缴）	预缴增值税计算		√	√	房地产开发企业中的一般纳税人及小规模纳税人采取预收款方式销售自行开发的房地产项目应在收到预收款时按照3%的预征率预缴增值税
		预缴时间和地点		√	√	一般纳税人应在取得预收款的次月征期内向主管税务机关预缴税款。小规模纳税人应在取得预收款后申报期内向主管税务机关预缴税款
4	附加税（城市维护建设税、教育费附加、地方教育费附加）	税额计算		√	√	已缴纳的所属期增值税、消费税乘以适用税率
		纳税时间和地点		√	√	纳税人直接缴纳增值税和消费税的，在缴纳增值税和消费税地缴纳城市维护建设税、教育费附加、地方教育费附加；和增值税纳税期限一致

续表

序号	税种	涉税事项	筹划思路		风险提示	筹划思路/风险提示内容简述
			税收优惠	准确运用税收政策		
5	个人所得税	代扣代缴		√	√	企业在业务宣传、广告等活动中，随机向本单位以外的个人赠送礼品，对个人取得的礼品所得，按照“偶然所得”项目，全额适用 20% 的税率缴纳个人所得税
6	城镇土地使用税	税收缴纳		√	√	房地产开发企业因为销售开发产品，使得土地的实物或权利状态发生变化，从而依法终止城镇土地使用税纳税义务的，其应纳税款的计算应截止到土地的实物或权利状态发生变化的当月末
7	印花税	税收缴纳		√	√	项目公司预售房屋，发生产权转移，按照产权转移书据按合同所记载金额的 0.5‰贴花
8	环境保护税	税收缴纳		√	√	房地产企业主要被认定的污染为大气污染，大气污染每污染相当量的税额在 1.2—12 元/月
9	房产税	纳税范围		√	√	项目公司建造的商品房，在出售前不征收房产税，但出售前已使用（如办公用房等）、出借（如无偿借出等）的商品房，应当自房屋使用或交付之次月起，从价计征缴纳房产税

“各省、自治区、直辖市、计划单列市财政厅（局）、地方税务局，西藏、宁夏、青海省（自治区）国家税务局，新疆生产建设兵团财务局：

三、土地增值税纳税人转让房地产取得的收入为不含增值税收入。”

2.《国家税务总局关于营改增后土地增值税若干征管规定的公告》（国家税务总局公告 2016 年第 70 号）规定：

“一、关于营改增后土地增值税应税收入确认问题

营改增后，纳税人转让房地产的土地增值税应税收入不含增值税。

适用增值税一般计税方法的纳税人，其转让房地产的土地增值税应税收入不含增值税销项税额；适用简易计税方法的纳税人，其转让房地产的土地增值税应税收入不含增值税应纳税额。

为方便纳税人，简化土地增值税预征税款计算，房地产开发企业采取预收款方式销售自行开发的房地产项目的，可按照以下方法计算土地增值税预征计征依据：

土地增值税预征的计征依据 = 预收款 - 应预缴增值税税款”。

3.《中华人民共和土地增值税暂行条例实施细则》规定：

“第十六条　纳税人在项目全部竣工结算前转让房地产取得的收入，由于涉及成本确定或其他原因，而无法据以计算土地增值税的，可以预征土地增值税，待该项目全部竣工、办理结算后再进行清算，多退少补。具体办法由各省、自治区、直辖市地方税务局根据当地情况制定。

第十七条　条例第十条所称的房地产所在地，是指房地产的坐落地。纳税人转让房地产坐落在两个或两个以上地区的，应按房地产所在地分别申报纳税。”

4.《国家税务总局关于加强土地增值税征管工作的通知》（国税发〔2010〕53号）规定：

“二、科学合理制定预征率，加强土地增值税预征工作

预征是土地增值税征收管理工作的基础，是实现土地增值税调节功能、保障税收收入均衡入库的重要手段。各级税务机关要全面加强土地增值税的预征工作，把土地增值税预征和房地产项目管理工作结合起来，把土地增值税预征和销售不动产营业税结合起来；把预征率的调整和土地增值税清算的实际税负结合起来；把预征率的调整与房价上涨的情况结合起来，使预征率更加接近实际税负水平，改变目前部分地区存在的预征率偏低，与房价快速上涨不匹配的情况。通过科学、精细的测算，研究预征率调整与房价上涨的挂钩机制。

为了发挥土地增值税在预征阶段的调节作用，各地须对目前的预征率进行调整。除保障性住房外，东部地区省份预征率不得低于2%，中部和东北地区省份不得低于1.5%，西部地区省份不得低于1%，各地要根据不同类型房地产确定适当的预征率（地区的划分按照国务院有关文件的规定执行）。对尚未预征或暂缓预征的地区，应切实按照税收法律法规开展预征，确保土地增值税在预征阶段及时、充分发挥调节作用。”

5.《财政部、国家税务总局关于土地增值税一些具体问题规定的通知》（财税字〔1995〕48号）规定：

“十四、关于预售房地产所取得的收入是否申报纳税的问题

根据细则的规定，对纳税人在项目全部竣工结算前转让房地产取得的收入可以预征土地增值税。具体办法由各省、自治区、直辖市地方税务局根据当地情况制定。因此，对纳税人预售房地产所取得的收入，当地税务机关规定预征土地增值税的，纳税人应当到主管税务机关办理纳税申报，并按规定比例预交，待办理决算后，多退少补；当地税务机关规定不预征土地增值税的，也应在取得收入时先到税务机关登记或备案。”

6.《中华人民共和国土地增值税暂行条例》（2011 修订）规定：

“第十条　纳税人应当自转让房地产合同签订之日起 7 日内向房地产所在地主管税务机关办理纳税申报，并在税务机关核定的期限内缴纳土地增值税。

第十一条　土地增值税由税务机关征收。土地管理部门、房产管理部门应当向税务机关提供有关资料，并协助税务机关依法征收土地增值税。”

7.《关于进一步做好房地产市场调控工作有关税收问题的公告》（北京市地方税务局、北京市住房和城乡建设委员会 2013 年第 3 号公告）规定：

“（一）房地产开发企业按照政策规定销售各类保障性住房取得的收入，暂不预征土地增值税。

保障性住房是指各级人民政府或者指定经营单位回购的廉租住房、公共租赁住房，以及按照政策规定向特定对象销售的经济适用住房、限价商品房（含比照经济适用住房、限价商品房管理）等具有保障性质的各类住房。

（二）房地产开发企业销售新办理预售许可和现房销售备案的商品房取得的收入，按照预计增值率实行 2% 至 8% 的幅度预征率（见附件 1）。

容积率小于 1.0 的房地产开发项目，最低按照销售收入的 5% 预征土地增值税。”

8.《关于调整土地增值税预征率的公告》（苏地税规〔2016〕2号）规定：

“经研究，决定调整我省土地增值税预征率，现公告如下：

一、除本公告第二条、第三条规定的情形外，南京市、苏州市市区（含工业园区）普通住宅、非普通住宅、其他类型房产的预征率分别为：2%、3%、4%；其他地区普通住宅、非普通住宅、其他类型房产的预征率均为2%。

二、预计增值率大于100%且小于或等于200%的房地产开发项目，预征率为5%；预计增值率大于200%的房地产开发项目，预征率为8%。

三、公共租赁住房、廉租住房、经济适用房、城市和国有工矿棚区改造安置住房等保障性住房，仍暂不预征。”

9.《关于调整房地产开发项目土地增值税预征率和核定征收率的公告》（河北省地方税务局公告2010年第1号）规定：

“根据《国家税务总局关于加强土地增值税征管工作的通知》（国税发〔2010〕53号）规定，现就全省房地产开发项目土地增值税预征率和核定征收率调整事宜公告如下：

除保障性住房外，房地产开发项目土地增值税预征率统一调整为2%。

房地产开发项目土地增值税核定征收率统一调整为5%。”

10.《江苏省地方税务局关于明确部分税种纳税期限有关事项的公告》（苏地税规〔2013〕6号）规定：

“六、土地增值税

房地产开发企业销售商品房实行预征的，以一个月为纳税期，纳税人应于次月15日内申报纳税。”

（二）操作要点

1. 预缴土地增值税计算。

（1）计算公式。项目公司每月根据开盘预售环节收入，按以下公式计算应预缴土地增值税。计算公式：

预缴土地增值税（普通住宅、非普通住宅、其他类型房地产等）=∑[各类型房地产收入（不含税）×各类型房地产预征率]

各类型房地产收入=各类型房地产当月收款+其他有关的经济利益

各类型房地产预征率=各地区税务机关规定各类型房地产适用预征率

计税依据与账面数据复核：∑各类型房地产收入=“预收账款（价

款)”贷方发生总额 - “预收账款\预收定金(价款)”借方定金转楼款部分发生额 + 其他有关的经济收益

(2)注意事项。

①“预收账款\定金(价款)”借方定金转楼款部分发生额，如果定金转楼款是在“预收账款\预收定金(价款)”的贷方红字反映的，则计税依据与账面复核公式中，项目公司不需考虑此项。

②普通住宅、非普通住宅的划分标准应根据当地政府具体规定执行。

③对于县级及县级以上人民政府要求房地产开发企业在售房时代收的各项费用，如果代收费用是计入房价中向购买方一并收取的，可作为转让房地产所取得的收入计税；如果代收费用未计入房价中，而是在房价之外单独收取的，可以不作为转让房地产的收入。

除此之外，各地税务机关对“其他有关经济收益”有特别规定的，请遵照地区政策执行，并报公司备案。

④各地区当地税局如要求按以下方式确定预缴土地增值税计税依据，则按当地要求计算缴纳。

为方便纳税人，简化土地增值税预征税款计算，房地产开发企业采取预收款方式销售自行开发的房地产项目的，可按照以下方法计算土地增值税预征计征依据：

土地增值税预征的计征依据 = 预收款 - 应预缴增值税

⑤税局系统申报缴纳分不同房地产类型的(普通住宅、非普通住宅、其他类型房地产等)，不允许将房地产类型合并申报，严格按税局申报表申报。

⑥保障性住房不预缴土地增值税。

⑦部分房地产转为企业自用或用于出租等商业用途时，如果产权未发生转移，不征收土地增值税。

⑧企业以“诚意金”为名收取与售房有关的预收性质的款项，不论是否计入预收账款，均应按规定缴纳土地增值税。

2. 征收管理。

(1)纳税义务时间。预缴土地增值税的纳税义务时间为收到预收款当月，次月按税局申报期申报缴纳。

(2)纳税地点。土地增值税由房地产项目所在地的税务机关负责征收。房地产项目坐落地与机构所在地或经营所在地同在一地时，可在办理税务登记的原管辖税务机关申报纳税；房地产项目坐落地与机构所在地或经营所在地不在一地，则应在房地产项目坐落地主管税务机关申报纳税。房地产项目坐落地在两个或两个以上地区的，应按房地产所在地分别申报纳税。

二、企业所得税（预缴）

企业所得税的征税对象，是指企业的生产经营所得、其他所得和清算所得。房地产开发企业在开盘预售环节应按销售未完工开发产品取得的收入计算预计毛利和当期账面实际利润总额合并计算当期应预缴的企业所得税，年度进行汇算清缴，多退少补。

（一）政策规定

1.《国家税务总局关于印发〈房地产开发经营业务企业所得税处理办法〉的通知》（国税发〔2009〕31号）规定：

“企业销售未完工开发产品取得的收入，应先按预计计税毛利率分季（或月）计算出预计毛利额，计入当期应纳税所得额。开发产品完工后，企业应及时结算其计税成本并计算此前销售收入的实际毛利额，同时将其实际毛利额与其对应的预计毛利额之间的差额，计入当年度企业本项目与其他项目合并计算的应纳税所得额。

企业销售未完工开发产品的计税毛利率由各省、自治区、直辖市税务局按下列规定进行确定：

（一）开发项目位于省、自治区、直辖市和计划单列市人民政府所在地城市城区和郊区的，不得低于15%。

（二）开发项目位于地及地级市城区及郊区的，不得低于10%。

（三）开发项目位于其他地区的，不得低于5%。

（四）属于经济适用房、限价房和危改房的，不得低于3%。”

2.《中华人民共和国企业所得税法》规定：

“第五十三条　企业所得税按纳税年度计算。纳税年度自公历1月1日起至12月31日止。

企业在一个纳税年度中间开业，或者终止经营活动，使该纳税年度的实际经营期不足十二个月的，应当以其实际经营期为一个纳税年度。

企业依法清算时，应当以清算期间作为一个纳税年度。

第五十四条　企业所得税分月或者分季预缴。

企业应当自月份或者季度终了之日起十五日内，向税务机关报送预缴企业所得税纳税申报表，预缴税款。

企业应当自年度终了之日起五个月内，向税务机关报送年度企业所得税纳税申报表，并汇算清缴，结清应缴应退税款。

企业在报送企业所得税纳税申报表时，应当按照规定附送财务会计报告和其他有关资料。”

3.《中华人民共和国企业所得税法实施条例》（2019 修订）规定：

“第一百二十七条　企业所得税分月或者分季预缴，由税务机关具体核定。

企业根据企业所得税法第五十四条规定分月或者分季预缴企业所得税时，应当按照月度或者季度的实际利润额预缴；按照月度或者季度的实际利润额预缴有困难的，可以按照上一纳税年度应纳税所得额的月度或者季度平均额预缴，或者按照经税务机关认可的其他方法预缴。预缴方法一经确定，该纳税年度内不得随意变更。

第一百二十八条　企业在纳税年度内无论盈利或者亏损，都应当依照企业所得税法第五十四条规定的期限，向税务机关报送预缴企业所得税纳税申报表、年度企业所得税纳税申报表、财务会计报告和税务机关规定应当报送的其他有关资料。”

4.《跨地区经营汇总纳税企业所得税征收管理办法》（国家税务总局公告 2012 年第 57 号）规定：

“第二章　税款预缴和汇算清缴

第六条　汇总纳税企业按照《企业所得税法》规定汇总计算的企业所得税，包括预缴税款和汇算清缴应缴应退税款，50% 在各分支机构间分摊，各分支机构根据分摊税款就地办理缴库或退库；50% 由总机构分摊缴纳，其中 25% 就地办理缴库或退库，25% 就地全额缴入中央国库或退库。具体的税款缴库或退库程序按照财预〔2012〕40 号文件第五条等相关规定执行。”

5.《国家税务总局关于确认企业所得税收入若干问题的通知》（国税函〔2008〕875 号）规定：

“一、除企业所得税法及实施条例另有规定外，企业销售收入的确认，必须遵循权责发生制原则和实质重于形式原则。

（一）企业销售商品同时满足下列条件的，应确认收入的实现：

（1）商品销售合同已经签订，企业已将商品所有权相关的主要风险和报酬转移给购货方；

（2）企业对已售出的商品既没有保留通常与所有权相联系的继续管理权，也没有实施有效控制；

（3）收入的金额能够可靠地计量；

（4）已发生或将发生的销售方的成本能够可靠地核算。”

6.《国家税务总局关于确认企业所得税收入若干问题的通知》（国税函〔2008〕875号）规定：

“三、企业以买一赠一等方式组合销售本企业商品的，不属于捐赠，应将总的销售金额按各项商品的公允价值的比例来分摊确认各项的销售收入。”

（二）操作要点

1. 企业所得税预缴申报表利润总额与利润表一致，根据国税发〔2009〕31号文件第十二条规定，企业发生的期间费用、已销开发产品计税成本、税金及附加准予当期按规定扣除。各公司在计算过程中注意将期间费用、成本、税金及附加等扣除，如当地有特殊政策规定的，遵照地区政策执行，并将相关政策报集团备案。

2. 特定业务计算的应纳税所得额 = 销售未完工开发产品的预计毛利额（销售未完工开发产品取得的收入 × 计税毛利率） − 销售未完工开发产品实际申报缴纳的土地增值税

3. 房地产开发企业（查账征收和核定征收）开盘预售环节无论盈利还是亏损均需按月或按季度预缴企业所得税，在当月纳税申报期间内申报缴纳企业所得税并附报财务会计报告，财务会计报告相关数据要与申报表对应数据一致。

4. 未过户房产销售收入，根据权责发生制原则和实质重于形式原则的要求，只要符合国税函〔2008〕875号文件中规定的收入确认条件，房产虽未过户、资产所有权属在形式上未发生改变，但也应作为财产转让收入计入企业所得税的应税收入总额，依法办理企业所得税预缴申报手续。

5. 总分支机构就地预缴税款的计算过程是比较复杂的，尤其出现总机构和分支机构存在税率差的情形时，应按照正确的步骤计算预缴的企业所得税，否则可能出现多预缴或少预缴企业所得税的情形，第一步统一计算全部应纳税所得额，第二步划分应纳税所得税，第三部计算不同税率地区的应预缴所得税总额，第四部分摊应预缴的企业所得税。

6. 企业应严格区分利息的费用化和资本化。为建造开发产品借入资金，发生的借款、筹资费用，应予资本化却直接计入当期财务费用的，会造成当期应纳税所得税减少，未来可能产生相应涉税风险。

7. 经济适用房项目须符合建设部、发展改革委、监察部、财政部、国土资源部、人民银行、税务总局关于印发《经济适用住房管理办法》的通知（建住房〔2007〕258 号）等有关法规的规定，其预售收入的计税毛利率不得低于 3%。需要注意的是，立项文件、政府批复性文件中是否有国税发〔2009〕31 号文件规定的经济适用房、限价房和危改房的字样。

三、增值税（预缴）

房地产开发企业中的一般纳税人及小规模纳税人采取预收款方式销售自行开发的房地产项目［房地产开发企业以接盘等形式购入未完工的房地产项目继续开发后，以自己的名义立项销售的，属于国家税务总局公告 2016 年第 18 号文件规定的销售自行开发的房地产项目］，应在收到预收款时按照 3% 的预征率预缴增值税。

（一）政策规定

1. 《国家税务总局关于发布〈房地产开发企业销售自行开发的房地产项目增值税征收管理暂行办法〉的公告》（国家税务总局公告 2016 年第 18 号）规定：

“第二章　一般纳税人征收管理

第十条　一般纳税人采取预收款方式销售自行开发的房地产项目，应在收到预收款时按照 3% 的预征率预缴增值税。

第十一条　应预缴税款按照以下公式计算：

应预缴税款 = 预收款 ÷ （1 + 适用税率或征收率） × 3%

适用一般计税方法计税的，按照 9% 的适用税率计算；适用简易计税方法计税的，按照 5% 的征收率计算。

第十二条　一般纳税人应在取得预收款的次月纳税申报期向主管国税机关预缴税款。”

“第三章　小规模纳税人征收管理

第一节　预缴税款

第十九条　房地产开发企业中的小规模纳税人（以下简称小规模纳税人）采取预收款方式销售自行开发的房地产项目，应在收到预收款时按照3%的预征率预缴增值税。

第二十条　应预缴税款按照以下公式计算：

应预缴税款 = 预收款 ÷（1 + 5%）×3%

第二十一条　小规模纳税人应在取得预收款的次月纳税申报期或主管国税机关核定的纳税期限向主管国税机关预缴税款。"

"第二十六条　房地产开发企业销售自行开发的房地产项目，按照本办法规定预缴税款时，应填报《增值税预缴税款表》。

第二十七条　房地产开发企业以预缴税款抵减应纳税额，应以完税凭证作为合法有效凭证。"

2.《河北省国家税务局关于全面推开营改增有关政策问题的解答（之八）》规定：

"七、关于房地产开发企业收取的订金、意向金、诚意金等款项缴纳增值税问题

房地产开发企业以订金、意向金、诚意金、认筹金等各种名目向购房人收取的款项不同时符合下列条件的均属于预收款性质，应按规定预缴增值税：

（一）收取的款项金额不超过5万元（含5万元）；

（二）收取的款项从收取之日起三个月内退还给购房人。"

3.《国家税务总局关于办理增值税期末留抵税额退税有关事项的公告》（国家税务总局公告2019年第20号）规定：

"一、同时符合以下条件（以下称符合留抵退税条件）的纳税人，可以向主管税务机关申请退还增量留抵税额：

（一）自2019年4月税款所属期起，连续六个月（按季纳税的，连续两个季度）增量留抵税额均大于零，且第六个月增量留抵税额不低于50万元；

（二）纳税信用等级为A级或者B级；

（三）申请退税前36个月未发生骗取留抵退税、出口退税或虚开增值税专用发票情形的；

（四）申请退税前36个月未因偷税被税务机关处罚两次及以上的；

（五）自 2019 年 4 月 1 日起未享受即征即退、先征后返（退）政策的。

增量留抵税额，是指与 2019 年 3 月底相比新增加的期末留抵税额。”

（二）操作要点

1. 同一个项目公司既有一般计税方法项目又有简易计税方法项目，则应分别计算申报一般计税项目和简易计税项目应预缴增值税。

2. 预收账款（含税）应与企业明源销售系统收款金额（含税）核对一致。

预收账款（价款）应与企业明源销售系统收款金额（价款）核对一致，保证价税分离准确。

3. 河北省国家税务局规定，房地产开发企业以订金、意向金、诚意金、认筹金等各种名目向购房人收取的款项不同时符合两个条件的均属于预收款性质，应按规定预缴增值税，企业需要重点关注地方政策的执行。

4. 合同中止收取的违约金、挞定收入等直接全额确定营业外收入，当地税局有政策规定需要交纳增值税的，按当地税局规定处理。

5. 项目所在地与机构所在地在同一县（市、区）的，房地产企业应在机构所在地主管税局按规定预缴增值税，达到纳税义务时间时，按规定申报纳税。

6. 项目所在地与机构所在地不在同一县（市、区）的，适用一般计税方法的房地产企业，应在项目所在地主管税局以取得的全部价款和价外费用按 3% 预征率预缴税款，在机构所在地主管税局按一般计税方式申报纳税；适用简易计税方法的房地产企业，应在项目所在地主管税局以取得的全部价款和价外费用按 3% 预征率预缴税款，在机构所在地主管税局按简易计税方法申报纳税。

7. 房地产开发企业应根据预售自行开发的房地产项目、出租与机构所在地不在同一县（市）的不动产等业务计算所属期应预缴增值税，填报《增值税预缴税款表》，预缴表“预征税额”金额应与计算应预缴金额一致，申报缴纳时根据已预缴增值税金额填报“增值税纳税申报表附列资料（四）（税额抵减情况表）”。

8. 房地产一般纳税人符合留抵税额退税条件的，都可以申请退还增值税增量留抵税额。

四、附加税

城市维护建设税、教育费附加、地方教育费附加的纳税义务人，指负有缴纳增值税、消费税义务的单位和个人。城市维护建设税、教育费附加、地方教育费附加的代扣代缴、代收代缴一律比照增值税、消费税的有关规定办理。增值税、消费税的代扣代缴、代收代缴义务人同时也是城市维护建设税、教育费附加、地方教育费附加的代扣代缴、代收代缴义务人。

（一）政策规定

1.《城市维护建设税暂行条例》（2011 修订）规定：

"第二条　凡缴纳消费税、增值税、营业税的单位和个人，都是城市维护建设税的纳税义务人（以下简称纳税人），都应当依照本条例的规定缴纳城市维护建设税。

第三条　城市维护建设税，以纳税人实际缴纳的消费税、增值税、营业税税额为计税依据，分别与消费税、增值税、营业税同时缴纳。

第四条　城市维护建设税税率如下：

纳税人所在地在市区的，税率为 7%；

纳税人所在地在县城、镇的，税率为 5%；

纳税人所在地不在市区、县城或镇的，税率为 1%。

第五条　城市维护建设税的征收、管理、纳税环节、奖罚等事项，比照消费税、增值税、营业税的有关规定办理。"

2.《征收教育费附加的暂行规定》（2011 修订）规定：

"第二条　凡缴纳消费税、增值税、营业税的单位和个人，除按照《国务院关于筹措农村学校办学经费的通知》（国发〔1984〕174 号）的规定，缴纳农村教育事业费附加的单位外，都应当依照本规定缴纳教育费附加。

第三条　教育费附加，以各单位和个人实际缴纳的增值税、营业税、消费税的税额为计征依据，教育费附加率为 3%，分别与增值税、营业税、消费税同时缴纳。

除国务院另有规定者外，任何地区、部门不得擅自提高或者降低教育费附加率。"

"第六条　教育费附加的征收管理，按照消费税、增值税、营业税的有关规定办理。"

3.《关于增值税期末留抵退税有关城市维护建设税、教育费附加和地方教育附加政策的通知》（财税〔2018〕80号）规定：

“为保证增值税期末留抵退税政策有效落实，现就留抵退税涉及的城市维护建设税、教育费附加和地方教育附加问题通知如下：

对实行增值税期末留抵退税的纳税人，允许其从城市维护建设税、教育费附加和地方教育附加的计税（征）依据中扣除退还的增值税税额。”

4.《财政部、国家税务总局关于纳税人异地预缴增值税有关城市维护建设税和教育费附加政策问题的通知》（财税〔2016〕74号）规定：

“一、纳税人跨地区提供建筑服务、销售和出租不动产的，应在建筑服务发生地、不动产所在地预缴增值税时，以预缴增值税税额为计税依据，并按预缴增值税所在地的城市维护建设税适用税率和教育费附加征收率就地计算缴纳城市维护建设税和教育费附加。

二、预缴增值税的纳税人在其机构所在地申报缴纳增值税时，以其实际缴纳的增值税税额为计税依据，并按机构所在地的城市维护建设税适用税率和教育费附加征收率就地计算缴纳城市维护建设税和教育费附加。”

（二）操作要点

1. 一般纳税人转让不动产、提供不动产经营租赁服务、提供建筑服务、采用预收款方式销售自行开发的房地产项目等，以及其他按现行增值税制度规定预缴的增值税额也应作为计税依据。

2. 企业异地预缴增值税时，按实际预缴税额及预缴所在地城市维护建设税适用税率和教育费附加征收率就地计算缴纳城市维护建设税和教育费附加。

3. 对实行增值税期末留抵退税的纳税人，应将退还的增值税税额从城市维护建设税、教育费附加和地方教育附加的计税（征）依据中扣除。

五、个人所得税

房地产公司预售环节存在各种促销活动，对于不同业务类型的促销业务，房地产公司需要判定是否缴纳个人所得税并履行代扣代缴的义务。根据《中华人民共和国税收征收管理法》（以下简称《税收征收管理法》）规定，应扣未扣个人所得税将面临税收罚款，已扣未缴税款面临罚款和滞纳金的风险。

（一）政策规定

1.《财政部 国家税务总局关于企业促销展业赠送礼品有关个人所得税问题的通知》（财税〔2011〕50号）规定：

“一、企业在销售商品（产品）和提供服务过程中向个人赠送礼品，属于下列情形之一的，不征收个人所得税：

（1）企业通过价格折扣、折让方式向个人销售商品（产品）和提供服务；

（2）企业在向个人销售商品（产品）和提供服务的同时给予赠品，如通信企业对个人购买手机赠话费、入网费，或者购话费赠手机等；

（3）企业对累积消费达到一定额度的个人按消费积分反馈礼品。”

“三、企业赠送的礼品是自产产品（服务）的，按该产品（服务）的市场销售价格确定个人的应税所得；是外购商品（服务）的，按该商品（服务）的实际购置价格确定个人的应税所得。”

2.《财政部 税务总局关于个人取得有关收入适用个人所得税应税所得项目的公告》（财政部 税务总局公告2019年第74号）规定：

“三、企业在业务宣传、广告等活动中，随机向本单位以外的个人赠送礼品（包括网络红包，下同），以及企业在年会、座谈会、庆典以及其他活动中向本单位以外的个人赠送礼品，个人取得的礼品收入，按照‘偶然所得’项目计算缴纳个人所得税，但企业赠送的具有价格折扣或折让性质的消费券、代金券、抵用券、优惠券等礼品除外。

前款所称礼品收入的应纳税所得额按照《财政部 国家税务总局关于企业促销展业赠送礼品有关个人所得税问题的通知》（财税〔2011〕50号）第三条规定计算。”

（二）操作要点

1. 企业赠送礼品是以个人购买企业的商品或提供的服务为前提，这些赠品的取得实质上不是无偿的，而是有偿的，不需要征收个人所得税。如买房送家电、买房送装修等。

2. 企业赠送礼品是随机的，不以个人购买商品或服务为前提，个人属于无偿取得赠品，对于个人取得的赠品所得应征收个人所得税。如房地产开发企业为参观楼盘的客户、随机免费赠送礼品、网络红包等。

六、城镇土地使用税

（一）税收政策

详见本指引第七章二级开发涉税管理/第一节 取得国有土地使用权

环节涉税业务/一、通过“招拍挂”取得土地使用权/第（一）款相关内容。

（二）操作要点

1. 房地产开发企业因为销售开发产品，使得土地的实物或权利状态发生变化，从而依法终止城镇土地使用税纳税义务的，其应纳税款的计算应截止到土地的实物或权利状态发生变化的当月末。未出售房屋的土地面积仍应按规定征收城镇土地使用税。

2. 对于“权利状态发生变化”的时间，约定在销售合同签订之日。契税是以所有权发生转移变动的不动产为征税对象的，根据《中华人民共和国契税暂行条例》规定“契税交纳的时间是以购房者签订土地、房屋权属转移合同的当天或者购房者取得其他具有土地、房屋权属转移合同性质凭证的当天”，所以参照契税的缴纳时间，以销售合同签订时间作为房屋权属状态变化的时间。各项目公司主管税务机关对于城镇土地使用税纳税义务起止时间有具体规定的，请遵照执行，并上报公司备案。

3. 纳税人实际占用的土地面积计算。

纳税人实际占用的土地面积 =（1 – 已销售房屋的建筑面积/项目可售建筑面积）× 项目总占地面积

（1）已销售房屋的建筑面积，本指引约定是已经签订了销售合同的房屋建筑面积，各项目公司所在地对于“土地的实物或权利状态发生变化”有具体规定，请遵照当地政策执行。

（2）项目可售建筑面积，等于已签约房屋建筑面积加上未签约房屋建筑面积，即本项目可售面积总额。

（3）项目总占地面积为土地使用证书确认的土地面积。

（4）项目公司在经济适用住房、商品住房项目中配套建造公共租赁住房，如能提供政府部门出具的相关材料，可按公共租赁住房建筑面积占总建筑面积的比例免征开发商应缴纳的城镇土地使用税。

“对公共租赁住房建设期间用地及公共租赁住房建成后占地免征城镇土地使用税。在其他住房项目中配套建设公共租赁住房，依据政府部门出具的相关材料，按公共租赁住房建筑面积占总建筑面积的比例免征建设、管理公共租赁住房涉及的城镇土地使用税”。相关纳税义务终止时间请咨询主管税务机关。

（5）在城镇土地使用税征税范围内单独建造的地下建筑用地，按规定征收城镇土地使用税。其中，已取得地下土地使用权证的，按土地使用权证确认的土地面积计算应征税款；未取得地下土地使用权证或地下土地使用权证上未标明土地面积的，按地下建筑垂直投影面积计算应征税款。对上述地下建筑用地暂按应征税款的50%征收城镇土地使用税。

七、印花税

（一）税收政策

《中华人民共和国印花税法》规定：

“第一条　在中华人民共和国境内书立应税凭证、进行证券交易的单位和个人，为印花税的纳税人，应当依照本法规定缴纳印花税。

在中华人民共和国境外书立在境内使用的应税凭证的单位和个人，应当依照本法规定缴纳印花税。

第二条　本法所称应税凭证，是指本法所附《印花税税目税率表》列明的合同、产权转移书据和营业账簿。

第三条　本法所称证券交易，是指转让在依法设立的证券交易所、国务院批准的其他全国性证券交易场所交易的股票和以股票为基础的存托凭证。

证券交易印花税对证券交易的出让方征收，不对受让方征收。”

（二）操作要点

1. 印花税依据合同所载金额确定计税依据。合同中所载金额和增值税分开注明的，按不含增值税的合同金额确定计税依据，未分开注明的，以合同所载金额为计税依据。

2. 应税合同、产权转移书据未列明金额的，印花税的计税依据按照实际结算的金额确定。

计税依据按照前款规定仍不能确定的，按照书立合同、产权转移书据时的市场价格确定；依法应当执行政府定价或者政府指导价的，按照国家有关规定确定。印花税按季、按年或者按次计征。实行按季、按年计征的，纳税人应当自季度、年度终了之日起15日内申报缴纳税款；实行按次计征的，纳税人应当自纳税义务发生之日起15日内申报缴纳税款。

3. 印花税实行由纳税人根据规定自行计算应纳税额，自行纳税申报。

4. 所属期合同记载总金额应与所属期销售系统签订合同后成交总价核对一致。项目公司按所属期实际收款或其他基数作为印花税计税依据的，应与当地主管税局沟通统一计税依据，避免税务争议及税务风险。

八、环境保护税

（一）税收政策

1.《中华人民共和国环境保护税法》规定：

"第二条　在中华人民共和国领域和中华人民共和国管辖的其他海域，直接向环境排放应税污染物的企业事业单位和其他生产经营者为环境保护税的纳税人，应当依照本法规定缴纳环境保护税。"

2.《国家税务总局北京市税务局 北京市环境保护局 北京市住房和城乡建设委员会 北京市城市管理综合行政执法局关于建设施工工地扬尘征收环境保护税有关事项的通知》（京税函〔2018〕4号）规定：

"各区（地区）国家税务局，各区地方税务局、原北京市地方税务局开发区分局、燕山分局；各区环保局、北京经济技术开发区环保局；各区住房城乡建设委，东城、西城区住房城市建设委、北京经济技术开发区建设局；各区城管执法监察局，天安门分局、开发区分局、房山燕山分局、西站城管分局：

为改善本市空气质量，发挥经济手段促进治污、减排的作用，依照《中华人民共和国环境保护税法》《中华人民共和国环境保护税法实施条例》《北京市大气污染防治条例》，经研究，现将建设施工工地扬尘征收环境保护税有关事项通知如下：

一、本市行政区域内的建设工程施工扬尘应缴纳的环境保护税由建设单位（含代建方）向建设项目所在地主管税务机关申报缴纳。

土地一级开发阶段的建筑工地拆迁项目，由工程所在区土地储备管理中心作为纳税人，申报缴纳环境保护税。

二、对于整体规划分期建设或具有多类用地性质（包括代征城市公共用地）的建设工程项目，可以依据《国有土地使用证》《建设用地规划许可证》《建筑工程施工许可证》等批复文件核定用地面积。其中，城市公共用地在施工工地围挡内的按实际施工阶段情况进行核定征收。

三、《建筑工程施工许可证》批复的施工工地，计算环境保护税时，工地内未进行施工作业的面积不得在建设工程施工工地用地面积中扣除。

四、计算建设工程施工工地扬尘环境保护税时，施工工期应连续计算，不考虑法定节假日及遇大型活动政策性停工等因素。按照《北京市空气重污染应急预案》，重污染天气应急停工的施工工地，计算环境保护税时应扣除停工天数；应停未停的，适用于该项目当月及其后 5 个月的核定征收，消减系数为 200%。

五、房屋建筑工地的绿化阶段工程，依据《北京市环境保护税核定计算暂行办法》（2018 年第 3 号公告）中房屋建筑工地结构和装修阶段系数（0.8）核定征收环境保护税。

六、同一建设单位（含代建方或施工单位）有多个在建项目，并且按照多个项目分别进行纳税申报的，城建、城管等职能部门对某一项目的处罚决定以及环保部门移送的扬尘污染问题，适用于该项目当月及其后 5 个月的核定征收，消减系数为 200%。

同一建设单位（含代建方或施工单位）有多个在建项目，合并后统一进行纳税申报的，城建、城管等职能部门对其中某一项目的处罚决定以及环保部门移送的扬尘污染问题，适用于申报时包含的全部项目当月及其后 5 个月的核定征收，消减系数为 200%。

七、同一建设单位（含代建方或施工单位）有多个在建项目，城建部门对某一项目做出通报表扬适用于该项目当月及其后 5 个月的核定征收，消减系数为 50%。

八、各区税务、环保、城建、城管等部门要密切配合，切实做好政策实施工作，依各自职责加强对施工扬尘治理情况的监督管理，提高政策实施效果。

九、本通知自 2018 年 4 月 1 日起执行。

特此通知。”

（二）操作要点

1. 施工扬尘的纳税人是直接向环境排放应税污染物的企业事业单位和其他生产经营者，北京明确是建设方缴纳，其他地区是建设方还是施工方缴纳，需要咨询应税污染物排放地的税务机关。

2. 施工扬尘的纳税地点即为工程项目所在地税务机关，关注各地方出台的环境保护税征收管理办法，正确计算缴纳的环境保护税额。

九、房产税

（一）税收政策

1. 税额的计算。

(1) 自用房产。

①《中华人民共和国房产税暂行条例》(2011 年修订) 规定:

"第三条　房产税依照房产原值一次减除 10% 至 30% 后的余值计算缴纳。具体减除幅度，由省、自治区、直辖市人民政府规定。

没有房产原值作为依据的，由房产所在地税务机关参考同类房产核定。"

②《财政部 国家税务总局关于房产税城镇土地使用税有关政策的通知》(财税〔2006〕186 号) 规定:

"一、关于居民住宅区内业主共有的经营性房产缴纳房产税问题

对居民住宅区内业主共有的经营性房产，由实际经营 (包括自营和出租) 的代管人或使用人缴纳房产税。其中自营的，依照房产原值减除 10% 至 30% 后的余值计征，没有房产原值或不能将业主共有房产与其他房产的原值准确划分开的，由房产所在地地方税务机关参照同类房产核定房产原值；出租的，依照租金收入计征。"

③《财政部 国家税务总局关于房产税城镇土地使用税有关问题的通知》(财税〔2008〕152 号) 规定:

"一、关于房产原值如何确定的问题

对依照房产原值计税的房产，不论是否记载在会计账簿固定资产科目中，均应按照房屋原价计算缴纳房产税。房屋原价应根据国家有关会计制度规定进行核算。对纳税人未按国家会计制度规定核算并记载的，应按规定予以调整或重新评估。"

④《国家税务总局关于进一步明确房屋附属设备和配套设施计征房产税有关问题的通知》(国税发〔2005〕173 号) 规定:

"一、为了维持和增加房屋的使用功能或使房屋满足设计要求，凡以房屋为载体，不可随意移动的附属设备和配套设施，如给排水、采暖、消防、中央空调、电气及智能化楼宇设备等，无论在会计核算中是否单独记账与核算，都应计入房产原值，计征房产税。

二、对于更换房屋附属设备和配套设施的，在将其价值计入房产原值时，可扣减原来相应设备和设施的价值；对附属设备和配套设施中易损坏、需要经常更换的零配件，更新后不再计入房产原值。"

⑤《财政部 国家税务总局关于具备房屋功能的地下建筑征收房产税的通知》(财税〔2005〕181 号) 规定:

“一、凡在房产税征收范围内的具备房屋功能的地下建筑，包括与地上房屋相连的地下建筑以及完全建在地面以下的建筑、地下人防设施等，均应当依照有关规定征收房产税。

上述具备房屋功能的地下建筑是指有屋面和维护结构，能够遮风避雨，可供人们在其中生产、经营、工作、学习、娱乐、居住或储藏物资的场所。

二、自用的地下建筑，按以下方式计税：

1. 工业用途房产，以房屋原价的50%—60%作为应税房产原值。

应纳房产税的税额 = 应税房产原值 ×［1 -（10%—30%）］×1.2%。

2. 商业和其他用途房产，以房屋原价的70%—80%作为应税房产原值。

应纳房产税的税额 = 应税房产原值 ×［1 -（10%—30%）］×1.2%。

房屋原价折算为应税房产原值的具体比例，由各省、自治区、直辖市和计划单列市财政和地方税务部门在上述幅度内自行确定。

3. 对于与地上房屋相连的地下建筑，如房屋的地下室、地下停车场、商场的地下部分等，应将地下部分与地上房屋视为一个整体按照地上房屋建筑的有关规定计算征收房产税。”

⑥《财政部、国家税务总局关于安置残疾人就业单位城镇土地使用税等政策的通知》（财税〔2010〕121号）规定：

“三、关于将地价计入房产原值征收房产税问题

对按照房产原值计税的房产，无论会计上如何核算，房产原值均应包含地价，包括为取得土地使用权支付的价款、开发土地发生的成本费用等。宗地容积率低于0.5的，按房产建筑面积的2倍计算土地面积并据此确定计入房产原值的地价。”

（2）出租房产。

①《中华人民共和国房产税暂行条例》（2011年修订）规定：

“第三条　房产出租的，以房产租金收入为房产税的计税依据。

第四条　依照房产租金收入计算缴纳的，税率为12%。”

②《财政部 国家税务总局关于具备房屋功能的地下建筑征收房产税的通知》（财税〔2005〕181号）规定：

“三、出租的地下建筑，按照出租地上房屋建筑的有关规定计算征收房产税。”

③《财政部 国家税务总局关于安置残疾人就业单位城镇土地使用税等政策的通知》（财税〔2010〕121号）规定：

“二、关于出租房产免收租金期间房产税问题

对出租房产，租赁双方签订的租赁合同约定有免收租金期限的，免收租金期间由产权所有人按照房产原值缴纳房产税。”

④《国家税务总局关于安徽省若干房产税业务问题的批复》（国税函发〔1993〕368号）规定：

“一、对于投资联营的房产，应根据投资联营的具体情况，在计征房产税时予以区别对待。对于以房产投资联营，投资者参与投资利润分红，共担风险的情况，按房产原值作为计税依据计征房产税；对于以房产投资，收取固定收入，不承担联营风险的情况，实际上是以联征房产税时应以房产余值计算征收。至于租赁期内房产税的纳税人，可由你局根据实际情况确定。”

2. 纳税义务发生时间。

（1）《财政部、税务总局关于房产税若干具体问题的解释和暂行规定》（财税地字〔1986〕8号）规定：

“十九、关于新建的房屋如何征税

纳税人自建的房屋，自建成之次月起征收房产税。

纳税人委托施工企业建设的房屋，从办理验收手续之次月起征收房产税。

纳税人在办理验收手续前已使用或出租，出借的新建房屋，应按规定征收房产税。”

（2）《财政部 国家税务总局关于房产税城镇土地使用税有关问题的通知》（财税〔2008〕152号）规定：

“三、关于房产税、城镇土地使用税纳税义务截止时间的问题

纳税人因房产、土地的实物或权利状态发生变化而依法终止房产税、城镇土地使用税纳税义务的，其应纳税款的计算应截止到房产、土地的实物或权利状态发生变化的当月末。”

3. 纳税期限和纳税申报。

《中华人民共和国房产税暂行条例》（2011年修订）规定：

“第七条　房产税按年征收、分期缴纳。纳税期限由省、自治区、直辖市人民政府规定。”

4. 纳税地点。

《财政部、税务总局关于房产税若干具体问题的解释和暂行规定》(财税地字〔1986〕8号）规定：

“八、关于房产不在一地的纳税人，如何确定纳税地点？

房产税暂行条例第九条规定，房产税由房产所在地的税务机关征收。房产不在一地的纳税人，应按房产的座落地点，分别向房产所在地的税务机关缴纳房产税。”

（二）操作要点

1. 项目公司建造的商品房，在出售前不征收房产税，但出售前已使用（如办公用房等）、出借（如无偿借出等）的商品房，应当自房屋使用或交付之次月起，从价计征缴纳房产税。

2. 对居民住宅区内业主共有的经营性房产，由实际经营（包括自营和出租）的代管人或使用人缴纳房产税。项目公司应注意楼盘内会所等配套设施是否已经按规定缴纳房产税。

3. 凡是在基建工地为基建工地服务的各种工棚、材料棚、休息棚和办公室、食堂、茶炉房、汽车房等临时性房屋，不论是施工企业自行建造还是由基建单位出资建造交施工企业使用的，在施工期间，一律免征房产税。但是，如果在基建工程结束以后，施工企业将这种临时性房屋交还或者估价转让给基建单位的，应当从基建单位接收的次月起，依照规定征收房产税。

4. 建议项目公司在签订租赁合同时，不体现免租期。

5. 地下室、地下停车场属于有屋面和维护结构，能够遮风避雨，可供人们在其中储藏物资的场所，所以在出租或者自用时亦应缴纳房产税。

6. 自2006年1月1日起，凡在房产税征收范围内的具备房屋功能的地下建筑，包括与地上房屋相连的地下建筑以及完全建在地面以下的建筑、地下人防设施等，均应当依据有关规定征收房产税。

7. 对于与地上房屋相连的地下建筑，如房屋的地下室、地下停车场、商场的地下部分等，应将地下部分与地上房屋视为一个整体按照地上房屋建筑的有关规定计算征收房产税。

十、防洪费（堤围费）等其他地方性收费

防洪费（堤围费）等其他政府收费各地区应根据当地政策计算并申报缴纳。

第五节　交房环节涉税业务

本环节主要说明项目公司在交楼结转确认收入时，增值税及附加税、土地增值税、企业所得税的计算缴纳（见表 7－11）。

表 7－11　　交房环节涉税表

序号	税种	涉税事项	筹划思路		风险提示	筹划思路/风险提示内容简述
			税收优惠	准确运用税收政策		
1	增值税（预缴）	预缴增值税计算		√	√	房地产开发企业中的一般纳税人及小规模纳税人采取预收款方式销售自行开发的房地产项目应在收到预收款时按照 3% 的预征率预缴增值税
		预缴时间和地点		√	√	一般纳税人应在取得预收款的次月征期内向主管税务机关预缴税款。小规模纳税人应在取得预收款后申报期内向主管税务机关预缴税款
2	附加税（城市维护建设税、教育费附加、地方教育费附加）	税额计算		√	√	已缴纳的所属期增值税、消费税乘以适用税率
		纳税时间和地点		√	√	纳税人直接缴纳增值税和消费税的，在缴纳增值税和消费税地缴纳城市维护建设税、教育费附加、地方教育费附加；和增值税纳税期限一致

续表

序号	税种	涉税事项	筹划思路		风险提示	筹划思路/风险提示内容简述
			税收优惠	准确运用税收政策		
3	土地增值税（预缴）	预征率和计税依据		√	√	项目公司应该分不同房地产类型的（普通住宅、非普通住宅、其他类型房地产等）按照当地适用预征率进行预缴
		预缴时间和地点		√	√	土地增值税由房地产项目所在地的税务机关负责征收，预缴时间根据各省规定
4	企业所得税（预缴）	所得税额计算		√	√	房地产开发企业在开盘预售环节应按销售未完工开发产品取得的收入计算预计毛利和当期账面实际利润总额合并计算当期应预缴的企业所得税，年度进行汇算清缴，多退少补
		预缴时间和地点		√	√	房地产开发企业（查账征收和核定征收）开盘预售环节无论盈利还是亏损均需按月或按季度预缴企业所得税

一、增值税

（一）税收政策

1.《关于发布〈房地产开发企业销售自行开发的房地产项目增值税征收管理暂行办法〉的公告》（国家税务总局公告 2016 年第 18 号）规定：

“第四条　房地产开发企业中的一般纳税人（以下简称一般纳税人）销售自行开发的房地产项目，适用一般计税方法计税，按照取得的全部价款和价外费用，扣除当期销售房地产项目对应的土地价款后的余额计算销售额。”

“第九条　一般纳税人销售自行开发的房地产老项目适用简易计税方法计税的，以取得的全部价款和价外费用为销售额，不得扣除对应的土地价款。”

2.《财政部、国家税务总局关于全面推开营业税改征增值税试点的通知》（财税〔2016〕36 号）规定：

“第四十五条　增值税纳税义务、扣缴义务发生时间为：

（一）纳税人发生应税行为并收讫销售款项或者取得索取销售款项凭据的当天；先开具发票的，为开具发票的当天。

收讫销售款项，是指纳税人销售服务、无形资产、不动产过程中或者完成后收到款项。

取得索取销售款项凭据的当天，是指书面合同确定的付款日期；未签订书面合同或者书面合同未确定付款日期的，为服务、无形资产转让完成的当天或者不动产权属变更的当天。”

“（五）增值税扣缴义务发生时间为纳税人增值税纳税义务发生的当天。”

（二）操作要点

1. 纳税义务发生时间。房地产开发企业发生应税行为是发生纳税义务的前提，在实际交付时，其销售开发产品的风险发生转移，达到纳税义务发生时间。以《商品房买卖合同》上约定的交房时间为准；若实际交房时间早于合同约定时间的，以实际交付时间为准。先开具应税发票的，为开具发票的当天。当地税务机关对纳税义务时间有特殊规定的，按当地税务机关规定执行，并报公司备案。

在发生应税行为并收讫房款或开具应税发票前所收到的款项，均属于预收款，应按规定预缴税款。

2. 税金的计算。

（1）发生纳税义务。

①一般计税方式。按取得的全部价款和价外费用扣除当期销售房地产项目对应的土地价款后的余额计算销售额，按适用税率 9% 计算应纳税额，抵减进项税额和减免税款，同时转回预缴的增值税加上当期转出的进项税税额后为当期实际应纳的增值税税额。

计算公式：实际缴纳的增值税税额 =（销项税额 − 销项税额抵减额 − 可抵扣进项税额 − 减免税额 − 预缴增值税）

其中：销项税额 =（“预收账款”借方 +“应收账款”借方）/1.09 × 9%，销项税额应与“预收账款”“应收账款”税款辅助金额一致。

销项税额抵减额 =［当期销售房地产项目建筑面积 ÷ 房地产项目可供销售建筑面积）× 支付的土地价款］÷（1 +9%）×9%

注意事项：

a. 当期销售房地产项目建筑面积，是指当期进行纳税申报的增值税销售额对应的建筑面积。

b. 房地产项目可供销售建筑面积，是指房地产项目可以出售的总建筑面积，不包括销售房地产项目时未单独作价结算的配套公共设施的建筑面积。

c. “当期销售房地产项目建筑面积”“房地产项目可供销售建筑面积”，是指计容积率地上建筑面积，不包括地下车位建筑面积。

d. 可供出售面积为可售面积，不包括不可售面积，另如果一块土地开发很多期的情况，需要先按当地税务机关认可的合理分摊方法（例如：占地面积法）分摊土地价款，再按上述公式计算。

e. 一般纳税人应建立台账登记土地价款的扣除情况，扣除的土地价款不得超过纳税人实际支付的土地价款。

②简易计税方式。以取得的全部价款和价外费用为销售额，按征收率5%计算应纳税额，抵减减免税款同时转回预缴的增值税后为当期实际应纳的增值税税额。

计算公式：实际缴纳的增值税税额 = 应纳税额 - 减免税额 - 已预缴增值税

简易计税项目应纳税额 = 简易计税项目销售额 × 适用征收率（5%）

（2）未发生纳税义务。

①交楼当期确认待转销项税额，确认金额同A销项税额，按当期收到的预收款预缴增值税，税金计算同开盘预售环节。

②交楼后如未发生纳税义务，则按每月实收款预缴增值税，即当期预收账款的贷方与当期应税应收款的贷方之和，税金计算同开盘预售环节。

注意：计算应预缴增值税的应收款为未达到纳税义务发生时间对应楼栋的应收款，即当期收回的待转销项对应楼栋的应收款，注意区分营改增前应收款和已结转销项对应楼栋的应收款。

如交楼后期发生纳税义务，将待转销项税额转入销项税额，税金计算同A处理。

案例：某房地产公司（采用简易计税）2020年6月发生以下业务：

（1）收到一期预收房款2 100万元（其中420万元已交楼，当月结转收入；630 万元未交楼，当月结转收入，未结转收入 1 050 万元）；

（2）收到应收账款 1 680 万元（其中：一期已交楼应收账款 525 万元，未交楼应收账款 1 155 万元）；

（3）当月结转主营业务收入 20 000 万元（含税金额 21 000 万元）（应收账款 3 150 万元，其中已经交楼 1 050 万元，未实际交楼 2 100 万元。预收账款转入 17 850 万元，其中已交楼 7 350 万元，未交楼 10 500 万元）；

（4）另本月有原从预收账款已经结转收入，本月交楼的收入（不含税）800 万元，本月有已交楼未结转收入的预收账款 735 万元。

解析：

（1）收到 420 万元已交楼预收账款应该计算简易征收增值税 $=420/1.05\times0.05=20$（万元）；

收到预收款（630 + 1 050）万元需要预交增值税，预缴增值税 $=(630+1050)/1.05\times3\%=48$（万元）。

（2）一期已交楼应收账款 525 万元，交楼时已经缴纳增值税，本次不用缴纳；

未交楼应收账款 1 155 万元需要按照预收款预缴增值税，预缴增值税 $=1\,155/1.05\times3\%=33$（万元）。

（3）结转收入产生的应收账款，其中已经交楼 1 050 万元应按照简易计税缴纳增值税 $=1\,050/1.05\times5\%=50$（万元）；

预收账款中已交楼 7 350 万元，减去 420 万元（条件 1），应补缴 2% 增值税，应补缴增值税 $=(7350-420)/1.05\times(5\%-3\%)=132$（万元）。

（4）本月交楼以前月份已经结转收入的 800 万元，需要补缴 2% 的增值税，应补缴增值税 $=800\times(5\%-3\%)=16$（万元）；

本月有已交楼未结转收入的预收账款 735 万元需要补缴 2% 的增值税，应补缴增值税 $=735/1.05\times(5\%-3\%)=14$（万元）。

（3）特殊业务。如发生退房业务，则应冲减当期计算增值税销售额。

二、附加税

参照本章第四节开盘预售环节涉税业务/四、附加税相关规定处理。

三、防洪费（堤围费）等其他政府收费

参照本章第四节开盘预售环节涉税业务/十、防洪费（堤围费）等其他地方性收费相关规定处理。

四、土地增值税（预缴）

参照本章第四节开盘预售环节涉税业务/一、土地增值税（预缴）相关规定处理。

五、企业所得税

参照本章第四节开盘预售环节涉税业务/二、企业所得税（预缴）相关规定处理。

第六节 其他业务环节涉税业务

除上述环节外，部分税种可能贯穿多个环节，本节主要阐述印花税、增值税车船税、水资源税（见表7-12）。

表7-12 其他业务环节涉税表

序号	税种	涉税事项	筹划思路		风险提示	筹划思路/风险提示内容简述
			税收优惠	准确运用税收政策		
1	印花税	纳税范围		√	√	纳税人在宣传推广、融资以及日常生产经营环节签订的广告宣传、借款等印花税纳税范围内的合同需要按照印花税的税目表和税率进行贴花
		纳税义务时间和纳税地点		√	√	印花税在合同签订时、账簿启用时和证照领受时贴花。如果合同是在国外签订，并且不便在国外贴花，应在将合同带入境时办理贴花纳税手续

续表

序号	税种	涉税事项	筹划思路		风险提示	筹划思路/风险提示内容简述
			税收优惠	准确运用税收政策		
2	增值税	不动产租赁（经营租赁）		√	√	根据经营地点不同区分一般纳税人和小规模纳税人按照适用的税率缴纳
		其他税收优惠政策	√	√	√	增值税纳税人购买增值税税控系统专用设备支付的费用以及缴纳的技术维护费（以下称二项费用）可在增值税应纳税额中全额抵减
		其他税收优惠政策	√	√	√	增值税纳税人销售自己使用过的固定资产，符合规定情形的，可按简易办法依3%征收率减按2%征收增值税
3	车辆购置税	纳税范围		√	√	在中华人民共和国境内购置汽车、有轨电车、汽车挂车、排气量超过150毫升的摩托车（以下统称应税车辆）的单位和个人，为车辆购置税的纳税人需要依法缴纳车辆购置税
		纳税期限		√	√	纳税人以各种方式取得的应税自用车辆，应当于取得之日起60日内申报纳税
		纳税地点		√	√	需要办理车辆登记注册手续的纳税人，向车辆登记注册地的主管税务机关办理纳税申报；不需要办理车辆登记注册手续的纳税人，向纳税人所在地的主管税务机关纳税申报
		应纳税额计算		√	√	车辆购置税的应纳税额按照应税车辆的计税价格乘以税率计算；计税价格根据取得方式的不同而不同
4	车船税	纳税范围		√	√	车船税征税范围是指在境内属于《车船税法》所附《车船税税目税额表》规定的车辆、船舶

续表

序号	税种	涉税事项	筹划思路		风险提示	筹划思路/风险提示内容简述
			税收优惠	准确运用税收政策		
4	车船税	纳税期限		√	√	车船税纳税义务发生时间为取得车船所有权或管理权的当月，即为购买车船的发票或者其他证明文件所载日期的当月。购买日期的不同根据取得进口与否有所差异
		纳税地点		√	√	车船税的纳税地点为车船的登记地或者车船税扣缴义务人所在地。依法不需要办理登记的车船，车船税的纳税地点为车船的所有人或者管理人所在地
		应纳税额计算		√	√	应纳税额 = （年基准税额 ÷ 12） × 应纳税月份数
5	水资源税	纳税范围		√	√	北京、天津、山西、内蒙古、山东、河南、四川、陕西、宁夏 9 个省（自治区、直辖市）为试点，水资源税的征税对象为地表水和地下水
		纳税期限		√	√	水资源税的纳税义务发生时间为纳税人取用水资源的当日。除农业生产取用水外，水资源税按季或者按月征收，由主管税务机关根据实际情况确定。纳税人应当自纳税期满或者纳税义务发生之日起 15 日内申报纳税
		纳税地点		√	√	跨省（区、市）水力发电取用水的水资源税按照相关规定分别向跨省（区、市）水电站征收水资源税。除上述规定外，纳税人应当向生产经营所在地的税务机关申报缴纳水资源税
		应纳税额计算		√	√	水资源税实行从量计征，应纳税额的计算公式为：应纳税额 = 实际取用水量 × 适用税额

一、印花税

（一）税收政策

（1）《国家税务局关于对技术合同征收印花税问题的通知》（国税地字〔1989〕第 34 号）规定：

“二、关于技术咨询合同的征税范围问题

技术咨询合同是当事人就有关项目的分析、论证、评价、预测和调查订立的技术合同。有关项目包括：

1. 有关科学技术与经济、社会协调发展的软科学研究项目；

2. 促进科技进步和管理现代化，提高经济效益和社会效益的技术项目；

3. 其他专业项目。对属于这些内容的合同，均应按照“技术合同”税目的规定计税贴花。

至于一般的法律、法规、会计、审计等方面的咨询不属于技术咨询，其所立合同不贴印花。

三、关于技术服务合同的征税范围问题

技术服务合同的征税范围包括：技术服务合同、技术培训合同和技术中介合同。

技术服务合同是当事人一方委托另一方就解决有关特定技术问题，如为改进产品结构、改良工艺流程、提高产品质量、降低产品成本、保护资源环境、实现安全操作、提高经济效益等，提出实施方案，进行实施指导所订立的技术合同。以常规手段或者为生产经营目的进行一般加工、修理、修缮、广告、印刷、测绘、标准化测试以及勘察、设计等所书立的合同，不属于技术服务合同。

技术培训合同是当事人一方委托另一方对指定的专业技术人员进行特定项目的技术指导和专业训练所订立的技术合同。对各种职业培训、文化学习、职工业余教育等订立的合同，不属于技术培训合同，不贴印花。

技术中介合同是当事人一方以知识、信息、技术为另一方与第三方订立技术合同进行联系、介绍、组织工业化开发所订立的技术合同。”

（2）《中华人民共和国印花税法》规定：

“第二条　本法所称应税凭证，是指本法所附《印花税税目税率表》

列明的合同、产权转移书据和营业账簿。”

以下为《中华人民共和国印花税法》和《中华人民共和国印花税暂行条例》税目税率对比（见表7－13）。

表7－13　《中华人民共和国印花税法》和《中华人民共和国印花税暂行条例》税目税率对比表

序号	合同名称	印花税法（新）		印花税暂行条例（原）		备注
		税目	税率	税目	税率	
1	土地出让合同	产权转移书据—土地使用权出让书据	万分之五	产权转移书据	万分之五	基本不变
2	拆迁补偿协议	无需贴花	*	无需贴花	*	不变
3	土地租赁合同	租赁合同	千分之一	财产租赁合同	千分之一	税目名称有变化
4	股权转让书据（不包括应缴纳的证券交易印花税）	产权转移书据－股权转让书据	万分之五	产权转移书据	万分之五	基本不变
5	与银行及其他金融组织签订的借款合同	借款合同	万分之零点五	借款合同	万分之零点五	不变
6	与非金融组织或个人签订的借款合同	无需贴花	*	无需贴花	*	不变
7	融资租赁合同	融资租赁合同	万分之零点五	*	*	新增“融资租赁合同”税目
8	建设工程勘察合同	建设工程合同	万分之三	建设工程勘察设计合同	万分之五	税目、税率均有变化
9	建设工程设计合同	建设工程合同	万分之三	建设工程勘察设计合同	万分之五	税目、税率均有变化
10	建设施工合同	建设工程合同	万分之三	建筑安装工程承包合同	万分之三	税目名称有变化

续表

序号	合同名称	印花税法（新）		印花税暂行条例（原）		备注
		税目	税率	税目	税率	
11	施工图审查合同	无需贴花	*	无需贴花	*	不变
12	运输合同	运输合同	万分之三	货物运输合同	万分之五	税目名称、税率均有变化
13	保管合同	保管合同	千分之一	仓储保管合同	千分之一	税目名称有变化
14	仓储合同	仓储合同	千分之一	仓储保管合同	千分之一	税目名称有变化
15	测绘合同	承揽合同	万分之三	加工承揽合同	万分之五	税目名称、税率均有变化
16	监理合同	无需贴花	*	无需贴花	*	不变
17	供电合同（仅指电网与用户）	无需贴花	*	无需贴花	*	不变；财税〔2006〕第162号文件规定，电网与用户之间签订的供电合同不属于印花税列举征税的凭证
18	材料物资等采购合同	买卖合同	万分之三	购销合同	万分之三	税目名称有变化；企业之间书立的确定买卖关系、明确买卖双方权利义务的订单、要货单等单据，且未另外书立买卖合同的，应当按规定缴纳印花税
19	与电信、移动等签订的光纤、宽带合同	无需贴花	*	无需贴花	*	不变
20	房屋装修工程合同	建设工程合同	万分之三	建筑安装工程承包合同	万分之三	税目名称有变化

续表

序号	合同名称	印花税法（新）		印花税暂行条例（原）		备注
		税目	税率	税目	税率	
21	造价、税务、审计、法律等方面的咨询合同	无需贴花	*	无需贴花	*	不变；国税地字〔1989〕第34号文件规定，一般的法律、法规、会计、审计等方面的咨询不属于技术咨询，其所立合同不贴印花
22	商品房购销合同	产权转移书据—房屋等建筑物和构筑物所有权转让书据	万分之五	产权转移书据	万分之五	基本不变
23	委托代理合同	无需贴花	*	无需贴花	*	不变
24	广告合同	承揽合同	万分之三	加工承揽合同	万分之五	税目名称、税率均有变化
25	房屋租赁合同	租赁合同	千分之一	财产租赁合同	千分之一	基本不变；注意租赁合同不包含办公室的花木植物租赁服务合同，无需贴花
26	物业服务合同	无需贴花	*	无需贴花	*	不变
27	保安服务合同	无需贴花	*	无需贴花	*	不变
28	日常清洁绿化服务合同	无需贴花	*	无需贴花	*	不变
29	培训合同	无需贴花	*	无需贴花	*	只有属于技术培训合同的，才需要按照“技术合同”注明的价款、报酬或者使用费的万分之三贴花

（二）操作要点

1. 项目公司在宣传推广环节的签订的广告宣传合同，属于加工承揽合同，按合同金额的 0.5‰贴花。

2. 项目公司在筹资环节签订的项目借款合同，按与银行或其他金融组织所签订的借款合同金额 0.05‰贴花，项目公司与非金融机构之间签订的借款合同不需贴花。

3. 项目公司在物资采购等环节订立购销合同，包含供应、预购、采购、购销结合及协作、调剂、补偿、易货等合同；还包括各出版单位与发行单位（不包括订阅单位和个人）之间订立的图书、报刊、音像等；以电子形式签订的各类应税凭证按规定征收印花税。按照购销合同的购销金额的 0.03% 作为计税依据，不得作任何的扣除，特别是调剂合同和易货合同，应包括调剂、易货的全额。

4. 在日常其他环节，涉及合同印花税的，按照印花税税目税率表计算印花税，如签订的租赁办公用房合同，按承租金额 1‰贴花，税额不足一元的按一元贴花；签订的车辆、房屋保险等财产保险合同，按合同约定支付的保险费金额的 1‰贴花；财产租赁合同应纳税额超过 1 角但不足 1 元的，按 1 元贴花；技术合同就合同所载的报酬金额按照 0.03% 贴花。

5. 印花税只对税目税率表中列举的凭证和经财政部确定征税的其他凭证征税，对于《印花税暂行条例》中未列举的无需贴花。

6. 已缴纳印花税的凭证的副本或者抄本，如果对外不发生权利义务关系而仅存备查的，免纳印花税。

7. 一般的法律、法规、会计、审计等方面的咨询不属于技术咨询，其所立合同不贴印花。

8. 对于设计单位是非居民企业的，根据当地的具体规定，注意其设计合同印花税是否需要代扣代缴。合同在国外签订的，应在国内使用时贴花，是指印花税暂行条例列举征税的合同在国外签订时，不便按规定贴花，因此，应在带入境内时办理贴花完税手续。

二、增值税

（一）税收政策

1.《财政部、国家税务总局关于全面推开营业税改征增值税试点的通知》（财税〔2016〕36 号附件 2）规定：

“（九）不动产经营租赁服务。

（1）一般纳税人出租其2016年4月30日前取得的不动产，可以选择适用简易计税方法，按照5%的征收率计算应纳税额。纳税人出租其2016年4月30日前取得的与机构所在地不在同一县（市）的不动产，应按照上述计税方法在不动产所在地预缴税款后，向机构所在地主管税务机关进行纳税申报。

（2）公路经营企业中的一般纳税人收取试点前开工的高速公路的车辆通行费，可以选择适用简易计税方法，减按3%的征收率计算应纳税额。

试点前开工的高速公路，是指相关施工许可证明上注明的合同开工日期在2016年4月30日前的高速公路。

（3）一般纳税人出租其2016年5月1日后取得的、与机构所在地不在同一县（市）的不动产，应按照3%的预征率在不动产所在地预缴税款后，向机构所在地主管税务机关进行纳税申报。

（4）小规模纳税人出租其取得的不动产（不含个人出租住房），应按照5%的征收率计算应纳税额。纳税人出租与机构所在地不在同一县（市）的不动产，应按照上述计税方法在不动产所在地预缴税款后，向机构所在地主管税务机关进行纳税申报。

（5）其他个人出租其取得的不动产（不含住房），应按照5%的征收率计算应纳税额。

（6）个人出租住房，应按照5%的征收率减按1.5%计算应纳税额。”

2.《国家税务总局关于发布纳税人提供不动产经营租赁服务增值税征收管理暂行办法的公告》（国家税务总局公告2016年第16号）规定：

“第一条　根据《财政部 国家税务总局关于全面推开营业税改征增值税试点的通知》（财税〔2016〕36号）及现行增值税有关规定，制定本办法。

第二条　纳税人以经营租赁方式出租其取得的不动产（以下简称出租不动产），适用本办法。

取得的不动产，包括以直接购买、接受捐赠、接受投资入股、自建以及抵债等各种形式取得的不动产。

纳税人提供道路通行服务不适用本办法。

第三条　一般纳税人出租不动产，按照以下规定缴纳增值税：

（一）一般纳税人出租其 2016 年 4 月 30 日前取得的不动产，可以选择适用简易计税方法，按照 5% 的征收率计算应纳税额。

不动产所在地与机构所在地不在同一县（市、区）的，纳税人应按照上述计税方法向不动产所在地主管国税机关预缴税款，向机构所在地主管国税机关申报纳税。

不动产所在地与机构所在地在同一县（市、区）的，纳税人向机构所在地主管国税机关申报纳税。

（二）一般纳税人出租其 2016 年 5 月 1 日后取得的不动产，适用一般计税方法计税。

不动产所在地与机构所在地不在同一县（市、区）的，纳税人应按照 3% 的预征率向不动产所在地主管国税机关预缴税款，向机构所在地主管国税机关申报纳税。

不动产所在地与机构所在地在同一县（市、区）的，纳税人应向机构所在地主管国税机关申报纳税。

一般纳税人出租其 2016 年 4 月 30 日前取得的不动产适用一般计税方法计税的，按照上述规定执行。

第四条　小规模纳税人出租不动产，按照以下规定缴纳增值税：

（一）单位和个体工商户出租不动产（不含个体工商户出租住房），按照 5% 的征收率计算应纳税额。个体工商户出租住房，按照 5% 的征收率减按 1.5% 计算应纳税额。

不动产所在地与机构所在地不在同一县（市、区）的，纳税人应按照上述计税方法向不动产所在地主管国税机关预缴税款，向机构所在地主管国税机关申报纳税。

不动产所在地与机构所在地在同一县（市、区）的，纳税人应向机构所在地主管国税机关申报纳税。

（二）其他个人出租不动产（不含住房），按照 5% 的征收率计算应纳税额，向不动产所在地主管地税机关申报纳税。其他个人出租住房，按照 5% 的征收率减按 1.5% 计算应纳税额，向不动产所在地主管地税机关申报纳税。

第五条　纳税人出租的不动产所在地与其机构所在地在同一直辖市或计划单列市但不在同一县（市、区）的，由直辖市或计划单列市国家税务局决定是否在不动产所在地预缴税款。

第六条　纳税人出租不动产，按照本办法规定需要预缴税款的，应在取得租金的次月纳税申报期或不动产所在地主管国税机关核定的纳税期限预缴税款。

第七条　预缴税款的计算

（一）纳税人出租不动产适用一般计税方法计税的，按照以下公式计算应预缴税款：

应预缴税款 = 含税销售额 ÷（1 +11%）×3%

（二）纳税人出租不动产适用简易计税方法计税的，除个人出租住房外，按照以下公式计算应预缴税款：

应预缴税款 = 含税销售额 ÷（1 +5%）×5%

（三）个体工商户出租住房，按照以下公式计算应预缴税款：

应预缴税款 = 含税销售额 ÷（1 +5%）×1.5%

第八条　其他个人出租不动产，按照以下公式计算应纳税款：

（一）出租住房：

应纳税款 = 含税销售额 ÷（1 +5%）×1.5%

（二）出租非住房：

应纳税款 = 含税销售额 ÷（1 +5%）×5%

第九条　单位和个体工商户出租不动产，按照本办法规定向不动产所在地主管国税机关预缴税款时，应填写《增值税预缴税款表》。

第十条　单位和个体工商户出租不动产，向不动产所在地主管国税机关预缴的增值税款，可以在当期增值税应纳税额中抵减，抵减不完的，结转下期继续抵减。

纳税人以预缴税款抵减应纳税额，应以完税凭证作为合法有效凭证。

第十一条　小规模纳税人中的单位和个体工商户出租不动产，不能自行开具增值税发票的，可向不动产所在地主管国税机关申请代开增值税发票。

其他个人出租不动产，可向不动产所在地主管地税机关申请代开增值税发票。

第十二条　纳税人向其他个人出租不动产，不得开具或申请代开增值税专用发票。

第十三条　纳税人出租不动产，按照本办法规定应向不动产所在地主管国税机关预缴税款而自应当预缴之月起超过6个月没有预缴税款的，由机构所在地主管国税机关按照《中华人民共和国税收征收管理法》及相关规定进行处理。”

3.《财政部、国家税务总局关于增值税税控系统专用设备和技术维护费用抵减增值税税额有关政策的通知》（财税〔2012〕15 号）规定：

“各省、自治区、直辖市、计划单列市财政厅（局）、国家税务局，新疆生产建设兵团财务局：

为减轻纳税人负担，经国务院批准，自 2011 年 12 月 1 日起，增值税纳税人购买增值税税控系统专用设备支付的费用以及缴纳的技术维护费（以下称二项费用）可在增值税应纳税额中全额抵减。现将有关政策通知如下：

一、增值税纳税人 2011 年 12 月 1 日（含，下同）以后初次购买增值税税控系统专用设备（包括分开票机）支付的费用，可凭购买增值税税控系统专用设备取得的增值税专用发票，在增值税应纳税额中全额抵减（抵减额为价税合计额），不足抵减的可结转下期继续抵减。增值税纳税人非初次购买增值税税控系统专用设备支付的费用，由其自行负担，不得在增值税应纳税额中抵减。

增值税税控系统包括：增值税防伪税控系统、货物运输业增值税专用发票税控系统、机动车销售统一发票税控系统和公路、内河货物运输业发票税控系统。

增值税防伪税控系统的专用设备包括：金税卡、IC 卡、读卡器或金税盘和报税盘；货物运输业增值税专用发票税控系统专用设备包括税控盘和报税盘；机动车销售统一发票税控系统和公路、内河货物运输业发票税控系统专用设备包括税控盘和传输盘。

二、增值税纳税人 2011 年 12 月 1 日以后缴纳的技术维护费（不含补缴的 2011 年 11 月 30 日以前的技术维护费），可凭技术维护服务单位开具的技术维护费发票，在增值税应纳税额中全额抵减，不足抵减的可结转下期继续抵减。技术维护费按照价格主管部门核定的标准执行。”

（二）操作要点

1. 出租不动产预缴和申报（见表 7－14）。

2. 出租不动产纳税时间和纳税地点。纳税人出租不动产，按照本办法规定需要预缴税款的，应在取得租金的次月征期内或不动产所在地主管税务机关核定的纳税期限预缴税款。

表 7－14　　出租不动产预缴和申报增值税操作要点表

纳税人资格类型			出租不动产类型		预缴《增值税预缴税款表》	申　报
一般纳税人	单位		老项目（简易计税）	本地	不预缴	全额申报，5%征收率
				异地	含税销售额÷（1+5%）×5%	全额申报，5%征收率，扣减预缴
			老项目（一般计税）	本地	不预缴	全额申报，9%税率
				异地	含税销售额÷（1+9%）×3%	全额申报，9%税率，扣减预缴
			新项目（一般计税）	本地	不预缴	全额申报，9%税率
				异地	含税销售额÷（1+9%）×3%	全额申报，9%税率，扣减预缴
	个人	个体工商户	老项目（不含住房）（简易计税）	本地	不预缴	全额申报，5%征收率
				异地	含税销售额÷（1+5%）×5%	全额申报，5%征收率，扣减预缴
			老项目（不含住房）（一般计税）	本地	不预缴	全额申报，9%税率
				异地	含税销售额÷（1+9%）×3%	全额申报，9%税率，扣减预缴
			新项目（不含住房）（一般计税）	本地	不预缴	全额申报，9%税率
				异地	含税销售额÷（1+9%）×3%	全额申报，9%税率，扣减预缴
			住房（简易计税）	本地	不预缴	全额申报，5%征收率减按1.5%
				异地	含税销售额÷（1+5%）×1.5%	全额申报，5%征收率减按1.5%，扣减预缴
小规模纳税人	单位		项目	本地	不预缴	全额申报，5%征收率
				异地	含税销售额÷（1+5%）×5%	全额申报，5%征收率，扣减预缴
	个人	个体工商户	项目（不含住房）	本地	不预缴	全额申报，5%征收率
				异地	含税销售额÷（1+5%）×5%	全额申报，5%征收率，扣减预缴
			住房	本地	不预缴	全额申报，5%征收率减按1.5%
				异地	含税销售额÷（1+5%）×1.5%	全额申报，5%征收率减按1.5%，扣减预缴
		其他个人（自然人）	非住房	本地	不区分本地异地，不动产所在地地税机关全额申报，含税销售额÷（1+5%）×5%	
				异地	不区分本地异地，不动产所在地地税机关全额申报，含税销售额÷（1+5%）×5%	
			住房	本地	不区分本地异地，不动产所在地地税机关全额申报，含税销售额÷（1+5%）×1.5%	
				异地	不区分本地异地，不动产所在地地税机关全额申报，含税销售额÷（1+5%）×1.5%	

不动产所在地与经营机构所在地不在同一县（市、区）的，简易计税按 5% 在不动产所在地主管税局预缴，在机构所在地主管税局申报；一般计税项目按 3% 在不动产所在地主管税局预缴，机构所在地主管税局申报。

纳税人出租的不动产所在地与其机构所在地在同一直辖市或计划单列市但不在同一县（市、区）的，由直辖市或计划单列市国家税务局决定是否在不动产所在地预缴税款。

不动产所在地与机构所在地在同一县（市）的，按税率或征收率在机构所在地主管税局缴纳。

3. 购买增值税税控系统专用设备费用以及缴纳的技术维护费抵减增值税（见表 7 - 15）。

表 7 - 15　购买增值税税控系统专用设备费用以及缴纳的技术维护费抵减增值税抵税规则表

纳税人购买或支付		抵税规则
购买税控系统专用设备（含分开票机）	初次购买	可凭购买增值税税控系统专用设备取得的增值税专用发票，在增值税应纳税额中全额抵减（抵减额为价税合计额），不足抵减的可结转下期继续抵减。即用价税合计数抵减增值税应纳税额
	非初次购买	费用由其自行负担，不得在增值税应纳税额中抵减。即只能凭专用发票抵税但不能抵价
支付技术维护费	2011 年 12 月 1 日后缴纳的	可凭技术维护服务单位开具的技术维护费发票，在增值税应纳税额中全额抵减，不足抵减的可结转下期继续抵减。即用价税合计数抵减增值税应纳税额

三、车辆购置税

（一）税收政策

1. 《中华人民共和国车辆购置税法》规定：

（1）纳税范围。在中华人民共和国境内购置汽车、有轨电车、汽车挂车、排气量超过一百五十毫升的摩托车（以下统称应税车辆）的单位和个人，为车辆购置税的纳税人需要依法缴纳车辆购置税。

（2）纳税期限。车辆购置税实行"一车一申报"，纳税人购买自用的应税车辆，自购买之日起60日内申报纳税；进口自用的应税车辆，应当自进口之日起60日内申报纳税；自产、受赠、获奖和以其他方式取得并自用应税车辆的，应当于取得之日起60日内申报纳税。

（3）纳税地点。需要办理车辆登记注册手续的纳税人，向车辆登记注册地的主管税务机关办理纳税申报；不需要办理车辆登记注册手续的纳税人，向纳税人所在地的主管税务机关纳税申报。

（4）应纳税额计算。车辆购置税的应纳税额按照应税车辆的计税价格乘以税率计算。

纳税人购买自用应税车辆的计税价格，为纳税人实际支付给销售者的全部价款，不包括增值税税款；

纳税人进口自用应税车辆的计税价格，为关税完税价格加上关税和消费税；

纳税人自产自用应税车辆的计税价格，按照纳税人生产的同类应税车辆的销售价格确定，不包括增值税税款；

纳税人以受赠、获奖或者其他方式取得自用应税车辆的计税价格，按照购置应税车辆时相关凭证载明的价格确定，不包括增值税税款。

纳税人申报的应税车辆计税价格明显偏低，又无正当理由的，由税务机关依照《税收征收管理法》的规定核定其应纳税额。

2.《财政部、国家税务总局、工业和信息化部、科学技术部关于免征新能源汽车车辆购置税的公告》（财政部、国家税务总局、工业和信息化部、科学技术部公告2017年第172号）规定：

“一、自2018年1月1日至2020年12月31日，对购置的新能源汽车免征车辆购置税。

二、对免征车辆购置税的新能源汽车，通过发布《免征车辆购置税的新能源汽车车型目录》（以下简称《目录》）实施管理。2017年12月31日之前已列入《目录》的新能源汽车，对其免征车辆购置税政策继续有效。”

（二）操作要点

1. 纳税人购置应税车辆后应当自纳税义务发生之日起60日内申报缴纳车辆购置税。如果逾期申报，则需要缴纳滞纳金。

2. 装载机、平地机、挖掘机、推土机等轮式专用机械车、起重机（吊车）、叉车、电动摩托车不属于车辆购置税征收范围的车辆，企业要正确判定购置车辆是否属于征税范围，并及时足额缴纳车辆购置税。

四、车船税

（一）税收政策

《中华人民共和国车船税法》（2019 年修订）规定：

（1）纳税范围。车船税征税范围是指在境内属于《车船税法》所附《车船税税目税额表》规定的车辆、船舶。纳税人按照纳税地点所在的省、自治区、直辖市人民政府规定的具体适用税额缴纳车船税。

（2）纳税期限。车船税纳税义务发生时间为取得车船所有权或管理权的当月，即为购买车船的发票或者其他证明文件所载日期的当月。对于在国内购买的机动车，购买日期以《机动车销售统一发票》所载明日期为准；对于进口机动车，购买日期以《海关关税专用缴款书》所载日期为准。

（3）纳税地点。车船税的纳税地点为车船的登记地或者车船税扣缴义务人所在地。依法不需要办理登记的车船，车船税的纳税地点为车船的所有人或者管理人所在地。

（4）应纳税额。购置的新车船，购置当年的应纳税额自纳税义务发生的当月起按月计算。计算公式为：

应纳税额 =（年基准税额 ÷12）×应纳税月份数

备注：年基准税额具体可参考《车船税税目税额表》。

（5）特殊规定。在一个纳税年度内，已完税额车船被盗抢、报废、灭失的，纳税人可以凭有关管理机关出具的证明和完税证明，向纳税所在地的主管税务机关申请退还自被盗抢、报废、灭失月份起至该纳税年度终了期间的税款。

①已办理退税的被盗抢车船，失而复得的，纳税人应当从公安机关出具相关证明的当月起计算缴纳车船税。

②在一个纳税年度内，纳税人在非车辆登记地由保险机构代收代缴机动车车船税，且能够提供合法有效完税证明的，纳税人不再向车辆登记地的地方税务机关缴纳车辆车船税。保险机构应当在收取机动车第三者责任强制保险费时依法代收车船税，并将注明已收税款信息的机动车第三者责任强制保险单及保费发票作为代收税款凭证。

③已缴纳车船税的车船在同一纳税年度内办理转让过户的，不另外

纳税，也不退税。

（二）操作要点

1. 税务会计应按年及时缴纳车船税，避免因延期缴纳影响纳税信用评级。

2. 符合标准的节能、新能源汽车，由国家税务总局、工业和信息化部不定期联合发布《享受车船税减免优惠的节约能源使用新能源汽车车型目录》予以公告。企业应按新《目录》和相关规定享受车船税减免优惠政策。新《目录》公告前已取得的列入以前批次车船税优惠车型目录的节能、新能源汽车，不论是否转让，可继续享受车船税减免优惠政策。

五、水资源税

（一）税收政策

《财政部 税务总局 水利部关于印发扩大水资源税改革试点实施办法的通知》（财税〔2017〕80号）规定：

自2017年12月1日起在北京、天津、山西、内蒙古、山东、河南、四川、陕西、宁夏等9个省（自治区、直辖市）扩大水资源税改革试点。试点省份具体实施办法和税额根据试点省级人民政府根据本办法制定具体实施。

（1）征税对象。水资源税的征税对象为地表水和地下水。地表水是陆地表面上动态水和静态水的总称，包括江、河、湖泊（含水库）等水资源。地下水是埋藏在地表以下各种形式的水资源。

不缴纳水资源税的单位：

农村集体经济组织及其成员从本集体经济组织的水塘、水库中取用水的；

水利工程管理单位为配置或者调度水资源取水的；

为保障矿井等地下工程施工安全和生产安全必须进行临时应急取用（排）水的；

为消除对公共安全或者公共利益的危害临时应急取水的；

为农业抗旱和维护生态与环境必须临时应急取水的。

其他直接取用地表水、地下水的单位和个人，为水资源税纳税人。

（2）纳税义务发生时间和纳税期限。水资源税的纳税义务发生时间为纳税人取用水资源的当日。

除农业生产取用水外，水资源税按季或者按月征收，由主管税务机关根据实际情况确定。对超过规定限额的农业生产取用水水资源税可按年征收。不能按固定期限计算纳税的，可以按次申报纳税。

纳税人应当自纳税期满或者纳税义务发生之日起15日内申报纳税。

（3）纳税地点。跨省（区、市）水力发电取用水的水资源税在相关省份之间的分配比例，比照《财政部关于跨省区水电项目税收分配的指导意见》（财预〔2008〕84号）明确的增值税、企业所得税等税收分配办法确定。

试点省份主管税务机关应当按照前款规定比例分配的水力发电量和税额，分别向跨省（区、市）水电站征收水资源税。

除上述情况外，纳税人应当向生产经营所在地的税务机关申报缴纳水资源税。

在试点省份内取用水，其纳税地点需要调整的，由省级财政、税务部门决定。

（4）应纳税额。水资源税实行从量计征，应纳税额的计算公式为：

应纳税额 = 实际取用水量 × 适用税额

注：城镇公共供水企业实际取用水量应当考虑合理损耗因素。

（二）操作要点

1. 纳税人应当安装取用水计量设施。纳税人未按规定安装取用水计量设施或者计量设施不能准确计量取用水量的，按照最大取水（排水）能力或者省级财政、税务、水行政主管部门确定的其他方法核定取用水量。

2. 企业应合理筹划采水量及采水地点，尽量避免高税额水源及超采地区取水，提前规划取水量。

3. 企业关注延续政策的发布，确认其所在地是否列入水资源税的征税范围。

第七节　项目清算环节涉税业务

项目公司清算环节主要涉及企业所得税（清算）及土地增值税清算（见表7-16）。

表 7 – 16　　项目清算环节涉税表

序号	税种	涉税事项	筹划思路		风险提示	筹划思路/风险提示内容简述
			税收优惠	准确运用税收政策		
1	企业所得税（清算）	土地增值税清算涉及企业所得税退税问题		√	√	企业按规定对开发项目进行土地增值税清算后，当年企业所得税汇算清缴出现亏损且有其他后续开发项目的，该亏损应按照税法规定向以后年度结转，用以后年度所得弥补。如果没有后续开发项目的，可以按照一定的方法计算出该项目由于土地增值税原因导致的项目开发各年度多缴企业所得税税款，并申请退税
2	土地增值税（清算）	土地增值税前期准备工作		√	√	纳税人符合一定的条件的话应进行土地增值税的清算，各省需要准备的资料不完全一致，参照各省要求执行
3		土地增值税清算过程及方法		√	√	涉及清算收入、扣除项目的处理以及最后的税款计算
4		土地增值税清算后税收政策		√	√	项目清算后再转让房产问题和企业所得税退税问题

一、企业所得税清算

（一）税收政策

1. 企业清算所得税处理的基本内容

《关于企业清算业务企业所得税处理若干问题的通知财税》（财税〔2009〕60 号）规定：

“一、企业清算的所得税处理，是指企业在不再持续经营，发生结束自身业务、处置资产、偿还债务以及向所有者分配剩余财产等经济行为时，对清算所得、清算所得税、股息分配等事项的处理。

二、下列企业应进行清算的所得税处理：

（一）按《公司法》《企业破产法》等规定需要进行清算的企业；

（二）企业重组中需要按清算处理的企业。

三、企业清算的所得税处理包括以下内容：

（一）全部资产均应按可变现价值或交易价格，确认资产转让所得或损失；

（二）确认债权清理、债务清偿的所得或损失；

（三）改变持续经营核算原则，对预提或待摊性质的费用进行处理；

（四）依法弥补亏损，确定清算所得；

（五）计算并缴纳清算所得税；

（六）确定可向股东分配的剩余财产、应付股息等。

四、企业的全部资产可变现价值或交易价格，减除资产的计税基础、清算费用、相关税费，加上债务清偿损益等后的余额，为清算所得。

企业应将整个清算期作为一个独立的纳税年度计算清算所得。

五、企业全部资产的可变现价值或交易价格减除清算费用，职工的工资、社会保险费用和法定补偿金，结清清算所得税、以前年度欠税等税款，清偿企业债务，按规定计算可以向所有者分配的剩余资产。

被清算企业的股东分得的剩余资产的金额，其中相当于被清算企业累计未分配利润和累计盈余公积中按该股东所占股份比例计算的部分，应确认为股息所得；剩余资产减除股息所得后的余额，超过或低于股东投资成本的部分，应确认为股东的投资转让所得或损失。

被清算企业的股东从被清算企业分得的资产应按可变现价值或实际交易价格确定计税基础。”

2. 申报缴纳。

《中华人民共和国企业所得税法》（2018 年修正）规定：

“第五十五条　企业在年度中间终止经营活动的，应当自实际经营终止之日起六十日内，向税务机关办理当期企业所得税汇算清缴。

企业应当在办理注销登记前，就其清算所得向税务机关申报并依法缴纳企业所得税。”

（二）操作要点

清算所得 = 企业的全部资产可变现价值或交易价格 - 资产的计税基础 - 清算费用 - 相关税费 + 债务清偿损益 - 弥补以前年度亏损，其中债

务清偿损益 = 债务的计税基础 - 债务的实际偿还金额

注：公式中的相关税费为企业在清算过程中发生的相关税费，不包含企业以前年度欠税。

项目公司在制定注销方案时，如果发现注销前由于清算缴纳土地增值税导致多缴企业所得税的，应正确填报《中华人民共和国企业清算所得税申报表》，并申请退税。

二、土地增值税清算

项目公司注销环节，申请注销税务登记但未办理土地增值税清算手续的，应在办理注销登记前进行土地增值税清算，清算业务处理参照本指引第九章处理。

第八章

企业所得税汇算清缴

第一节　企业所得税的基本规定

一、纳税义务人

在中华人民共和国境内，企业和其他取得收入的组织（以下统称企业）为企业所得税的纳税人。

企业分为居民企业和非居民企业。

居民企业，是指依法在中国境内成立，或者依照外国（地区）法律成立但实际管理机构在中国境内的企业。

二、应税所得的范围

居民企业应当就其来源于中国境内、境外的所得缴纳企业所得税。

三、税率

居民企业和非居民企业在中国境内设立机构、场所的，适用企业所得税的税率为25%。

四、应纳税所得额

应纳税所得额 = 收入总额 - 不征税收入 - 免税收入 - 各项扣除 - 允许弥补的以前年度亏损

五、应纳税额的计算

应纳税额 = 应纳税所得额 × 适用税率 - 减免税额 - 抵免税额

减免税额和抵免税额，是指依照《中华人民共和国企业所得税法》（主席令〔2007〕第63号，以下简称“企业所得税法”）和国务院的税收优惠规定减征、免征和抵免的应纳税额。

六、收入总额

企业以货币形式和非货币形式从各种来源取得的收入，为收入总额。包括：销售货物收入；提供劳务收入；转让财产收入；股息、红利等权益性投资收益；利息收入；租金收入；特许权使用费收入；接受捐赠收入；其他收入。

七、不征税收入

（一）财政拨款

财政拨款是指各级人民政府对纳入预算管理的事业单位、社会团体等组织拨付的财政资金，但国务院和国务院财政、税务主管部门另有规定的除外。

（二）行政事业性收费、政府性基金

行政事业性收费是指依照法律法规等有关规定，按照国务院规定程序批准，在实施社会公共管理，以及在向公民、法人或者其他组织提供特定公共服务过程中，向特定对象收取并纳入财政管理的费用。

政府性基金是指企业依照法律、行政法规等有关规定，代政府收取的具有专项用途的财政资金。

（三）其他不征税收入

其他不征税收入是指企业取得的，由国务院财政、税务主管部门规定专项用途并经国务院批准的财政性资金。

八、免税收入

（一）国债利息收入；

（二）符合条件的居民企业之间的股息、红利等权益性投资收益；

（三）在中国境内设立机构、场所的非居民企业从居民企业取得与该机构、场所有实际联系的股息、红利等权益性投资收益；

（四）符合条件的非营利组织的收入。

九、扣除项目

企业实际发生的与取得收入有关的、合理的支出，包括成本、费用、税金、损失和其他支出，准予在计算应纳税所得额时扣除。

（一）成本是指企业在生产经营活动中发生的销售成本、销货成本、业务支出以及其他耗费。

（二）费用是指企业在生产经营活动中发生的销售费用、管理费用和财务费用，已经计入成本的有关费用除外。

（三）税金是指企业发生的除企业所得税和允许抵扣的增值税以外的各项税金及其附加。

（四）损失是指企业在生产经营活动中发生的固定资产和存货的盘亏、毁损、报废损失，转让财产损失，呆账损失，坏账损失，自然灾害等不可抗力因素造成的损失以及其他损失。

（五）其他支出是指除成本、费用、税金、损失外，企业在生产经营活动中发生的与生产经营活动有关的、合理的支出。

除企业所得税法和本条例另有规定外，企业实际发生的成本、费用、税金、损失和其他支出，不得重复扣除。

十、不得扣除项目

在计算应纳税所得额时，下列支出不得扣除：

（一）向投资者支付的股息、红利等权益性投资收益款项；

（二）企业所得税税款；

（三）税收滞纳金；

（四）罚金、罚款和被没收财物的损失；

（五）本法第九条规定以外的捐赠支出；

（六）赞助支出；

（七）未经核定的准备金支出；

（八）与取得收入无关的其他支出。

十一、亏损弥补

企业纳税年度发生的亏损，准予向以后年度结转，用以后年度的所得弥补，但结转年限最长不得超过 5 年。

自 2018 年 1 月 1 日起，当年具备高新技术企业或科技型中小企业资格（以下统称资格）的企业，其具备资格年度之前 5 个年度发生的尚未弥补完的亏损，准予结转以后年度弥补，最长结转年限由 5 年延长至 10 年。

受疫情影响较大的困难行业企业 2020 年度发生的亏损，最长结转年限由 5 年延长至 8 年。困难行业企业，包括交通运输、餐饮、住宿、旅游（指旅行社及相关服务、游览景区管理两类）四大类，具体判断标准按照现行《国民经济行业分类》执行。困难行业企业 2020 年度主营业务收入须占收入总额（剔除不征税收入和投资收益）的 50% 以上。

企业在汇总计算缴纳企业所得税时，其境外营业机构的亏损不得抵减境内营业机构的盈利。

税务机关对以前年度纳税情况进行检查时调增的应纳税所得额，凡企业以前年度发生的亏损，且该亏损属于企业所得税法规定允许弥补的，应允许调增的应纳税所得额弥补该亏损。弥补该亏损后仍有余额的，按照税法规定计提缴纳企业所得税。

十二、税收优惠

税法规定的税收优惠方式包括免税、减税、加计扣除、加速折旧、减计收入、税额抵免等。

例如，定期减免：国家重点扶持的公共基础设施；符合条件的环境保护、节能节水项目的所得；符合条件的技术转让所得；

加计扣除：开发新技术、新产品、新工艺发生的研究开发费用；安置残疾人员及国家鼓励安置的其他就业人员所支付的工资；

加速折旧：企业的固定资产由于技术进步等原因，确需加速折旧的，可以缩短折旧年限或者采取加速折旧的方法；

减计收入：综合利用资源生产符合国家产业政策规定的产品；取得铁路债券利息收入；金融、保险等机构取得的涉农利息、保费；

低税率：小型微利企业；国家重点扶持的高新企业；西部开发鼓励类产业企业；

税额抵免：企业购置用于环境保护、节能节水、安全生产等专用设备的投资额，可以按一定比例实行税额抵免；

减征或免征：民族自治地方的自治机关对本民族自治地方的企业应缴纳的企业所得税中属于地方分享的部分，可以决定减征或者免征。

十三、特别纳税调整

（一）企业与其关联方之间的业务往来不符合独立交易原则而减少企业或者其关联方应纳税收入或者所得额的，税务机关有权按照合理方法调整。

企业与其关联方共同开发、受让无形资产或共同提供、接受劳务发生的成本，在计算应纳税所得额时按照独立交易原则进行分摊。

（二）企业就其未来年度关联交易的定价原则和计算方法，向税务机关提出申请，与税务机关按照独立交易原则协商、确认后达成协议。

（三）企业向税务机关报送年度企业所得税纳税申报表时，应当就其与关联方之间的业务往来，附送年度关联业务往来报告表。

企业不提供与其关联方之间业务往来资料，或者提供虚假、不完整资料，未能真实反映其关联业务往来情况的，税务机关有权依法核定其应纳税所得额。

（四）由居民企业或由居民企业和中国居民控制的设立在实际税负明显低于法定税率25%的国家（地区）的企业有关利润不作分配或减少分配的，利润中应归属于该居民企业的部分，应当计入该居民企业的当期收入。

（五）其他不具有合理商业目的的安排而减少其应纳税收入或所得额的，税务机关有权按照合理方法调整。

（六）税务机关通过关联申报审核、同期资料管理、前期监控和后续跟踪管理等特别纳税调整监控管理手段发现纳税人存在特别纳税调整风险的，应当向纳税人送达《税务事项通知书》。纳税人可以自行调整补税，也可要求税务机关启动特别纳税调查调整程序，确定合理调整方法，实施税务调整。

纳税人在特别纳税调整监控管理阶段自行调整补税的，税务机关仍可按照有关规定实施特别纳税调查及调整。

（七）税务机关做出纳税调整需要补征税款的，应当补征税款，并按照国务院规定加收利息。纳税人自行补税按照税款所属纳税年度中国人民银行公布的与补税期间同期的人民币贷款基准利率加收利息，不再另加收 5 个百分点。

十四、纳税期限

（一）企业所得税按纳税年度计算。纳税年度自公历 1 月 1 日起至 12 月 31 日止。

（二）企业应当自月份或者季度终了之日起 15 日内，向税务机关报送预缴企业所得税纳税申报表，预缴税款。

（三）企业应当自年度终了之日起 5 个月内，向税务机关报送年度企业所得税纳税申报表，并汇算清缴，结清应缴应退税款。预缴税款超过应纳税款的，主管税务机关应及时按有关规定办理退税，或者经纳税人同意后抵缴其下一年度应缴企业所得税税款。

（四）企业在一个纳税年度中间开业，或者终止经营活动，使该纳税年度的实际经营期不足 12 个月的，应当以其实际经营期为一个纳税年度。

（五）企业依法清算时，应当以清算期间作为一个纳税年度。

十五、征收管理

（一）居民企业在中国境内设立不具有法人资格的营业机构的，应当汇总计算并缴纳企业所得税。

（二）除国务院另有规定外，企业之间不得合并缴纳企业所得税。

（三）企业所得税分月或者分季预缴。

企业应当自月份或者季度终了之日起 15 日内，向税务机关报送预缴企业所得税纳税申报表，预缴税款。

企业应当自年度终了之日起 5 个月内，向税务机关报送年度企业所得税纳税申报表，并汇算清缴，结清应缴应退税款。

（四）企业在年度中间终止经营活动的，应当自实际经营终止之日起

60 日内，向税务机关办理当期企业所得税汇算清缴。

（五）企业应当在办理注销登记前，就其清算所得向税务机关申报并依法缴纳企业所得税。

十六、纳税地点

除税收法律、行政法规另有规定外，居民企业以企业登记注册地为纳税地点；但登记注册地在境外的，以实际管理机构所在地为纳税地点。

第二节 所得税汇算清缴过程

一、收入类

（一）房地产企业销售开发产品收入的确认

1. 税收政策。

《国家税务总局关于印发〈房地产开发经营业务企业所得税处理办法〉的通知》（国税发〔2009〕31 号）规定：

“第五条 开发产品销售收入的范围为销售开发产品过程中取得的全部价款，包括现金、现金等价物及其他经济利益。企业代有关部门、单位和企业收取的各种基金、费用和附加等，凡纳入开发产品价内或由企业开具发票的，应按规定全部确认为销售收入；未纳入开发产品价内并由企业之外的其他收取部门、单位开具发票的，可作为代收代缴款项进行管理。

第六条 企业通过正式签订《房地产销售合同》或《房地产预售合同》所取得的收入，应确认为销售收入的实现，具体按以下规定确认：

（一）采取一次性全额收款方式销售开发产品的，应于实际收讫价款或取得索取价款凭据（权利）之日，确认收入的实现。

（二）采取分期收款方式销售开发产品的，应按销售合同或协议约定的价款和付款日确认收入的实现。付款方提前付款的，在实际付款日确认收入的实现。

（三）采取银行按揭方式销售开发产品的，应按销售合同或协议约定的价款确定收入额，其首付款应于实际收到日确认收入的实现，余款在银行按揭贷款办理转账之日确认收入的实现。

（四）采取委托方式销售开发产品的，应按以下原则确认收入的实现：

1. 采取支付手续费方式委托销售开发产品的，应按销售合同或协议中约定的价款于收到受托方已销开发产品清单之日确认收入的实现。

2. 采取视同买断方式委托销售开发产品的，属于企业与购买方签订销售合同或协议，或企业、受托方、购买方三方共同签订销售合同或协议的，如果销售合同或协议中约定的价格高于买断价格，则应按销售合同或协议中约定的价格计算的价款于收到受托方已销开发产品清单之日确认收入的实现；如果属于前两种情况中销售合同或协议中约定的价格低于买断价格，以及属于受托方与购买方签订销售合同或协议的，则应按买断价格计算的价款于收到受托方已销开发产品清单之日确认收入的实现。

3. 采取基价（保底价）并实行超基价双方分成方式委托销售开发产品的，属于由企业与购买方签订销售合同或协议，或企业、受托方、购买方三方共同签订销售合同或协议的，如果销售合同或协议中约定的价格高于基价，则应按销售合同或协议中约定的价格计算的价款于收到受托方已销开发产品清单之日确认收入的实现，企业按规定支付受托方的分成额，不得直接从销售收入中减除；如果销售合同或协议约定的价格低于基价的，则应按基价计算的价款于收到受托方已销开发产品清单之日确认收入的实现。属于由受托方与购买方直接签订销售合同的，则应按基价加上按规定取得的分成额于收到受托方已销开发产品清单之日确认收入的实现。

4. 采取包销方式委托销售开发产品的，包销期内可根据包销合同的有关约定，参照上述 1 至 3 项规定确认收入的实现；包销期满后尚未出售的开发产品，企业应根据包销合同或协议约定的价款和付款方式确认收入的实现”。

“第八条　企业销售未完工开发产品的计税毛利率由各省、自治区、直辖市税务局按下列规定进行确定：

（一）开发项目位于省、自治区、直辖市和计划单列市人民政府所在地城市城区和郊区的，不得低于 15%。

（二）开发项目位于地及地级市城区及郊区的，不得低于10%。

（三）开发项目位于其他地区的，不得低于5%。

（四）属于经济适用房、限价房和危改房的，不得低于3%。

第九条　企业销售未完工开发产品取得的收入，应先按预计计税毛利率分季（或月）计算出预计毛利额，计入当期应纳税所得额。开发产品完工后，企业应及时结算其计税成本并计算此前销售收入的实际毛利额，同时将其实际毛利额与其对应的预计毛利额之间的差额，计入当年度企业本项目与其他项目合并计算的应纳税所得额。

在年度纳税申报时，企业须出具对该项开发产品实际毛利额与预计毛利额之间差异调整情况的报告以及税务机关需要的其他相关资料。”

“第十二条　企业发生的期间费用、已销开发产品计税成本、营业税金及附加、土地增值税准予当期按规定扣除。”

2. 操作要点。房地产企业在取得预收房款时，一般计入预收账款核算，按预计毛利率预缴企业所得税，待纳税义务发生，需结转至主营业务收入，并按照配比原则分摊对应的成本费用，将预计毛利额调整为实际毛利额。

国税发〔2009〕31号文件规定：企业销售未完工开发产品取得的收入，应先按预计计税毛利率分季（或月）计算出预计毛利额，计入当期应纳税所得额。预计毛利额 = 销售未完工产品的收入 × 当地税务机关规定的计税毛利率（分开发项目分别计算），且企业发生的期间费用、已销开发产品计税成本、营业税金及附加、土地增值税准予当期按规定扣除。

例如，某地产公司2019年度预收账款为4 000万元，2020年度预收账款新增9 000万元，同时，2020年度有6 000万元预收账款达到纳税义务时间，应结转至主营业务收入，企业按照成本分摊的结果，对应分摊的开发产品成本为5 000万元，假设预计毛利率为15%。

第一步：计算出2020年结转收入年度的实际毛利额。

2020年6 000万元的预收账款结转主营业务收入，6 000/1.09 = 5 504.59（万元）

对应分摊4 500万元的开发产品成本，那么2020年计算的实际毛利额则为1 004.59万元。

第二步：计算2020年度预收账款增加9 000万元，企业应预交的毛利额。

2020 年新增预收账款应预交的毛利额 =9 000/1.09 ×15% =1 238.53（万元）（填列《视同销售和房地产开发企业特定业务纳税调整明细表》（A105010）第 24 行）。

第三步：调减 2020 年度结转收入的预收账款的预计毛利额，即将预计毛利额调整为实际毛利额。

调减预收账款预计毛利额 =6 000/1.09 ×15% =825.69（万元）（填列《视同销售和房地产开发企业特定业务纳税调整明细表》（A105010）第 28 行）。

达到 6 000 万元结转收入的预收账款 =2019 年的预收账款 4 000 万元 +2020 年的预收账款 2 000 万元

（二）折扣、折让的处理

1. 税收政策。

（1）《国家税务总局关于确认企业所得税收入若干问题的通知》（国税函〔2008〕875 号）规定：

“（五）企业为促进商品销售而在商品价格上给予的价格扣除属于商业折扣，商品销售涉及商业折扣的，应当按照扣除商业折扣后的金额确定销售商品收入金额。

债权人为鼓励债务人在规定的期限内付款而向债务人提供的债务扣除属于现金折扣，销售商品涉及现金折扣的，应当按扣除现金折扣前的金额确定销售商品收入金额，现金折扣在实际发生时作为财务费用扣除。

企业因售出商品的质量不合格等原因而在售价上给的减让属于销售折让；企业因售出商品质量、品种不符合要求等原因而发生的退货属于销售退回。企业已经确认销售收入的售出商品发生销售折让和销售退回，应当在发生当期冲减当期销售商品收入。”

（2）《国家税务总局关于折扣额抵减增值税应税销售额问题通知》（国税函〔2010〕56 号）规定：

“纳税人采取折扣方式销售货物，销售额和折扣额在同一张发票上分别注明是指销售额和折扣额在同一张发票上的‘金额’栏分别注明的，可按折扣后的销售额征收增值税。

未在同一张发票‘金额’栏注明折扣额，而仅在发票的‘备注’栏注明折扣额的，折扣额不得从销售额中减除。”

2. 操作要点。商业折扣，应当按照扣除商业折扣后的金额确定销售商品收入金额。开具发票时应注意，销售额和折扣额需在同一张发票上的金额栏分别注明，未在同一张发票“金额”栏注明折扣额，而仅在发票的“备注”栏注明折扣额的，折扣额不得从销售额中减除。

现金折扣，应当按扣除现金折扣前的金额确定销售商品收入金额，现金折扣在实际发生时作为财务费用扣除。

企业已经确认销售收入的售出商品发生销售折让和销售退回，应当在发生当期冲减当期销售商品收入。

（三）视同销售收入

1. 税收政策。

《国家税务总局关于印发〈房地产开发经营业务企业所得税处理办法〉的通知》（国税发〔2009〕31 号）规定：

“第七条　企业将开发产品用于捐赠、赞助、职工福利、奖励、对外投资、分配给股东或投资人、抵偿债务、换取其他企事业单位和个人的非货币性资产等行为，应视同销售，于开发产品所有权或使用权转移，或于实际取得利益权利时确认收入（或利润）的实现。确认收入（或利润）的方法和顺序为：

（一）按本企业近期或本年度最近月份同类开发产品市场销售价格确定；

（二）由主管税务机关参照当地同类开发产品市场公允价值确定；

（三）按开发产品的成本利润率确定。开发产品的成本利润率不得低于 15%，具体比例由主管税务机关确定。”

2. 操作要点。房地产开发公司出现视同销售情形，应按视同销售进行企业所得税纳税调整，视同销售的收入应区分企业自制的资产和外购的资产，分别确认销售收入，同时确认相关的视同销售成本。

（四）免税收入

1. 税收政策。

(1)《中华人民共和国企业所得税法》规定：

“第二十六条　符合条件的居民企业之间的股息、红利等权益性投资收益作为免税收入，免缴企业所得税。”

(2)《中华人民共和国企业所得税法实施条例》规定：

“第八十三条　企业所得税法第二十六条第（二）项所称符合条件的居民企业之间的股息、红利等权益性投资收益，是指居民企业直接投资于其他居民企业取得的投资收益。企业所得税法第二十六条第（二）项和第（三）项所称股息、红利等权益性投资收益，不包括连续持有居民企业公开发行并上市流通的股票不足12个月取得的投资收益。”

(3)《国家税务总局关于企业国债投资业务企业所得税处理问题的公告》（国家税务总局公告2011年第36号）规定：

“（一）国债利息收入时间确认

1. 根据企业所得税法实施条例第十八条的规定，企业投资国债从国务院财政部门（以下简称发行者）取得的国债利息收入，应以国债发行时约定应付利息的日期，确认利息收入的实现。

2. 企业转让国债，应在国债转让收入确认时确认利息收入的实现。

（二）国债利息收入计算

企业到期前转让国债、或者从非发行者投资购买的国债，其持有期间尚未兑付的国债利息收入，按以下公式计算确定：

国债利息收入 = 国债金额 ×（适用年利率 ÷ 365）× 持有天数

上述公式中的“国债金额”，按国债发行面值或发行价格确定；‘适用年利率’按国债票面年利率或折合年收益率确定；如企业不同时间多次购买同一品种国债的，‘持有天数’可按平均持有天数计算确定。

（三）国债利息收入免税问题

根据企业所得税法第二十六条的规定，企业取得的国债利息收入，免征企业所得税。具体按以下规定执行：

1. 企业从发行者直接投资购买的国债持有至到期，其从发行者取得的国债利息收入，全额免征企业所得税。

2. 企业到期前转让国债、或者从非发行者投资购买的国债，其按本公告第一条第（二）项计算的国债利息收入，免征企业所得税。”

(4)《关于地方政府债券利息免征所得税问题的通知》（财税〔2013〕5号）规定：

“一、对企业和个人取得的2012年及以后年度发行的地方政府债券利息收入，免征企业所得税和个人所得税。”

(5)《财政部 税务总局关于铁路债券利息收入所得税政策的公告》（财政部 税务总局2019年第57号）规定：

“一、对企业投资者持有2019—2023年发行的铁路债券取得的利息收入，减半征收企业所得税。

二、对个人投资者持有 2019—2023 年发行的铁路债券取得的利息收入，减按 50% 计入应纳税所得额计算征收个人所得税。税款由兑付机构在向个人投资者兑付利息时代扣代缴。

三、铁路债券是指以中国铁路总公司为发行和偿还主体的债券，包括中国铁路建设债券、中期票据、短期融资券等债务融资工具。”

2. 操作要点。

（1）免税的国债利息收入仅限于企业持有国债期间的应计利息，购买国债时价款中已经包含的国债利息不属于免税收入，应作为国债成本。

例如，某公司 2016 年 6 月 10 日从证券交易购买国债 100 万元（面值），支付价款 102 万元，票面年利率为 2.48%，2020 年 10 月 25 日到期一次付息；2020 年 4 月 30 日该公司将该批国债转让，取得价款 120 万元，其免税利息收入和应税所得计算如下：

国债持有天数 = 20 + 31 + 31 + 30 + 31 + 30 + 31 + 365 × 3 + 31 + 28 + 31 + 30 = 1 419（天）

免税利息收入 = 1 000 000 ×（2.48% ÷ 365）× 1 419 = 96 414.25（元）

转让国债的应纳税所得额为 1 200 000 − 1 020 000 − 96 414.25 = 83 585.75（元）

（2）各免税项目的备查资料。取得居民企业之间的股息、红利收入留存备查资料：

①被投资企业的最新公司章程（企业在证券交易市场购买上市公司股票获得股权的，提供相关记账凭证、本公司持股比例以及持股时间超过 12 个月情况说明）；

②被投资企业股东会（或股东大会）利润分配决议或公告、分配表；

③被投资企业进行清算所得税处理的，留存被投资企业填报的加盖主管税务机关受理章的《中华人民共和国清算所得税申报表》及附表三《剩余财产计算和分配明细表》复印件；

④投资收益、应收股利科目明细账或按月汇总表。

国债利息收入留存备查资料：

①国债净价交易交割单；

②购买、转让国债的证明，包括持有时间、票面金额、利率等相关材料；

③应收利息（投资收益）科目明细账或按月汇总表；

④减免税计算过程的说明。

地方政府债券、铁路建设债权利息所得留存备查资料：

①购买地方政府债券证明，包括持有时间、票面金额、利率等相关材料；

②应收利息（投资收益）科目明细账或按月汇总表；

③减免税计算过程的说明。

（五）不征税收入

1. 税收政策。《财政部、国家税务总局关于专项用途财政性资金企业所得税处理问题的通知》（财税〔2011〕70号）规定：

“一、企业从县级以上各级人民政府财政部门及其他部门取得的应计入收入总额的财政性资金，凡同时符合以下条件的，可以作为不征税收入，在计算应纳税所得额时从收入总额中减除：

（一）企业能够提供规定资金专项用途的资金拨付文件；

（二）财政部门或其他拨付资金的政府部门对该资金有专门的资金管理办法或具体管理要求；

（三）企业对该资金以及以该资金发生的支出单独进行核算。”

2. 操作要点。

（1）企业将符合规定条件的财政性资金作为不征税收入处理后，在5年（60个月）内未发生支出且未缴回财政或其他拨付资金的政府部门的部分，应重新计入取得该资金第六年的收入总额；重新计入收入总额的财政性资金发生的支出，允许在计算应纳税所得额时扣除。

（2）企业的不征税收入用于支出所形成的费用，不得在计算应纳税所得额时扣除；用于支出所形成的资产，其计算的折旧、摊销不得在计算应纳税所得额时扣除。

（3）作为“递延收益”处理的政府补助，应于实际收到时确认应纳税所得；如果跨年度结转营业外收入的，需调整应纳税所得额。

（4）对符合条件的财政性资金应作为不征税收入还是应税收入，企业可以自行选择确定。

如果企业享受免税或定期减免的税收优惠（如“两免三减”“三免三减”等），建议对税收优惠期间收到的财政性资金作为应税收入处理。

如果企业所得税税率不变，取得的财政性资金金额较大且在以后年度陆续支出时，建议企业在取得前与地方政府进行沟通，尽量使其符合财税〔2011〕70 号文件规定的不征税收入的条件，以达到延迟缴纳企业所得税，获取资金时间价值的目的。

如果企业取得的财政资金，无法判断是否符合税法规定的不征税收入条件，且企业前期大额未弥补亏损即将到期的情况下，建议将取得的财政资金作为征税收入，可以充分利用未弥补亏损，达到节约企业所得税目的。

如果财政资金支出与其他支出无法划分时，建议将取得的财政资金作为征税收入，可规避因征税收入与不征税收入划分不清，对应的支出全部不得在税前扣除的风险。

企业取得的不征税收入，应按照政策规定进行单独管理，凡未按规定进行单独管理的，应作为企业应税收入计入应纳税所得额，依法缴纳企业所得税。

二、成本、费用类扣除项目及标准

（一）基本原则

企业在进行成本、费用的核算与扣除时，必须按规定区分期间费用和开发产品计税成本、已销开发产品计税成本与未销开发产品计税成本。

企业发生的期间费用、已销开发产品计税成本、税金及附加、土地增值税准予当期按规定扣除。

对于发生的成本，应及时取得发票等税前扣除凭证，避免因未取得扣税凭证而在汇算清缴时做纳税调整，造成不必要的损失。

企业对尚未出售的已完工开发产品和按照有关法律、法规或合同规定对已售开发产品（包括共用部位、共用设施设备）进行日常维护、保养、修理等实际发生的维修费用，准予在当期据实扣除。

企业将已计入销售收入的共用部位、共用设施设备维修基金按规定移交给有关部门、单位的，应于移交时扣除。

企业在开发区内建造的会所、物业管理场所、电站、热力站、水厂、文体场馆、幼儿园等配套设施，按以下规定进行处理：

1. 属于非营利性且产权属于全体业主的，或无偿赠与地方政府、公用事业单位的，可将其视为公共配套设施，其建造费用按公共配套设施费的有关规定进行处理。

2. 属于营利性的，或产权归企业所有的，或未明确产权归属的，或无偿赠与地方政府、公用事业单位以外其他单位的，应当单独核算其成本。除企业自用应按建造固定资产进行处理外，其他一律按建造开发产品进行处理。

企业在开发区内建造的邮电通讯、学校、医疗设施应单独核算成本，其中，由企业与国家有关业务管理部门、单位合资建设，完工后有偿移交的，国家有关业务管理部门、单位给予的经济补偿可直接抵扣该项目的建造成本，抵扣后的差额应调整当期应纳税所得额。

企业采取银行按揭方式销售开发产品的，凡约定企业为购买方的按揭贷款提供担保的，其销售开发产品时向银行提供的保证金（担保金）不得从销售收入中减除，也不得作为费用在当期税前扣除，但实际发生损失时可据实扣除。

企业委托境外机构销售开发产品的，其支付境外机构的销售费用（含佣金或手续费）不超过委托销售收入10%的部分，准予据实扣除。

企业的利息支出按以下规定进行处理：

1. 企业为建造开发产品借入资金而发生的符合税收规定的借款费用，可按企业会计准则的规定进行归集和分配，其中属于财务费用性质的借款费用，可直接在税前扣除。

2. 企业集团或其成员企业统一向金融机构借款分摊集团内部其他成员企业使用的，借入方凡能出具从金融机构取得借款的证明文件，可以在使用借款的企业间合理的分摊利息费用，使用借款的企业分摊的合理利息准予在税前扣除。

企业因国家无偿收回土地使用权而形成的损失，可作为财产损失按有关规定在税前扣除。

企业开发产品（以成本对象为计量单位）整体报废或毁损，其净损失按有关规定审核确认后准予在税前扣除。

企业开发产品转为自用的，其实际使用时间累计未超过12个月又销售的，不得在税前扣除折旧费用。

（二）已销开发产品计税成本的确定

1. 政策规定。

《国家税务总局关于印发〈房地产开发经营业务企业所得税处理办法〉的通知》（国税发〔2009〕31号）规定：

“第十四条　已销开发产品的计税成本，按当期已实现销售的可售面积和可售面积单位工程成本确认。可售面积单位工程成本和已销开发产品的计税成本按下列公式计算确定：

可售面积单位工程成本 = 成本对象总成本 ÷ 成本对象总可售面积

已销开发产品的计税成本 = 已实现销售的可售面积 × 可售面积单位工程成本”

2. 操作要点。

（1）开发产品的计税成本定义和主要核算内容。计税成本是指企业在开发、建造开发产品（包括固定资产，下同）过程中所发生的按照税收规定进行核算与计量的应归入某项成本对象的各项费用。

开发产品计税成本支出的内容如下：

①土地征用费及拆迁补偿费。指为取得土地开发使用权（或开发权）而发生的各项费用，主要包括土地买价或出让金、大市政配套费、契税、耕地占用税、土地使用费、土地闲置费、土地变更用途和超面积补交的地价及相关税费、拆迁补偿支出、安置及动迁支出、回迁房建造支出、农作物补偿费、危房补偿费等。

②前期工程费。指项目开发前期发生的水文地质勘察、测绘、规划、设计、可行性研究、筹建、场地通平等前期费用。

③建筑安装工程费。指开发项目开发过程中发生的各项建筑安装费用。主要包括开发项目建筑工程费和开发项目安装工程费等。

④基础设施建设费。指开发项目在开发过程中所发生的各项基础设施支出，主要包括开发项目内道路、供水、供电、供气、排污、排洪、通讯、照明等社区管网工程费和环境卫生、园林绿化等园林环境工程费。

⑤公共配套设施费：指开发项目内发生的、独立的、非营利性的，且产权属于全体业主的，或无偿赠与地方政府、政府公用事业单位的公共配套设施支出。

⑥开发间接费。指企业为直接组织和管理开发项目所发生的，且不能将其归属于特定成本对象的成本费用性支出。主要包括管理人员工资、职工福利费、折旧费、修理费、办公费、水电费、劳动保护费、工程管理费、周转房摊销以及项目营销设施建造费等。

（2）成本对象的定义和确定原则。成本对象是指为归集和分配开发产品开发、建造过程中的各项耗费而确定的费用承担项目。成本对象由企业在开工之前合理确定，并报主管税务机关备案。成本对象一经确定，不能随意更改或相互混淆，如确需改变成本对象的，应征得主管税务机关同意。

计税成本对象的确定原则如下：

①可否销售原则。开发产品能够对外经营销售的，应作为独立的计税成本对象进行成本核算；不能对外经营销售的，可先作为过渡性成本对象进行归集，然后再将其相关成本摊入能够对外经营销售的成本对象。

②分类归集原则。对同一开发地点、竣工时间相近、产品结构类型没有明显差异的群体开发的项目，可作为一个成本对象进行核算。

③功能区分原则。开发项目某组成部分相对独立，且具有不同使用功能时，可以作为独立的成本对象进行核算。

④定价差异原则。开发产品因其产品类型或功能不同等而导致其预期售价存在较大差异的，应分别作为成本对象进行核算。

⑤成本差异原则。开发产品因建筑上存在明显差异可能导致其建造成本出现较大差异的，要分别作为成本对象进行核算。

⑥权益区分原则。开发项目属于受托代建的或多方合作开发的，应结合上述原则分别划分成本对象进行核算。

（3）开发产品计税成本的计量和分摊。企业开发、建造的开发产品应按制造成本法进行计量与核算。其中，应计入开发产品成本中的费用属于直接成本和能够分清成本对象的间接成本，直接计入成本对象，共同成本和不能分清负担对象的间接成本，应按受益的原则和配比的原则分配至各成本对象，具体分配方法可按以下规定选择其一：

①占地面积法。指按已动工开发成本对象占地面积占开发用地总面积的比例进行分配。

a. 一次性开发的，按某一成本对象占地面积占全部成本对象占地总面积的比例进行分配。

b. 分期开发的，首先按本期全部成本对象占地面积占开发用地总面积的比例进行分配，然后再按某一成本对象占地面积占期内全部成本对象占地总面积的比例进行分配。

期内全部成本对象应负担的占地面积为期内开发用地占地面积减除应由各期成本对象共同负担的占地面积。

②建筑面积法。指按已动工开发成本对象建筑面积占开发用地总建

筑面积的比例进行分配。

a. 一次性开发的，按某一成本对象建筑面积占全部成本对象建筑面积的比例进行分配。

b. 分期开发的，首先按期内成本对象建筑面积占开发用地计划建筑面积的比例进行分配，然后再按某一成本对象建筑面积占期内成本对象总建筑面积的比例进行分配。

③直接成本法。指按期内某一成本对象的直接开发成本占期内全部成本对象直接开发成本的比例进行分配。

④预算造价法。指按期内某一成本对象预算造价占期内全部成本对象预算造价的比例进行分配。

一般情况下，企业的下列成本按照以下方法分摊：

a. 土地成本，一般按占地面积法进行分配。如果确需结合其他方法进行分配的，应征得税务机关同意。

b. 土地开发同时联结房地产开发的，属于一次性取得土地分期开发房地产的情况，其土地开发成本经商税务机关同意后可先按土地整体预算成本进行分配，待土地整体开发完毕再行调整。

c. 单独作为过渡性成本对象核算的公共配套设施开发成本，应按建筑面积法进行分配。

d. 借款费用属于不同成本对象共同负担的，按直接成本法或按预算造价法进行分配。

其他成本项目的分配法由企业自行确定。

（4）企业计税成本核算的一般程序如下：

①对当期实际发生的各项支出，按其性质、经济用途及发生的地点、时间区进行整理、归类，并将其区分为应计入成本对象的成本和应在当期税前扣除的期间费用。同时还应按规定对在有关预提费用和待摊费用进行计量与确认。

②对应计入成本对象中的各项实际支出、预提费用、待摊费用等合理的划分为直接成本、间接成本和共同成本，并按规定将其合理的归集、分配至已完工成本对象、在建成本对象和未建成本对象。

③对前期已完工成本对象应负担的成本费用按已销开发产品、未销开发产品和固定资产进行分配，其中应由已销开发产品负担的部分，在当期纳税申报时进行扣除，未销开发产品应负担的成本费用待其实际销

售时再予扣除。

④对本期已完工成本对象分类为开发产品和固定资产并对其计税成本进行结算。其中属于开发产品的，应按可售面积计算其单位工程成本，据此再计算已销开发产品计税成本和未销开发产品计税成本。对本期已销开发产品的计税成本，准予在当期扣除，未销开发产品计税成本待其实际销售时再予扣除。

⑤对本期未完工和尚未建造的成本对象应当负担的成本费用，应按分别建立明细台账，待开发产品完工后再予结算。

（三）工资薪金

工资薪金，是指企业每一纳税年度支付给在本企业任职或者受雇的员工的所有现金形式或者非现金形式的劳动报酬，包括基本工资、奖金、津贴、补贴、年终加薪、加班工资，以及与员工任职或者受雇有关的其他支出。

工资薪金总额，是指企业按照上述规定实际发放的工资薪金总和，不包括企业的职工福利费、职工教育经费、工会经费以及养老保险费、医疗保险费、失业保险费、工伤保险费、生育保险费等社会保险费和住房公积金。

企业发生的合理的工资薪金支出，准予扣除。合理的工资薪金，是指企业按照股东大会、董事会、薪酬委员会或相关管理机构制订的工资薪金制度规定实际发放给员工的工资薪金。

1. 政策规定。

（1）《国家税务总局关于企业工资薪金及职工福利费扣除问题的通知》（国税函〔2009〕3号）规定：

“《实施条例》第三十四条所称的‘合理工资薪金’，是指企业按照股东大会、董事会、薪酬委员会或相关管理机构制订的工资薪金制度规定实际发放给员工的工资薪金。税务机关在对工资薪金进行合理性确认时，可按以下原则掌握：

（一）企业制订了较为规范的员工工资薪金制度；

（二）企业所制订的工资薪金制度符合行业及地区水平；

（三）企业在一定时期所发放的工资薪金是相对固定的，工资薪金的调整是有序进行的；

（四）企业对实际发放的工资薪金，已依法履行了代扣代缴个人所得税义务；

（五）有关工资薪金的安排，不以减少或逃避税款为目的。”

“《实施条例》第四十、四十一、四十二条所称的‘工资薪金总额’，是指企业按照本通知第一条规定实际发放的工资薪金总和，不包括企业的职工福利费、职工教育经费、工会经费以及养老保险费、医疗保险费、失业保险费、工伤保险费、生育保险费等社会保险费和住房公积金。属于国有性质的企业，其工资薪金，不得超过政府有关部门给予的限定数额；超过部分，不得计入企业工资薪金总额，也不得在计算企业应纳税所得额时扣除。”

(2)《国家税务总局关于企业所得税应纳税所得额若干税务处理问题的公告》（国家税务总局公告 2012 年第 15 号）规定：

“一、关于季节工、临时工等费用税前扣除问题

企业因雇用季节工、临时工、实习生、返聘离退休人员以及接受外部劳务派遣用工所实际发生的费用，应区分为工资薪金支出和职工福利费支出，并按《企业所得税法》规定在企业所得税前扣除。其中属于工资薪金支出的，准予计入企业工资薪金总额的基数，作为计算其他各项相关费用扣除的依据。”

(3)《国家税务总局关于企业工资薪金和职工福利费等支出税前扣除问题的公告》（国家税务总局公告 2015 年第 34 号）规定：

“三、企业接受外部劳务派遣用工支出税前扣除问题

企业接受外部劳务派遣用工所实际发生的费用，应分两种情况按规定在税前扣除：按照协议（合同）约定直接支付给劳务派遣公司的费用，应作为劳务费支出；直接支付给员工个人的费用，应作为工资薪金支出和职工福利费支出。其中属于工资薪金支出的费用，准予计入企业工资薪金总额的基数，作为计算其他各项相关费用扣除的依据。”

2. 操作要点。

（1）企业所得税前扣除的工资薪金，必须是与企业签订正式劳动合同，建立雇佣关系的员工享受的工资薪酬，如果员工的劳动关系根本不属于本企业，其工资薪酬、福利和社会统筹均属于与本企业生产经营无关的支出，不允许税前扣除。

（2）企业在年度汇算清缴结束前向员工实际支付的已预提汇缴年度工资薪金，准予在汇缴年度按规定扣除。

(3) 未代扣代缴个人所得税的工资薪金不能在税前扣除。

(4) 实行工效挂钩工资制度的国有企业，当年实际发放的工资薪金超过经核定的工效挂钩工资总额的部分，不能在税前扣除。

(5) 企业接受劳务派遣公司用工服务，凡能取得派遣公司开具劳务费发票的，该部分派遣人员的工资福利在汇算清缴中均可以不占用工资总额和福利费限额。据此，企业应尽可能将涉及劳务派遣用工的全部工资福利支出纳入劳务派遣合同中，并以取得劳务发票的方式税前扣除，避免对工资总额和福利费限额的挤占（此规定，因目前政策存在地区差异，请北京以外的公司在采用前向当地主管税务机关确认)。

(6) 退休返聘人员与企业签订正式的用工合同，属于企业正式雇佣员工，工资薪酬应纳入工资总额税前扣除。

(四) 职工福利费

企业发生的职工福利费支出，不超过工资薪金总额 14% 的部分，准予扣除。企业发生的职工福利费，应该单独设置账册，进行准确核算。没有单独设置账册准确核算的，税务机关应责令企业在规定的期限内进行改正。逾期仍未改正的，税务机关可对企业发生的职工福利费进行合理的核定。

1. 政策规定。

《国家税务总局关于企业工资薪金及职工福利费扣除问题的通知》(国税函〔2009〕3 号) 规定:

“(一) 尚未实行分离办社会职能的企业，其内设福利部门所发生的设备、设施和人员费用，包括职工食堂、职工浴室、理发室、医务所、托儿所、疗养院等集体福利部门的设备、设施及维修保养费用和福利部门工作人员的工资薪金、社会保险费、住房公积金、劳务费等。

(二) 为职工卫生保健、生活、住房、交通等所发放的各项补贴和非货币性福利，包括企业向职工发放的因公外地就医费用、未实行医疗统筹企业职工医疗费用、职工供养直系亲属医疗补贴、供暖费补贴、职工防暑降温费、职工困难补贴、救济费、职工食堂经费补贴、职工交通补贴等。

(三) 按照其他规定发生的其他职工福利费，包括丧葬补助费、抚恤费、安家费、探亲假路费等。”

2. 操作要点。

（1）职工福利费税务处理与会计处理差异。2009 年 11 月，财政部发布《关于企业加强职工福利费财务管理的通知》（财企〔2009〕242 号）对职工福利费财务管理进行了规范，与国家税务总局发布的《关于企业工资薪金及职工福利费扣除问题的通知》（国税函〔2009〕3 号）中福利费的口径存在差异，结合企业实际工资薪金、职工福利费及其他人工成本支出的实际情况，我们将其列表对比如表 8－1 所示。

表 8－1　　　　职工福利费税务处理与会计处理差异表

财务规定	税法规定	对比分析
《关于企业加强职工福利费财务管理的通知》（财企〔2009〕242 号）	《关于企业工资薪金及职工福利费扣除问题的通知》（国税函〔2009〕3 号）	
企业职工福利费是指企业为职工提供的除职工工资、奖金、津贴、纳入工资总额管理的补贴、职工教育经费、社会保险费和补充养老保险费（年金）、补充医疗保险费及住房公积金以外的福利待遇支出，包括发放给职工或为职工支付的以下各项现金补贴和非货币性集体福利	税法未明确规定	
企业尚未分离的内设集体福利部门所发生的设备、设施和人员费用，包括职工食堂、职工浴室、理发室、医务所、托儿所、疗养院、集体宿舍等集体福利部门设备、设施的折旧、维修保养费用以及集体福利部门工作人员的工资薪金、社会保险费、住房公积金、劳务费等人工费用	尚未实行分离办社会职能的企业，其内设福利部门所发生的设备、设施和人员费用，包括职工食堂、职工浴室、理发室、医务所、托儿所、疗养院等集体福利部门的设备、设施及维修保养费用和福利部门工作人员的工资薪金、社会保险费、住房公积金、劳务费等	税法和财务都作为福利费

续表

财务规定	税法规定	对比分析
为职工卫生保健、生活等发放或支付的各项现金补贴和非货币性福利，包括职工因公外地就医费用、暂未实行医疗统筹企业职工医疗费用、职工供养直系亲属医疗补贴属于福利费	为职工卫生保健、生活等所发放的各项补贴和非货币性福利，包括企业向职工发放的因公外地就医费用、未实行医疗统筹企业职工医疗费用、职工供养直系亲属医疗补贴属于福利费	税法和财务都作为福利费
职工疗养费用	税法未明确规定	财务作为福利费，税法未明确规定
自办职工食堂经费补贴或未办职工食堂统一供应午餐支出	职工食堂经费补贴	税法和财务都作为福利费
符合国家有关财务规定的供暖费补贴	供暖费补贴	税法和财务都作为福利费
符合国家有关财务规定的防暑降温费	职工防暑降温费	税法和财务都作为福利费
企业为职工提供的交通待遇，已经实行货币化改革的，按月按标准发放或支付的交通补贴或者车改补贴应当纳入职工工资总额，不再纳入职工福利费管理；尚未实行货币化改革的，企业发生的相关支出作为职工福利费管理	职工交通补贴	已经实行货币化改革的，财务上作为职工工资总额，税法符合条件的作为工资；尚未实行货币化改革的，税法和财务都作为福利费
企业为职工提供的住房待遇，已经实行货币化改革的，按月按标准发放或支付的住房补贴应当纳入职工工资总额，不再纳入职工福利费管理；尚未实行货币化改革的，企业发生的相关支出作为职工福利费管理	为职工住房所发放的各项补贴和非货币性福利	已经实行货币化改革的，财务上作为职工工资总额，税法符合条件的作为工资；尚未实行货币化改革的，税法和财务都作为福利费

续表

财务规定	税法规定	对比分析
企业为职工提供的通讯待遇，已经实行货币化改革的，按月按标准发放或支付的通讯补贴，应当纳入职工工资总额，不再纳入职工福利费管理；尚未实行货币化改革的，企业发生的相关支出作为职工福利费管理	文件中未列举通讯费	已实行货币化的，财务和税法都作为工资总额；未实行货币化的，财务做为福利费，税法无正式文件明确规定
职工困难补助或者企业统筹建立和管理的专门用于帮助、救济困难职工基金支出	职工困难补贴、救济费	税法和财务都作为福利费
丧葬补助费	丧葬补助费	税法和财务都作为福利费
抚恤费	抚恤费	税法和财务都作为福利费
职工异地安家费	安家费	税法和财务都作为福利费
独生子女费	文件中未列举独生子女费	财务作为福利费，税法未明确规定
探亲假路费	探亲假路费	税法和财务都作为福利费
企业给职工发放的节日补助、未统一供餐而按月发放的午餐费补贴不属于福利费		税法和财务都不作为福利费
符合企业职工福利费定义但没有包括在本通知各条款项目中的其他支出	税法未明确规定	财务作为福利费，税法未明确规定

（2）税法对货币性补贴的规定。列入企业员工工资薪金制度、固定与工资薪金一起发放的福利性补贴，符合《国家税务总局关于企业工资薪金及职工福利费扣除问题的通知》（国税函〔2009〕3 号）第一条规定的，可作为企业发生的工资薪金支出，按规定在税前扣除。

（3）离退休人员相关支出。对企业的离退休人员支出，国税函〔2009〕3 号文件中未予以明确，根据 2009 年 4 月国家税务总局企业所得税司的网上答疑，离退休人员如果参加社会统筹，企业在为这些人员支付的医药费、生活补贴、书刊费等，不能在企业列支，年度所得税汇算清缴时应纳税调增；如果离退休人员没有参加社会统筹，企业为这些人员支付的上述费用，可以作为企业福利费列支。

（五）职工教育经费

自2018年1月1日起，除国务院财政、税务主管部门另有规定外，企业发生的职工教育经费支出，不超过工资薪金总额8%的部分，准予扣除；超过部分，准予在以后纳税年度结转扣除。2018年1月1日前，扣除比例为2.5%。

1. 政策规定。

（1）《关于印发〈关于企业职工教育经费提取与使用管理的意见〉的通知》（财建〔2006〕317号）规定：

"（五）企业职工教育培训经费列支范围包括：

1. 上岗和转岗培训；

2. 各类岗位适应性培训；

3. 岗位培训、职业技术等级培训、高技能人才培训；

4. 专业技术人员继续教育；

5. 特种作业人员培训；

6. 企业组织的职工外送培训的经费支出；

7. 职工参加的职业技能鉴定、职业资格认证等经费支出；

8. 购置教学设备与设施；

9. 职工岗位自学成才奖励费用；

10. 职工教育培训管理费用；

11. 有关职工教育的其他开支。"

（2）《财政部 税务总局关于企业职工教育经费税前扣除政策的通知》（财税〔2018〕51号）规定：

"为鼓励企业加大职工教育投入，现就企业职工教育经费税前扣除政策通知如下：

一、企业发生的职工教育经费支出，不超过工资薪金总额8%的部分，准予在计算企业所得税应纳税所得额时扣除；超过部分，准予在以后纳税年度结转扣除。

二、本通知自2018年1月1日起执行。"

2. 操作要点。

（1）根据财建〔2006〕317号文件第九条的规定，企业职工参加社会上的学历教育以及个人为取得学位而参加的在职教育，所需费用应由个人承担，不能挤占企业的职工教育培训经费，同时也不属于税法规定的职工教育经费的使用范围，不可以在所得税前扣除。

（2）企业实际发生职工教育经费时，还应注意必须依据《关于发布〈企业所得税税前扣除凭证管理办法〉的公告》（国家税务总局公告 2018 年第 28 号）相关规定取得合法有效凭据，以便在企业所得税前扣除。

（3）当年已计提年末未实际使用的职工教育经费不能在当年税前扣除，只能在以后年度实际使用，且不超过实际使用年度工资薪金总额 8% 的部分可在税前扣除。

（六）工会经费

1. 政策规定。

（1）《国家税务总局关于工会经费企业所得税税前扣除凭据问题的公告》（国家税务总局公告 2010 年第 24 号）规定：

"根据《工会法》、《中国工会章程》和财政部颁布的《工会会计制度》，以及财政票据管理的有关规定，全国总工会决定从 2010 年 7 月 1 日起，启用财政部统一印制并套印财政部票据监制章的《工会经费收入专用收据》，同时废止《工会经费拨缴款专用收据》。

为加强对工会经费企业所得税税前扣除的管理，现就工会经费税前扣除凭据问题公告如下：

一、自 2010 年 7 月 1 日起，企业拨缴的职工工会经费，不超过工资薪金总额 2% 的部分，凭工会组织开具的《工会经费收入专用收据》在企业所得税税前扣除。"

（2）《关于税务机关代收工会经费企业所得税税前扣除凭据问题的公告》（国家税务总局公告 2011 年第 30 号）规定：

"自 2010 年 1 月 1 日起，在委托税务机关代收工会经费的地区，企业拨缴的工会经费，也可凭合法、有效的工会经费代收凭据依法在税前扣除。"

2. 操作要点。

（1）从 2010 年 7 月 1 日起，全国总工会启用了财政部统一印制并套印财政部票据监制章的《工会经费收入专用收据》，同时废止《工会经费拨缴款专用收据》，因此，企业将工会经费拨缴给工会组织时，未取得工会经费收入专用收据的，不能在企业所得税前扣除。

（2）委托税务机关代征工会经费的地区，企业在上缴工会经费时，应要求税务机关开具工会经费代收凭证，未取得工会经费代收凭据的，不能在企业所得税前扣除。

（3）企业代工会组织直接支付属于工会经费支出范围的会员活动费、职工活动费等，不能在企业所得税前扣除。

（七）党组织工作经费

1. 政策规定。《中共中央组织部、财政部、国务院国资委党委、国家税务总局关于国有企业党组织工作经费问题的通知》（组通字〔2017〕38号）规定：

纳入管理费用的党组织工作经费，实际支出不超过职工年度工资薪金总额1%的部分，可以据实在企业所得税前扣除。年末如有结余，结转下一年度使用。累计结转超过上一年度职工工资总额2%的，当年不再从管理费用中安排。

纳入管理费用的党组织工作经费必须用于企业党的建设，使用范围主要包括：

（1）开展党内学习教育，召开党内会议，开展“两学一做”学习教育、“三会一课”、主题党日，培训党员、入党积极分子和党务工作者，订阅或购买用于开展党员教育的报刊、资料、音像制品和设备，进行党内宣传，摄制党员电教片；

（2）组织开展创先争优和党员先锋岗、党员责任区、党员突击队、党员志愿服务等主题实践活动；

（3）表彰奖励先进基层党组织、优秀共产党员和优秀党务工作者；

（4）党组织换届、流动党员管理、组织关系接转、党旗党徽配备、党建工作调查研究；

（5）走访、慰问、补助生活困难党员和老党员；

（6）租赁和修缮、维护党组织活动场所，新建、购买活动设施，研发和维护党建工作信息化平台；

（7）其他与党的建设直接相关的工作。凡属党费使用范围的，先从留存党费中开支，不足部分从纳入管理费用列支的党组织工作经费中支出。

2. 操作要点。

（1）建议企业党团活动经费收入、支出都单独建立专用账册，将开支项目逐一登记，并取得合规票据和其他附件，方可税前扣除。

(2) 企业发生上述党团活动经费的，可以取得增值税专用发票，可以抵扣进项税额。

(3) 以现金发放方式走访、慰问、补助生活困难党员活动经费，应以相关支付凭证、领取人签字确认单等相关附件作为税前扣除凭证。

(八) 基本保险及住房公积金

1. 政策规定。《中华人民共和国企业所得税法》规定：

企业依照国务院有关主管部门或者省级人民政府规定的范围和标准为职工缴纳的基本养老保险费、基本医疗保险费、失业保险费、工伤保险费、生育保险费等基本社会保险费和住房公积金，准予扣除。

2. 操作要点。

(1) 企业按规定为员工缴纳的社会统筹保险和住房公积金，是指直接支付给社会统筹保险管理机构和住房公积金管理中心的部分。对于以下两种情况不允许税前扣除：

①将员工统筹保险交至其他企业，由其他企业代缴，仅取得代缴单位开具的收据。

②企业支付的应由个人负担的社会统筹和住房公积金。

(2) "五险一金"超标准的情形。"五险一金"的计提基数及比例是否符合省级及以上人民政府的规定。

企业所得税认可的住房公积金最高缴存比例可以按国务院有关主管部门或省级人民政府规定的范围和标准执行，有可能部分地区规定高于部委规定的12%比例，则企业所得税认可的最高比例可能高于12%。

如果职工的上一年度月平均工资高于职工工作地所在设区城市上一年度职工月平均工资3倍的按3倍计算扣除，单位缴纳住房公积金超出部分对应的成本费用，不得在企业所得税税前扣除。

(九) 补充养老保险（企业年金）和补充医疗保险

1. 政策规定。《财政部 国家税务总局关于补充养老保险费补充医疗保险费有关企业所得税政策问题的通知》（财税〔2009〕27号）规定：

自2008年1月1日起，企业根据国家有关政策规定，为在本企业任职或者受雇的全体员工支付的补充养老保险费、补充医疗保险费，分别在不超过职工工资总额5%标准内的部分，在计算应纳税所得额时准予扣除；超过的部分，不予扣除。

2. 操作要点。

（1）当年已计提年末未实际使用的补充养老保险和补充医疗保险，不能在当年税前扣除。

（2）可税前扣除的补充养老保险和补充医疗保险的受益对象，是指本企业任职或者受雇的全体员工。若企业为离退休人员、员工家属或者仅为部分员工，缴纳的补充养老保险和补充医疗保险均不能在税前扣除。例如，仅为公司高管缴纳的补充养老保险。

（3）根据国税函〔2009〕3 号文件的规定，补充养老保险和补充医疗保险不属于职工福利费，如果企业账面将补充养老保险和补充医疗保险放在职工福利费中核算，所得税汇算清缴时仍可分别在不超过职工工资总额 5% 的标准内据实扣除。

（4）企业为未参加基本医疗保险的职工报销的医疗费用不属于补充医疗保险，应作为职工福利费核算。

（十）商业保险

1. 政策规定。

（1）《国家税务总局关于企业所得税有关问题的公告》（国家税务总局公告 2016 年第 80 号）规定：

企业参加财产保险，按照规定缴纳的保险费，准予扣除。

除企业依照国家有关规定为特殊工种职工支付的人身安全保险费和国务院财政、税务主管部门规定可以扣除的其他商业保险费外，企业为投资者或者职工支付的商业保险费，不得扣除。企业职工因公出差乘坐交通工具发生的人身意外保险费支出，准予企业在计算应纳税所得额时扣除。

（2）《关于责任保险费企业所得税税前扣除有关问题的公告》（国家税务总局公告 2018 年第 52 号）规定：

企业参加雇主责任险、公众责任险等责任保险，按照规定缴纳的保险费，准予在企业所得税税前扣除。

2. 操作要点。

（1）企业为出差职工购买机票同时购买的航空意外险可以税前扣除。

（2）特殊工种意外保险应在国家相关部门公布的《特殊工种目录》范围内，企业为全体员工购买的人身意外保险不属于允许税前扣除的商业保险。

(3) 企业参加雇主责任险、公众责任险等责任保险也应取得合规票据方能税前扣除。

(十一) 广告费及业务宣传费

1. 政策规定。

(1)《中华人民共和国企业所得税法实施条例》规定:

企业发生的符合条件的广告费和业务宣传费支出，除国务院财政、税务主管部门另有规定外，不超过当年销售（营业）收入 15% 的部分，准予扣除；超过部分，准予在以后纳税年度结转扣除。

(2)《关于企业所得税执行中若干税务处理问题的通知》（国税函〔2009〕202 号）规定:

销售（营业）收入包括主营业务收入、其他业务收入和视同销售收入。

(3)《财政部 税务总局关于广告费和业务宣传费支出税前扣除有关事项的公告》（财政部 税务总局公告 2020 年第 43 号）规定:

对签订广告费和业务宣传费分摊协议（以下简称分摊协议）的关联企业，其中一方发生的不超过当年销售（营业）收入税前扣除限额比例内的广告费和业务宣传费支出可以在本企业扣除，也可以将其中的部分或全部按照分摊协议归集至另一方扣除。另一方在计算本企业广告费和业务宣传费支出企业所得税税前扣除限额时，可将按照上述办法归集至本企业的广告费和业务宣传费不计算在内。依现有文件该政策执行至 2025 年 12 月 31 日。

(4)《关于企业所得税应纳税所得额若干税务处理问题的公告》（国家税务总局公告 2012 年第 15 号）规定:

企业在筹建期间，发生的与筹办活动有关的广告费和业务宣传费，可按实际发生额计入企业筹办费，并按有关规定在税前扣除。

2. 操作要点。

(1) 广告费和业务宣传费分摊协议案例。

[案例] 甲乙两企业是关联企业，签订有广告费分摊协议，甲企业当期实际发生广告费 1 000 万元，未超限额，按照分摊协议将其中 300 万元分摊给乙企业扣除，则乙企业接受分摊的 300 万元限额内的广告费可以直接在乙企业当期的税前列支，不受乙企业自身广告费和业务宣传费限额的影响。若甲企业将超出自身限额的广告费分摊给乙企业，超出限额的

部分不得在乙企业税前列支。

（2）筹办费的操作要点。企业筹建期间发生的广告费和业务宣传费计入筹办费以后，筹办费可以在开始经营之日的当年一次性扣除，也可以按照新税法有关长期待摊费用的处理规定处理，但一经选定不得改变。

（十二）业务招待费

1. 政策规定。

（1）《中华人民共和国企业所得税法实施条例》规定：

企业发生的与生产经营活动有关的业务招待费支出，按照发生额的60%扣除，但最高不得超过当年销售（营业）收入（包括主营业务收入和其他业务收入）的5‰。

［**案例**］甲公司2020年销售货物收入3 000万元，包装物出租收入400万元，视同销售货物收入600万元，转让厂房所有权收入200万元，接受捐赠收入20万元，债务重组收益10万元，当年实际发生业务招待费30万元。

（1）甲公司招待费的扣除限额的基数 =3 000 +400 +600 =4 000（万元）

扣除限额 =4 000 ×5‰ =20（万元）

（2）业务招待费发生额的60% =30 ×60% =18（万元）

（3）上述两数据比大小后择其小者：甲公司其当年可在所得税前列支的业务招待费金额是18万元。对从事股权投资业务的企业（包括集团公司总部、创业投资企业等），其从被投资企业所分配的股息、红利以及股权转让收入，可以按规定的比例计算业务招待费扣除限额。

（2）《关于企业所得税应纳税所得额若干税务处理问题的公告》（国家税务总局公告2012年第15号）规定：

企业在筹建期间，发生的与筹办活动有关的业务招待费支出，可按实际发生额的60%计入企业筹办费，并按有关规定在税前扣除。

2. 操作要点。企业筹建期间发生的业务招待费的60%计入筹办费以后，筹办费可以在开始经营之日的当年一次性扣除，也可以按照新税法有关长期待摊费用的处理规定处理，但一经选定不得改变。

筹建期间发生的其余40%的业务招待费，不能在税前扣除，应纳税调增。

（十三）公益性捐赠支出

1. 政策规定。

（1）《财政部 国家税务总局关于公益性捐赠支出企业所得税税前结转扣除有关政策的通知》（财税〔2018〕15号）规定：

公益性捐赠，是指企业通过公益性社会团体或者县级以上人民政府及其部门，用于《中华人民共和国公益事业捐赠法》规定的公益事业的捐赠。

企业发生的公益性捐赠支出，在年度利润总额12%以内的部分，准予在计算应纳税所得额时扣除；超过年度利润总额12%的部分，准予结转以后三年内在计算应纳税所得额时扣除。

[案例] 2020年甲居民企业主营业务收入5 000万元、营业外收入80万元，与收入配比的成本4 100万元，全年发生管理费用、销售费用和财务费用共计700万元，营业外支出60万元（其中符合规定的公益性捐赠支出50万元）。

甲企业年度利润总额 = 5 000 + 80 − 4 100 − 700 − 60 = 220（万元）

因此，准予扣除的捐赠限额 = 220 × 12% = 26.4（万元）

当年应纳税所得额 = 220 + (50 − 26.4) = 243.6（万元）

（2）《财政部 税务总局 海关总署关于北京2022年冬奥会和冬残奥会税收政策的通知》（财税〔2017〕60号）规定：

对企业、社会组织和团体赞助、捐赠北京2022年冬奥会、冬残奥会、测试赛的资金、物资、服务支出，在计算企业应纳税所得额时予以全额扣除。年度利润总额，是指企业按照国家统一会计制度的规定计算的大于零的数额。

2. 操作要点。

（1）企业当年发生及以前年度结转的公益性捐赠支出，准予在当年税前扣除的部分，不能超过企业当年年度利润总额的12%；企业发生的公益性捐赠支出未在当年税前扣除的部分，准予向以后年度结转扣除，但结转年限自捐赠发生年度的次年起计算最长不得超过三年；企业在对公益性捐赠支出计算扣除时，应先扣除以前年度结转的捐赠支出，再扣除当年发生的捐赠支出。

（2）应同时符合的条件。

①捐赠接受单位应符合要求。符合要求的捐赠接受单位包括：获得公益性捐赠税前扣除资格的公益性社会团体、公益性群众团体、县级以上人民政府及其组成部门和直属机构。

公益性社会团体、公益性群众团体符合规定条件，并经民政部，财政部、国家税务总局会同民政部门联合审核确认后，发布在审核确认的所属年度，获得公益性捐赠税前扣除资格的公益性社会团体名单。

②用于公益事业。公益事业是指《中华人民共和国公益事业捐赠法》规定的公益事业范围，具体包括：

a. 救助灾害、救济贫困、扶助残疾人等困难的社会群体和个人的活动；

b. 教育、科学、文化、卫生、体育事业；

c. 环境保护、社会公共设施建设；

d. 促进社会发展和进步的其他社会公共和福利事业。

③取得公益性捐赠票据。对于通过公益性社会团体发生的公益性捐赠支出，企业应取得省级以上（含省级）财政部门印制并加盖接受捐赠单位印章的公益性捐赠票据，或加盖接受捐赠单位印章的《非税收入一般缴款书》收据联，方可按规定进行税前扣除。

（3）企业发生公益性捐赠时，需注意接受公益性社会团体和公益性群众团体名单及名单所属年度。

（4）县级以上人民政府及其组成部门和直属机构的公益性捐赠税前扣除资格不需要认定。

（5）不得扣除的公益性捐赠。对于通过公益性社会团体和公益性群众团体发生的公益性捐赠支出，接受捐赠的公益性社会团体和群众团体位于名单内的，企业或个人在名单所属年度向名单内的公益性社会团体和群众团体进行的公益性捐赠支出可按规定进行税前扣除；接受捐赠的公益性社会团体和群众团体不在名单内，或虽在名单内但企业或个人发生的公益性捐赠支出不属于名单所属年度的，不得扣除。

企业将货币资金、实物（含存货）等资产直接捐赠给个人或单位，不属于公益性捐赠的范围，应视为赞助支出，不能在税前扣除。

（十四）扶贫捐赠支出和新冠肺炎捐赠支出

1. 政策规定。《关于企业扶贫捐赠所得税税前扣除政策的公告》（财政部、税务总局、国务院扶贫办公告 2019 年第 49 号）［依据《关于延长部分扶贫税收优惠政策执行期限的公告》（财政部 税务总局 人力资源社会保障部 国家乡村振兴局公告 2021 年第 18 号）］，本法规中规定的税收优惠政策，执行期限延长至 2025 年 12 月 31 日）规定：

自 2019 年 1 月 1 日至 2022 年 12 月 31 日，企业通过公益性社会组织或者县级（含县级）以上人民政府及其组成部门和直属机构，用于目标脱贫地区的扶贫捐赠支出，准予在计算企业所得税应纳税所得额时据实扣除。在政策执行期限内，目标脱贫地区实现脱贫的，可继续适用上述政策。

“目标脱贫地区”包括 832 个国家扶贫开发工作重点县、集中连片特困地区县（新疆阿克苏地区 6 县 1 市享受片区政策）和建档立卡贫困村。

企业同时发生扶贫捐赠支出和其他公益性捐赠支出，在计算公益性捐赠支出年度扣除限额时，符合上述条件的扶贫捐赠支出不计算在内。

企业在 2015 年 1 月 1 日至 2018 年 12 月 31 日期间已发生的符合上述条件的扶贫捐赠支出，尚未在计算企业所得税应纳税所得额时扣除的部分，可执行上述企业所得税政策。

2. 操作要点。

（1）企业发生的大额扶贫捐赠支出，尽量通过有资质的公益性社会团体或省级以上政府部门。

（2）应取得省级以上（含省级）财政部门印制并加盖接受捐赠单位印章的公益性捐赠票据，或加盖接受捐赠单位印章的《非税收入一般缴款书》收据联，否则不可税前扣除。

（十五）赞助支出

1. 政策规定。

《财政部 税务总局 海关总署关于北京 2022 年冬奥会和冬残奥会税收政策的通知》（财税〔2017〕60 号）规定：

赞助支出是指企业发生的与生产经营活动无关的各种非广告性质支出，不允许税前扣除。

对企业、社会组织和团体赞助、捐赠北京 2022 年冬奥会、冬残奥会、测试赛的资金、物资、服务支出，在计算企业应纳税所得额时予以全额扣除。

2. 操作要点。

（1）企业直接赞助给个人、单位及非广告性质的活动，如演出、庆典等活动的支出，因和生产经营无关，不能在税前扣除。

（2）如果接受赞助的单位与赞助单位存在一定的劳务关系，双方可以通过协商签订服务协议的方式，将赞助行为转化为提供劳务行为，并要求接受方开具或代开增值税发票，以便赞助方可以将作为劳务费支出在税前扣除。

（3）对冬奥会、冬残奥会、测试赛的赞助支出，应取得北京2022年冬奥会和冬残奥会组织委员会开具的免征增值税的普通发票。

（十六）利息支出

1. 基本政策

（1）政策规定。

《企业所得税法实施条例》规定：

企业在生产经营活动中发生的合理的不需要资本化的借款费用，准予扣除。

企业为购置、建造固定资产、无形资产和经过12个月以上的建造才能达到预定可销售状态的存货发生借款的，在有关资产购置、建造期间发生的合理的借款费用，应当作为资本性支出计入有关资产的成本，并依照本条例的规定扣除。

企业通过发行债券、取得贷款、吸收保户储金等方式融资而发生的合理的费用支出，符合资本化条件的，应计入相关资产成本；不符合资本化条件的，应作为财务费用，准予在企业所得税前据实扣除。

接受混合性投资的被投资企业，应于应付利息的日期，确认利息支出，并按税法的规定，进行税前扣除。

（2）操作要点。

《企业所得税法实施条例》规定：

①企业在生产经营活动中发生的下列利息支出，准予扣除：

a. 非金融企业向金融企业借款的利息支出；

b. 金融企业的各项存款利息支出和同业拆借利息支出；

c. 企业经批准发行债券的利息支出；

d. 非金融企业向非金融企业借款的利息支出，不超过按照金融企业同期同类贷款利率计算的数额的部分。

②鉴于目前我国对金融企业利率要求的具体情况，企业在按照合同要求首次支付利息并进行税前扣除时，应提供“金融企业的同期同类贷款利率情况说明”，以证明其利息支出的合理性。

③“金融企业的同期同类贷款利率情况说明”中，应包括在签订该

借款合同当时，本省任何一家金融企业提供同期同类贷款利率情况。该金融企业应为经政府有关部门批准成立的可以从事贷款业务的企业，包括银行、财务公司、信托公司等金融机构。

④“同期同类贷款利率”是指在贷款期限、贷款金额、贷款担保以及企业信誉等条件基本相同下，金融企业提供贷款的利率。既可以是金融企业公布的同期同类平均利率，也可以是金融企业对某些企业提供的实际贷款利率。

2. 关联方借款利息支出。

（1）政策规定。

①《企业所得税法实施条例》规定：

“第四十六条　企业从其关联方接受的债权性投资与权益性投资的比例超过规定标准而发生的利息支出，不得在计算应纳税所得额时扣除。

企业如果能够按照税法及其实施条例的有关规定提供相关资料，证明相关交易活动符合独立交易原则的；或者该企业的实际税负不高于境内关联方的，其实际支付给境内关联方的利息支出，在计算应纳税所得额时准予扣除。

企业实际支付给关联方的利息支出，如果不符合上述两条规定，对不超过以下比例和税法及其实施条例有关规定计算的部分，准予扣除，超过的部分不得在发生当期和以后年度扣除。”

②《财政部 国家税务总局关于企业关联方利息支出税前扣除标准有关税收政策问题的通知》（财税〔2008〕121 号）规定：

企业接受关联方债权性投资与其权益性投资比例为：金融企业为 5:1；其他企业为 2:1。

债权性投资，是指企业直接或者间接从关联方获得的，需要偿还本金和支付利息或者需要以其他具有支付利息性质的方式予以补偿的融资。

权益性投资，是指企业接受的不需要偿还本金和支付利息，投资人对企业净资产拥有所有权的投资。

企业自关联方取得的不符合规定的利息收入应按照有关规定缴纳企业所得税。

③《国家税务总局关于印发〈特别纳税调整实施办法（试行）〉的通知》（国税发〔2009〕2 号）规定：

《特别纳税调整实施办法（试行）》（国税发〔2009〕2 号）第八十

五条规定：不得扣除利息支出 = 年度实际支付的全部关联方利息 ×（1 - 标准比例/关联债资比例）

其中，标准比例是指财税〔2008〕121 号规定的比例。

该办法还规定，不得在计算应纳税所得额时扣除的利息支出，应按照实际支付给各关联方利息占关联方利息总额的比例，在各关联方之间进行分配，其中，分配给实际税负高于企业的境内关联方的利息准予扣除。企业关联债资比例超过标准比例的利息支出，如要在计算应纳税所得额时扣除，应按税务机关要求提供资料，证明关联债权投资符合独立交易原则。

[案例] 甲公司（居民企业）2020 年 1 月 1 日，为生产经营向关联方借入 1 年期经营性资金 600 万元，关联借款利息支出 50 万元，该关联方对企业的权益性投资为 200 万元，银行同期同类贷款年利率为 7%。

（1）关联债资比限制下合理的借款总量 = 200 × 2 = 400（万元）

（2）合理利率水平下允许税前扣除的利息费用 = 400 × 7% = 28（万元）

（3）超过规定标准的利息费用 = 50 - 28 = 22（万元）

需要进行纳税调整，加公司应纳税调增 22 万元。

（2）操作要点。

①独立交易原则的理解。《企业所得税法实施条例》第一百一十条规定，《企业所得税法》第四十一条所称的独立交易原则是指没有关联关系的交易各方之间按照公平成交价格和营业常规进行业务往来所遵循的原则。在判断关联企业与其关联方之间的业务往来是否符合独立交易原则时，强调将关联交易定价或利润水平与可比情形下没有关联关系的交易定价和利润水平进行比较，如果存在差异，就说明因为关联关系的存在而导致企业没有遵循正常市场交易原则和营业常规，从而违背了独立交易原则。

关联企业之间贷款业务应遵循独立交易原则，通常可理解为关联企业之间的借款利率应与同等融资条件下商业银行同类同期贷款利率相同。如果未收取利息，税务机关可能会对贷款借出方应收取的利息予以核定。

②支付给非金融企业的利息应凭发票作为税前扣除的凭证，如果对方单位不能开具利息发票，可以到税务机关申请代开。申请代开发票时，税务机关会代扣代缴增值税及附加税费；如果利息收取方是个人，除代

扣代缴增值税及附加税费外，税务机关还会代扣代缴个人所得税。

③向非金融企业借款也应签订合同或协议，并作为支付利息的证明材料，合同或协议中应明确约定借款期间、利率、利息金额的计算等。

④统借统还业务。

a. 统借统还是指企业集团从金融机构取得统借统还贷款后，由企业集团与集团内下属企业签订统借统还贷款合同并分拨借款，按支付给金融机构的借款利率向下属企业收取用于归还金融机构借款的利息，由企业集团统一归还金融机构的业务。

b. 凡集团公司能够出具从金融机构取得贷款的证明文件，其所属企业使用集团公司转贷的金融机构借款支付的利息，不高于金融机构同类同期贷款利率的部分，允许在税前全额扣除。建议统借方在取得借款时，在借款用途上明确可分拨给下属公司，以明确贷款的性质；同时，与下属公司签订相关书面协定或用款协议，约定收取利息的时间和利率。

c. 下属企业从集团公司取得的统借统还贷款，界定为企业间接从关联方获得的债权性投资，受到资本弱化相关条款的限制。

⑤现金池业务。

a. 现金池业务，是指属于同一家集团企业的一个或多个成员单位的银行账户现金余额实际转移到一个真实的主账户中，主账户通常由集团总部控制，成员单位用款时需从主账户获取资金对外支付，该业务实质为一种特殊形式的委托贷款。现金池的运作一般借助于外部商业银行。

b. 借出方按照月贷款基准利率核算利息收入，计算缴纳增值税和企业所得税；借入方按照月贷款基准利率核算利息支出，在企业所得税前扣除，但需要取得借出方开具的增值税发票。

c. 该业务实质为借出方通过无关联第三方提供给借入方的债权性投资，为企业间接获得的债权性投资，受到资本弱化相关条款的限制。

⑥关联借款债资比例涉税影响关联企业之间发生借款交易，如果能够提供资料证明借款交易符合独立交易原则，或者借款方的企业所得税实际税负，不高于关联贷款方的实际税负，不受债资比 2:1 或 5:1 的限制，借款方支付给关联贷款方的利息支出，允许在企业所得税前扣除；如果不能够提供资料证明符合上述条件的，借款方债资比超比例部分对应的利息支出，不允许在企业所得税前扣除。

3. 自然人借款利息支出。

政策规定。

《国家税务总局关于企业向自然人借款的利息支出企业所得税税前扣除问题的通知》（国税函〔2009〕777号）规定：

企业向除上述股东（或关联方）以外的内部职工或其他人员借款的利息支出，其借款情况同时符合以下条件的，其利息支出在不超过按照金融企业同期同类贷款利率计算的数额的部分，准予扣除。具体条件如下：

企业与个人之间的借贷是真实、合法、有效的，并且不具有非法集资目的或其他违反法律、法规的行为；

企业与个人之间签订了借款合同。

（十七）母子公司间提供服务

1. 政策规定。

《国家税务总局关于母子公司间提供服务支付费用有关企业所得税处理问题的通知》（国税发〔2008〕86号）规定：

“一、母公司为其子公司（以下简称子公司）提供各种服务而发生的费用，应按照独立企业之间公平交易原则确定服务的价格，作为企业正常的劳务费用进行税务处理。

母子公司未按照独立企业之间的业务往来收取价款的，税务机关有权予以调整。

二、母公司向其子公司提供各项服务，双方应签订服务合同或协议，明确规定提供服务的内容、收费标准及金额等，凡按上述合同或协议规定所发生的服务费，母公司应作为营业收入申报纳税；子公司作为成本费用在税前扣除。

三、母公司向其多个子公司提供同类项服务，其收取的服务费可以采取分项签订合同或协议收取；也可以采取服务分摊协议的方式，即，由母公司与各子公司签订服务费用分摊合同或协议，以母公司为其子公司提供服务所发生的实际费用并附加一定比例利润作为向子公司收取的总服务费，在各服务受益子公司（包括盈利企业、亏损企业和享受减免税企业）之间按《中华人民共和国企业所得税法》第四十一条第二款规定合理分摊。

四、母公司以管理费形式向子公司提取费用，子公司因此支付给母公司的管理费，不得在税前扣除。”

2. 操作要点。

(1) 母子公司间提供的服务应符合“受益性劳务”。“受益性劳务”应符合以下原则：

如果母公司不提供上述服务，子公司需要向第三方公司购买相应服务，开发成本会上升；

或者由于未获得服务，被要求支付较高的风险溢价或无法进行房地产开发过程，如拿不到地等；

在实施收费安排时，充分了解市场上普遍采用的收费和定价方法，进而确定收费安排；

参照房地产行业的操作，提供的资产管理和投资管理服务采用了“实际支出+合理利润”的收费安排；

如果为房地产项目公司提供的服务项目具有以上特点，则应该属于提供“受益性劳务”，可以按照非关联方在相同或者类似情形下的营业常规和公平成交价格进行定价收取服务费。

“受益性劳务”的服务费类型举例：工程咨询服务；设计咨询服务；信息化服务；融资服务等。

(2) 提供服务的定价方法。在实施收费安排时，需充分了解市场上普遍采用的收费和定价方法，以对所有房地产项目公司一视同仁的原则确定收费标准，如：信息化服务根据站点和流量的使用量进行收费；融资服务参考财务公司收取管理费的基数和比例进行收费等。

(十八) 关联交易

1. 政策规定。

(1)《中华人民共和国企业所得税法》规定：

“第四十一条　企业与其关联方之间的业务往来，不符合独立交易原则而减少企业或者其关联方应纳税收入或者所得额的，税务机关有权按照合理方法调整。”

(2)《中华人民共和国企业所得税法实施条例》规定：

“第一百一十条　企业所得税法第四十一条所称独立交易原则，是指没有关联关系的交易各方，按照公平成交价格和营业常规进行业务往来遵循的原则。

第一百一十一条　企业所得税法第四十一条所称合理方法，包括：

(一) 可比非受控价格法，是指按照没有关联关系的交易各方进行相同或者类似业务往来的价格进行定价的方法；

（二）再销售价格法，是指按照从关联方购进商品再销售给没有关联关系的交易方的价格，减除相同或者类似业务的销售毛利进行定价的方法；

（三）成本加成法，是指按照成本加合理的费用和利润进行定价的方法；

（四）交易净利润法，是指按照没有关联关系的交易各方进行相同或者类似业务往来取得的净利润水平确定利润的方法；

（五）利润分割法，是指将企业与其关联方的合并利润或者亏损在各方之间采用合理标准进行分配的方法；

（六）其他符合独立交易原则的方法。”

（3）国家税务总局关于印发《特别纳税调整实施办法（试行）》的通知（国税发〔2009〕2 号）规定：

“第十一条　实行查账征收的居民企业和在中国境内设立机构、场所并据实申报缴纳企业所得税的非居民企业向税务机关报送年度企业所得税纳税申报表时，应附送《中华人民共和国企业年度关联业务往来报告表》，包括《关联关系表》《关联交易汇总表》《购销表》《劳务表》《无形资产表》《固定资产表》《融通资金表》《对外投资情况表》和《对外支付款项情况表》。”

“第三十条　实际税负相同的境内关联方之间的交易，只要该交易没有直接或间接导致国家总体税收收入的减少，原则上不做转让定价调查、调整。”

（4）《国家税务总局关于规范成本分摊协议管理的公告》（国家税务总局公告 2015 年第 45 号）规定：

自 2015 年 7 月 16 日起，企业应自与关联方签订（变更）成本分摊协议之日起 30 日内，向主管税务机关报送成本分摊协议副本。无论该协议执行与否，均应在年度企业所得税纳税申报时，就其与关联方之间的业务往来附送《中华人民共和国企业年度关联业务往来报告表》。

企业执行成本分摊协议，无需经过税务机关审核。如果成本分摊协议不符合独立交易原则和成本与收益相匹配的原则，税务机关将实施特别纳税调查调整。

2. 操作要点。

（1）企业与其关联方之间提供服务，应当按照独立交易原则收取服务费。

（2）企业为关联方提供服务，应根据业务特点，采取合理、简便的定价方法。

（3）对于境内关联方之间的交易，企业应关注关联企业之间实际税负是否相同。如果差异较大，建议企业应就其未来年度关联交易的定价原则和计算方法，向税务机关提出预约定价申请，与税务机关按照独立交易原则协商、确认后达成相关协议。

（4）集团内关联企业之间发生销售货物、提供劳务等交易，例如，销售煤炭、提供应税劳务、无偿使用土地房产及未按公允价转让资产等，均应按照独立交易原则，在合理范围内确定交易价格，避免关联交易定价不公允带来的纳税风险。

（5）实行查账征收的居民企业和在中国境内设立机构、场所并据实申报缴纳企业所得税的非居民企业，年度内与其关联方发生业务往来的，在报送年度企业所得税纳税申报表时，应当附送《中华人民共和国企业年度关联业务往来报告表》。

（十九）企业员工服饰费用支出

1. 政策规定。

《国家税务总局关于企业所得税若干问题的公告》（国家税务总局公告 2011 年第 34 号）规定：

企业根据其工作性质和特点，由企业统一制作并要求员工工作时统一着装所发生的工作服饰费用，可以作为企业合理的支出在税前扣除。

2. 操作要点。

（1）同时满足以下两个条件的工作服饰费用可直接在企业所得税前扣除：

①企业统一制作；

②要求员工工作时统一着装。

③单价不宜过高。

（2）企业给员工发放的工作服补贴，不能作为员工服饰费用直接在企业所得税前扣除。

（二十）企业所得税不得扣除项目

1. 政策规定。

《中华人民共和国企业所得税法》（2018 年修正）规定：

（1）向投资者支付的股息、红利等权益性投资收益；

（2）企业所得税税款；

（3）税收滞纳金；

（4）罚金、罚款和被没收财物的损失；

（5）公益性捐赠以外的捐赠支出；

（6）赞助支出；

（7）未经核定的准备金支出；

（8）与取得收入无关的其他支出。

2. 操作要点。

（1）不允许扣除的滞纳金仅包括税收滞纳金，而未包括其他政府部门收取的滞纳金。

（2）企业因违反经济合同，如购销合同、服务合同、借款合同等而支付的违约金、罚款、诉讼费等，可在税前扣除。

（3）除上述不得扣除支出外，以下成本、费用也不得在税前扣除：

①投资资产（包括权益性投资和债权性投资）成本处于企业对外投资期间；

②企业内营业机构之间支付的租金和特许权使用费；

③非银行企业内营业机构之间支付的利息；

④税务机关对企业做出特别纳税调整补征税款加收的利息。

（二十一）税前扣除凭证的管理

1. 政策规定。

（1）《国家税务总局关于进一步加强普通发票管理工作的通知》（国税发〔2008〕80 号）的相关规定。

（2）《国家税务总局关于企业所得税若干问题的公告》（国家税务总局公告 2011 年第 34 号）的相关规定。

（3）《国家税务总局关于发布〈企业所得税税前扣除凭证管理办法〉的公告》（国家税务总局公告 2018 年第 28 号）规定：

税前扣除凭证，是指企业在计算企业所得税应纳税所得额时，证明与取得收入有关的、合理的支出实际发生，并据以税前扣除的各类凭证。

企业发生支出，应取得税前扣除凭证，作为计算企业所得税应纳税所得额时扣除相关支出的依据。

①税前扣除凭证的种类。税前扣除凭证按照来源分为内部凭证和外部凭证。

内部凭证是指企业自制用于成本、费用、损失和其他支出核算的会计原始凭证。内部凭证的填制和使用应当符合国家会计法律、法规等相关规定。

外部凭证是指企业发生经营活动和其他事项时，从其他单位、个人取得的用于证明其支出发生的凭证，包括但不限于发票（包括纸质发票和电子发票）、财政票据、完税凭证、收款凭证、分割单等。

a. 企业在境内发生的支出项目属于增值税应税项目（以下简称“应税项目”）的，对方为已办理税务登记的增值税纳税人，其支出以发票（包括按照规定由税务机关代开的发票）作为税前扣除凭证；对方为依法无需办理税务登记的单位或者从事小额零星经营业务的个人，其支出以税务机关代开的发票或者收款凭证及内部凭证作为税前扣除凭证，收款凭证应载明收款单位名称、个人姓名及身份证号、支出项目、收款金额等相关信息。

小额零星经营业务的判断标准是个人从事应税项目经营业务的销售额不超过增值税相关政策规定的起征点。

b. 企业在境内发生的支出项目不属于应税项目的，对方为单位的，以对方开具的发票以外的其他外部凭证作为税前扣除凭证；对方为个人的，以内部凭证作为税前扣除凭证。

c. 企业从境外购进货物或者劳务发生的支出，以对方开具的发票或者具有发票性质的收款凭证、相关税费缴纳凭证作为税前扣除凭证。

d. 特殊规定。

国家税务总局对应税项目开具发票另有规定的，以规定的发票或者票据作为税前扣除凭证，如《国家税务总局关于铁路运输和邮政业营业税改征增值税发票及税控系统使用问题的公告》（国家税务总局公告 2013 年第 76 号）规定的中国铁路总公司及其所属运输企业（含分支机构）自行印制的铁路票据等。

企业在境内发生的支出项目虽不属于应税项目，但按国家税务总局规定可以开具发票的，可以发票作为税前扣除凭证，如《国家税务总局关于增值税发票管理若干事项的公告》（国家税务总局公告 2017 年第 45 号）附件《商品和服务税收分类编码表》中规定的不征税项目等。

②外部凭证的税务处理。企业在规定期限内取得符合规定的发票、其他外部凭证的，相应支出可以税前扣除。应当取得而未取得发票、其他外部凭证或者取得不合规发票、不合规其他外部凭证的，可以按照以下规定处理：

A. 汇算清缴期结束前的税务处理。要求对方补开、换开发票、其他外部凭证，补开、换开后的发票、其他外部凭证符合规定的，可以作为税前扣除凭证。

因对方注销、撤销、依法被吊销营业执照、被税务机关认定为非正常户等特殊原因无法补开、换开符合规定的发票、其他外部凭证的，可凭以下资料证实支出真实性后，其支出允许税前扣除：

a. 无法补开、换开发票、其他外部凭证原因的证明资料（包括工商注销、机构撤销、列入非正常经营户、破产公告等证明资料）；

b. 相关业务活动的合同或者协议；

c. 采用非现金方式支付的付款凭证；

d. 货物运输的证明资料；

e. 货物入库、出库内部凭证；

f. 企业会计核算记录以及其他资料。

前款第一项至第三项为必备资料。

未能补开、换开符合规定的发票、其他外部凭证并且未能凭相关资料证实支出真实性的，相应支出不得在发生年度税前扣除。

B. 汇算清缴期结束后的税务处理。税务机关发现企业应当取得而未取得发票、其他外部凭证或者取得不合规发票、不合规其他外部凭证，企业自被告知之日起60日内补开、换开符合规定的发票、其他外部凭证或者按照《企业所得税税前扣除凭证管理办法》第十四条规定凭相关资料证实支出真实性后，相应支出可以在发生年度税前扣除。否则，该支出不得在发生年度税前扣除。

除上述情形外，企业以前年度应当取得而未取得发票、其他外部凭证，且相应支出在该年度没有税前扣除的，在以后年度取得符合规定的发票、其他外部凭证或者提供可以证实其支出真实性的相关资料，相应支出可以追补至该支出发生年度税前扣除，但追补年限不得超过五年。

③分摊费用的税前扣除凭证。企业与其他企业（包括关联企业）、个人在境内共同接受应纳增值税劳务（以下简称“应税劳务”）发生的支

出，采取分摊方式的，应当按照独立交易原则进行分摊，企业以发票和分割单作为税前扣除凭证，共同接受应税劳务的其他企业以企业开具的分割单作为税前扣除凭证。

企业与其他企业、个人在境内共同接受非应税劳务发生的支出，采取分摊方式的，企业以发票外的其他外部凭证和分割单作为税前扣除凭证，共同接受非应税劳务的其他企业以企业开具的分割单作为税前扣除凭证。

企业租用（包括企业作为单一承租方租用）办公、生产用房等资产发生的水、电、燃气、冷气、暖气、通信线路、有线电视、网络等费用，出租方作为应税项目开具发票的，企业以发票作为税前扣除凭证；出租方采取分摊方式的，企业以出租方开具的其他外部凭证作为税前扣除凭证。

④不得税前扣除的凭证。企业取得私自印制、伪造、变造、作废、开票方非法取得、虚开、填写不规范等不符合规定的发票（以下简称“不合规发票”），以及取得不符合国家法律、法规等相关规定的其他外部凭证（以下简称“不合规其他外部凭证”），不得作为税前扣除凭证。

2. 操作要点。

（1）税前扣除凭证取得时间。企业应在当年度企业所得税法规定的汇算清缴期结束前取得税前扣除凭证。

企业应将与税前扣除凭证相关的资料，包括合同协议、支出依据、付款凭证等留存备查，以证实税前扣除凭证的真实性。

（2）财务人员应加强对发票真实性和合规性的审核。

①企业的经办人员应该对所取得发票的真实性和合规性负责，真实性是指开具的发票应是真实发生的业务，合规性包括发票本身、发票开具以及发票来源的合规性，如果取得的发票不是源于真实的业务，或者取得的发票不符合规定，都不能用于财务报销、税前扣除、抵扣税款和出口退税等。

②财务人员对于报销的凭证应审核其真实性和合规性。审核时应核对合同、出入库单或相关审批手续等证明该项业务真实性的资料，并对业务部门取得发票的内容、形式等提出具体要求。

③不合规发票主要包括：

a. 发票本身不符合规定。按规定应取得发票，但以白条或使用空白纸张制作的收付款凭证，如内部结算凭证，往来款收据等代替；伪造的假发票；已经作废的发票。

b. 发票的开具不符合规定。需填写的项目不齐全，内容不真实，字迹不清晰，大小写金额不符，没有填开公司全称的发票等。

c. 发票的来源不符合规定。不是实际销售方提供的发票，而是由第三方开具的发票，或者购买的虚假发票。

三、税收优惠

（一）加速折旧

1. 政策规定。

（1）《财政部 税务总局关于设备、器具扣除有关企业所得税政策的通知》（财税〔2018〕54 号）规定：

"一、企业在 2018 年 1 月 1 日至 2020 年 12 月 31 日期间新购进的设备、器具，单位价值不超过 500 万元的，允许一次性计入当期成本费用在计算应纳税所得额时扣除，不再分年度计算折旧；单位价值超过 500 万元的，仍按企业所得税法实施条例、《财政部 国家税务总局关于完善固定资产加速折旧企业所得税政策的通知》（财税〔2014〕75 号）、《财政部 国家税务总局关于进一步完善固定资产加速折旧企业所得税政策的通知》（财税〔2015〕106 号）等相关规定执行。"

（2）《国家税务总局关于设备 器具扣除有关企业所得税政策执行问题的公告》（国家税务总局公告 2018 年第 46 号）规定：

"根据《中华人民共和国企业所得税法》及其实施条例（以下简称企业所得税法及其实施条例）、《财政部 税务总局关于设备 器具扣除有关企业所得税政策的通知》（财税〔2018〕54 号）规定，现就设备、器具扣除有关企业所得税政策执行问题公告如下：（依据财政部 税务总局公告 2021 年第 6 号 财政部 税务总局关于延长部分税收优惠政策执行期限的公告，财税〔2018〕54 号税收优惠政策执行期限延长至 2023 年 12 月 31 日）

一、企业在 2018 年 1 月 1 日至 2020 年 12 月 31 日期间新购进的设备、器具，单位价值不超过 500 万元的，允许一次性计入当期成本费用在计算应纳税所得额时扣除，不再分年度计算折旧（以下简称一次性税前扣除政策）。

（一）所称设备、器具，是指除房屋、建筑物以外的固定资产（以下简称固定资产）；所称购进，包括以货币形式购进或自行建造，其中以货币形式购进的固定资产包括购进的使用过的固定资产；以货币形式购进的固定资产，以购买价款和支付的相关税费以及直接归属于使该资产达到预定用途发生的其他支出确定单位价值，自行建造的固定资产，以竣工结算前发生的支出确定单位价值。

（二）固定资产购进时点按以下原则确认：以货币形式购进的固定资产，除采取分期付款或赊销方式购进外，按发票开具时间确认；以分期付款或赊销方式购进的固定资产，按固定资产到货时间确认；自行建造的固定资产，按竣工结算时间确认。

二、固定资产在投入使用月份的次月所属年度一次性税前扣除。

三、企业选择享受一次性税前扣除政策的，其资产的税务处理可与会计处理不一致。

四、企业根据自身生产经营核算需要，可自行选择享受一次性税前扣除政策。未选择享受一次性税前扣除政策的，以后年度不得再变更。

五、企业按照《国家税务总局关于发布修订后的〈企业所得税优惠政策事项办理办法〉的公告》（国家税务总局公告 2018 年第 23 号）的规定办理享受政策的相关手续，主要留存备查资料如下：

（一）有关固定资产购进时点的资料（如以货币形式购进固定资产的发票，以分期付款或赊销方式购进固定资产的到货时间说明，自行建造固定资产的竣工决算情况说明等）；

（二）固定资产记账凭证；

（三）核算有关资产税务处理与会计处理差异的台账。

六、单位价值超过 500 万元的固定资产，仍按照企业所得税法及其实施条例、《财政部 国家税务总局关于完善固定资产加速折旧企业所得税政策的通知》（财税〔2014〕75 号）、《财政部 国家税务总局关于进一步完善固定资产加速折旧企业所得税政策的通知》（财税〔2015〕106 号）、《国家税务总局关于固定资产加速折旧税收政策有关问题的公告》（国家税务总局公告 2014 年第 64 号）、《国家税务总局关于进一步完善固定资产加速折旧企业所得税政策有关问题的公告》（国家税务总局公告 2015 年第 68 号）等相关规定执行。”

2. 操作要点。

（1）企业如果处于税收减免期或亏损弥补期，不宜采用加速折旧和缩短折旧年限的方法。

（2）企业采用缩短年限方法已足额提取折旧的固定资产，提足折旧后继续使用超过 12 个月，不做报废清理处理的，企业重新替代、改造改建后形成的功能相同或者类似的固定资产，不得再采取缩短折旧年限的方法计提固定资产折旧。

（3）若企业选择采用上述单位价值 500 万元以下固定资产加速折旧方法，应另外做一个享受加速折旧的固定资产台账，注意会计折旧与税法折旧的差异，并做相应的纳税调整。

（4）建议企业按固定资产加速折旧台账所登记的资产顺序建议单独的文件夹，存放每个资产购进的发票、记账凭证、购入的如果是已使用过的固定资产，则应增加已使用年限的相关说明、核算有关资产税法与会计差异的台账等相关资料留存备查，以备税务机关日后检查。

（二）残疾人员工资加计扣除

1. 政策规定。

《财政部 国家税务总局关于安置残疾人员就业有关企业所得税优惠政策问题的通知》（财税〔2009〕70 号）规定：

企业安置残疾人员的，在按照支付给残疾职工工资据实扣除的基础上，可以在计算应纳税所得额时按照支付给残疾职工工资的 100% 加计扣除。

企业就支付给残疾职工的工资，在进行企业所得税预缴申报时，允许据实计算扣除；在年度终了进行企业所得税年度申报和汇算清缴时，再依照上述规定计算加计扣除。

残疾人员的范围适用《中华人民共和国残疾人保障法》的有关规定。

2. 操作要点。

（1）企业适用残疾人员工资加计扣除应具备以下条件：

①依法与安置的每位残疾人签订了 1 年以上（含 1 年）的劳动合同或服务协议，并且安置的每位残疾人在企业实际上岗工作。“劳动合同或服务协议”，包括全日制工资发放形式和非全日制工资发放形式劳动合同或服务协议。

②为安置的每位残疾人按月足额缴纳了企业所在区县人民政府根据国家政策规定的基本养老保险、基本医疗保险、失业保险和工伤保险等

社会保险。“基本养老保险”和“基本医疗保险”是指“职工基本养老保险”和“职工基本医疗保险”，不含“城镇居民社会养老保险”“新型农村社会养老保险”“城镇居民基本医疗保险”和“新型农村合作医疗”。

③定期通过银行等金融机构向安置的每位残疾人实际支付了不低于企业所在区县适用的经省级人民政府批准的最低工资标准的工资。

④具备安置残疾人上岗工作的基本设施。

⑤自 2015 年 9 月 1 日起，以劳务派遣形式就业的残疾人，属于劳务派遣单位的职工。劳务派遣单位可享受相关税收优惠政策。安置残疾人的机关事业单位以及由机关事业单位改制后的企业，为残疾人缴纳的机关事业单位养老保险，属于《通知》第五条第（三）款规定的“基本养老保险”范畴，可按规定享受相关税收优惠政策。

（2）主要留存备查资料。

①为安置的每位残疾人按月足额缴纳了企业所在区县人民政府根据国家政策规定的基本养老保险、基本医疗保险、失业保险和工伤保险等社会保险证明资料；

②通过非现金方式支付工资薪酬的证明；

③安置残疾职工名单及其《残疾人证》或《残疾军人证》；

④与残疾人员签订的劳动合同或服务协议。

（三）小型微利企业税收优惠

《财政部 税务总局关于实施小型微利企业普惠性税收减免政策的通知》（财税〔2019〕13 号）规定：

“二、对小型微利企业年应纳税所得额不超过 100 万元的部分，减按 25% 计入应纳税所得额，按 20% 的税率缴纳企业所得税；对年应纳税所得额超过 100 万元但不超过 300 万元的部分，减按 50% 计入应纳税所得额，按 20% 的税率缴纳企业所得税。

上述小型微利企业是指从事国家非限制和禁止行业，且同时符合年度应纳税所得额不超过 300 万元、从业人数不超过 300 人、资产总额不超过 5 000 万元等三个条件的企业。

从业人数，包括与企业建立劳动关系的职工人数和企业接受的劳务派遣用工人数。所称从业人数和资产总额指标，应按企业全年的季度平均值确定。具体计算公式如下：

季度平均值 =（季初值 + 季末值）÷2

全年季度平均值 = 全年各季度平均值之和 ÷4

年度中间开业或者终止经营活动的，以其实际经营期作为一个纳税年度确定上述相关指标。”

《关于进一步实施小微企业所得税优惠政策的公告》（财政部 税务总局公告 2022 年第 13 号）规定：

“一、对小型微利企业年应纳税所得额超过 100 万元但不超过 300 万元的部分，减按 25% 计入应纳税所得额，按 20% 的税率缴纳企业所得税。

二、本公告所称小型微利企业，是指从事国家非限制和禁止行业，且同时符合年度应纳税所得额不超过 300 万元、从业人数不超过 300 人、资产总额不超过 5 000 万元等三个条件的企业。

从业人数，包括与企业建立劳动关系的职工人数和企业接受的劳务派遣用工人数。所称从业人数和资产总额指标，应按企业全年的季度平均值确定。具体计算公式如下：

季度平均值 =（季初值 + 季末值）÷2

全年季度平均值 = 全年各季度平均值之和 ÷4

年度中间开业或者终止经营活动的，以其实际经营期作为一个纳税年度确定上述相关指标。

三、本公告执行期限为 2022 年 1 月 1 日至 2024 年 12 月 31 日。”

《关于实施小微企业和个体工商户所得税优惠政策的公告》（财政部 税务总局公告 2021 年第 12 号）规定：

“一、对小型微利企业年应纳税所得额不超过 100 万元的部分，在《财政部 税务总局关于实施小微企业普惠性税收减免政策的通知》（财税〔2019〕13 号）第二条规定的优惠政策基础上，再减半征收企业所得税。

二、对个体工商户年应纳税所得额不超过 100 万元的部分，在现行优惠政策基础上，减半征收个人所得税。”

第九章

土地增值税清算

第一节　土地增值税前期准备工作

一、土地增值税清算条件

（一）税收政策

1. 全国性政策。

《国家税务总局关于印发〈土地增值税清算管理规程〉的通知》（国税发〔2009〕91号）规定：

“第九条　纳税人符合下列条件之一的，应进行土地增值税的清算。

（一）房地产开发项目全部竣工、完成销售的；

（二）整体转让未竣工决算房地产开发项目的；

（三）直接转让土地使用权的。

第十条　符合以下条件之一的，主管税务机关可要求纳税人进行土地增值税清算。

（一）已竣工验收的房地产开发项目，已转让的房地产建筑面积占整个项目可售建筑面积的比例在85%以上，或该比例虽未超过85%，但剩余的可售建筑面积已经出租或自用的；

（二）取得销售（预售）许可证满三年仍未销售完毕的；

（三）纳税人申请注销税务登记但未办理土地增值税清算手续的；

（四）省（自治区、直辖市、计划单列市）税务机关规定的其他情况。

对前款所列第（三）项情形，应在办理注销登记前进行土地增值税清算。”

2. 北京市政策。

《北京市地方税务局土地增值税清算管理规程》（北京市地方税务局2016年第7号公告）规定：

“第十二条　符合下列情况之一的，纳税人应到主管税务机关办理土地增值税清算手续：

（一）全部竣工并销售完毕的房地产开发项目。

（二）整体转让未竣工的房地产开发项目。

（三）直接转让土地使用权的项目。

（四）纳税人申请注销税务登记的房地产开发项目。

第十三条　符合下列情况之一的，主管税务机关可要求纳税人进行土地增值税清算：

（一）纳税人开发的房地产开发项目已竣工，且已转让的房地产建筑面积（含视同销售房地产）占项目全部可转让建筑面积在85%以上的，或该比例虽未超过85%，但剩余的可售建筑面积已经出租或自用1年以上的。

（二）取得销售（预售）许可证满3年仍未销售完毕的。”

（二）操作要点

1. 根据目前各地区土地增值税清算的情况，在项目达到“应清算”条件之前，主管税务机关会按照“可清算”条件下达清算通知书，要求各项目进行土地增值税清算。

关于未按规定进行清算申报的，税务机关可按照《税收征收管理法》第三十五条采取核定征收方式核定其应纳税额，也可以按照第六十二、第六十四等条款对违法的纳税人实施行政处罚、追缴税款滞纳金及罚款。但实际操作中，各地税务机关执行力度不一。各地区可根据各省税收政策及执行情况判断清算申报及税款入库的时间，避免被要求进行核定征收和出现处罚、滞纳金及罚款等情况，降低税收风险。

2. 收到土地增值税清算通知书或税务局要求进行土地增值税清算的项目公司，应在收到通知书 7 日内，统计土地增值税清算项目未取得发票明细和清算项目结算情况，督促相关业务部门及时完成清算单位（分期、楼栋）的结算工作，在收到清算通知书 90 天内（或税务局允许土地增值税扣除的期限内）全额取得成本发票，保证清算单位成本能足额扣除，避免因结算滞后及未取得成本发票导致土地增值税清算缴纳大额土地增值税的情况。

二、土地增值税清算单位及产品分类

各项目公司大部分为同时或滚动开发多个项目或多个项目分期，在一个项目和分期同时开发不同类型的房地产，确定清算单位与产品分类是土地增值税清算的前提条件。

（一）税收政策

1. 全国性政策。

（1）《国家税务总局关于房地产开发企业土地增值税清算管理有关问题的通知》（国税发〔2006〕187 号）规定：

“一、土地增值税的清算单位

土地增值税以国家有关部门审批的房地产开发项目为单位进行清算，对于分期开发的项目，以分期项目为单位清算。

开发项目中同时包含普通住宅和非普通住宅的，应分别计算增值额。”

（2）《国家税务总局关于印发〈土地增值税清算管理规程〉的通知》（国税发〔2009〕91 号）规定：

“第十二条　纳税人清算土地增值税时应提供的清算资料

（一）土地增值税清算表及其附表（参考表样见附件，各地可根据本地实际情况制定）。

（二）房地产开发项目清算说明，主要内容应包括房地产开发项目立项、用地、开发、销售、关联方交易、融资、税款缴纳等基本情况及主管税务机关需要了解的其他情况。

（三）项目竣工决算报表、取得土地使用权所支付的地价款凭证、国有土地使用权出让合同、银行贷款利息结算通知单、项目工程合同结算单、商品房购销合同统计表、销售明细表、预售许可证等与转让房地产的收入、成本和费用有关的证明资料。主管税务机关需要相应项目记账凭证的，纳税人还应提供记账凭证复印件。

（四）纳税人委托税务中介机构审核鉴证的清算项目，还应报送中介机构出具的《土地增值税清算税款鉴证报告》。”

2. 北京市、重庆市、四川省政策。

（1）北京市政策。

①《北京市地方税务局土地增值税清算管理规程》（北京市地方税务局2016年第7号公告）规定：

“第六条　房地产开发项目应以国家有关部门审批、备案的项目为单位进行日常管理和清算（以下简称清算单位）。

对于分期开发的项目，可以结合项目实际情况及相关材料进行判定，以确定的分期建设项目作为清算单位。”

②《北京市地方税务局关于土地增值税清算管理若干问题的通知》（京地税地〔2007〕325号）规定：

“三、一个房地产开发项目中包括不同商品房类型的，应将整体项目作为清算对象。如需在普通住宅与其他商品房、清税面积与未清税面积之间分摊成本的，原则上应按建筑面积计算分摊。

四、对于一个房地产开发项目，在开发过程中分期建设、分期取得施工许可证和销售许可证的，主管地方税务机关可以根据实际情况要求纳税人分期进行清算。”

（2）重庆市政策。

《重庆市地方税务局关于土地增值税若干政策执行问题的公告》（重庆市地方税务局公告2014年第9号）规定：

“一、房地产项目清算有关规定

（一）清算单位

房地产开发以规划主管部门审批的用地规划项目为清算单位。用地规划项目实施开发工程规划分期的，可选择以工程规划项目（分期）为清算单位。”

“（二）清算分类

清算单位中建造多类房产的，应按普通住宅、非普通住宅、非住宅，确认计税收入、扣除项目金额，分别计算增值额和土地增值税。”

（3）四川省政策。

《国家税务总局四川省税务局关于土地增值税清算单位等有关问题的公告》（国家税务总局四川省税务局公告 2020 年第 13 号）规定：

“一、关于土地增值税的清算单位

土地增值税以城市规划行政主管部门颁发的《建设工程规划许可证》所确认的房地产开发项目为清算单位。

二、关于同一清算单位中清算类型的划分

同一清算单位中同时包含多种房地产类型的，应按普通标准住宅、非普通标准住宅、非住宅三种类型分别计算增值额、增值率，并据此申报土地增值税。

三、关于共同成本费用的分摊

纳税人分期分批开发房地产项目或同时开发多个房地产项目，各清算项目取得土地使用权所支付的金额，按照占地面积法（即转让土地使用权的面积占可转让土地使用权总面积的比例）进行分摊；其他共同发生的成本费用，按照建筑面积法（即转让的建筑面积占可转让总建筑面积的比例）进行分摊。

同一清算单位内包含不同类型房地产的，其共同发生的成本费用按照建筑面积法进行分摊。”

（二）操作要点

一般情况下，土地增值税按项目分期作为清算单位，产品类型分为“普通标准住宅”及“其他”两个类型或者“普通标准住宅”“非普通标准住宅”及“其他/非住宅”三个类型。各省税务机关均有就本省土地增值税清算单位和产品分类做出规定，各地区项目公司清算土地增值税时应按照当地税务机关的规定确定清算单位和划分产品类型，对于国家税务总局及当地税务机关没有明确或存在争议的事项，可与税务机关争取以有利于清算的方案进行划分。

在实务中确认清算单位面积时，项目公司应取得清算项目的商品房销售（预售）许可证、实测面积报告，确认项目的建筑面积、可售面积、不可售面积；确认普通标准住宅、非普通标准住宅、商业、车库等不同产品类型的面积。同时需要注意以下事项：

1. 当地税务机关要求普通标准住宅认定需进行审核或备案的，需及时报送资料进行备案。

2. 清算项目的建筑面积应包含所有清算范围内开发产品，若有部分开发产品如地下车库无实测报告，应根据其他资料确认面积如总平面图、预测报告、规划证等。

3. 认真复核可售面积，以下公共配套面积应作为不可售面积栋内未分摊至户室面积的风机房、配电间、消防控制室，公共厕所、垃圾站，产权归全体业主所有的物业管理用房，产权需无偿移交给政府的幼儿园、小学等。

4. 车位计算土地增值税的，若当地税务机关认可且有利于清算的，可争取车位按线内面积计入可售面积，地下车库的过道等线外面积作为不可售面积。

三、土地增值税清算所需资料

（一）税收政策

1. 全国性政策。

《国家税务总局关于房地产开发企业土地增值税清算管理有关问题的通知》（国税发〔2006〕187 号）规定：

“五、土地增值税清算应报送的资料

符合本通知第二条第（一）项规定的纳税人，须在满足清算条件之日起 90 日内到主管税务机关办理清算手续；符合本通知第二条第（二）项规定的纳税人，须在主管税务机关限定的期限内办理清算手续。

纳税人办理土地增值税清算应报送以下资料：

（一）房地产开发企业清算土地增值税书面申请、土地增值税纳税申报表；

（二）项目竣工决算报表、取得土地使用权所支付的地价款凭证、国有土地使用权出让合同、银行贷款利息结算通知单、项目工程合同结算单、商品房购销合同统计表等与转让房地产的收入、成本和费用有关的证明资料；

（三）主管税务机关要求报送的其他与土地增值税清算有关的证明资料等。

纳税人委托税务中介机构审核鉴证的清算项目，还应报送中介机构出具的《土地增值税清算税款鉴证报告》。”

2. 北京市、四川省政策。

(1) 北京市政策。

《北京市地方税务局土地增值税清算管理规程》(北京市地方税务局2016年第7号公告) 规定:

"第十八条　纳税人在办理清算申请手续时，应按要求报送有关资料，并填写《土地增值税清算材料要求及清单》(见附件5):

(一) 项目竣工清算报表，当期财务会计报表 (包括：损益表、主要开发产品 (工程) 销售明细表、已完工开发项目成本表) 等。

(二) [条款废止] 国有土地使用权证书。

(三) 取得土地使用权时所支付的地价款有关证明凭证及国有土地使用权出让或转让合同。

(四) 房地产项目的预算、概算书、项目工程合同结算单。

(五) 能够按房地产项目支付贷款利息的有关证明及借款合同。

(六) 销售商品房有关证明资料，以商品房购销合同统计表并加盖公章的形式，包含：销售项目栋号、房间号、销售面积、销售收入、用途等。

(七) 清算项目的工程竣工验收报告。

(八) 清算项目的销售许可证。

(九) 与转让房地产有关的完税凭证，包括：已缴纳的营业税、城市维护建设税、教育费附加、地方教育附加等。

(十)《鉴证报告》或《清算报告》。

(十一)《土地增值税纳税申报表 (二)》。

(十二) 税务机关要求报送的其他与清算有关的证明资料等。"

注释：第十八条 (二) 条款废止，参见《国家税务总局北京市税务局关于部分废止税收规范性文件的公告》(国家税务总局北京市税务局公告2019年第2号)

(2) 四川省政策。

《国家税务总局 四川省税务局关于土地增值税清算单位等有关问题的公告》(国家税务总局四川省税务局公告2020年第13号) 规定:

"六、关于《土地增值税清算管理规程》的适用范围

所有房地产开发项目，不论其开发主体是企业、单位还是个人，均应按照《国家税务总局关于印发〈土地增值税清算管理规程〉的通知》(国税发〔2009〕91号) 申报缴纳并清算土地增值税。"

（二）操作要点

1. 除文件要求报送的资料外，纳税人根据当地主管税务机关的要求，可能还应提供：开发项目立项批复（发改局文件），建设用地规划许可证、建设工程规划许可证（发证机关：规划部门），土地使用证（发证机关：国土部门），总平面规划设计图（总平面布置图）及分层平面规划图（设计部门），建筑工程施工许可证（发证机关：建设部门），工程变更设计单、现场签证单，工程监理报告等监理资料（工程监理部门），测绘报告及房屋分户（室）面积测绘明细表（房屋测绘部门），房屋建筑工程和市政基础设施工程竣工验收备案文档（建筑工程监督部门）等。

2. 各项目公司准备的土地增值税清算资料在提供给税务机关前，应认真核对资料的准确性和完整性，避免因基础数据错误导致土地增值税税款计算错误的情况。

3. 除本项目与本次清算相关的资料外，不应提供其他资料。

4. 提交主管税务机关的资料，各项目公司应严格把控涉税风险。

5. 提醒市场开发部及时办理新增地块立项批复，避免清算过程中税务局不认可土地成本的情况。

第二节　土地增值税清算过程及方法

一、确认清算收入总额

（一）税收政策

1. 全国性政策。

（1）《国家税务总局关于印发〈土地增值税清算鉴证业务准则〉的通知》（国税发〔2007〕132 号）规定：

“第十九条　本准则所称清算项目的收入，是指转让国有土地使用权、地上的建筑物及其附着物（以下简称房地产）并取得的全部价款及有关的经济收益，包括货币收入、实物收入和其他收入。”

“第二十五条　对纳税人按县级以上人民政府的规定在售房时代收的各项费用，应区分不同情形分别处理：

（一）代收费用计入房价向购买方一并收取的，应将代收费用作为转让房地产所取得的收入计税。实际支付的代收费用，在计算扣除项目金额时，可予以扣除，但不允许作为加计扣除的基数。

（二）代收费用在房价之外单独收取且未计入房地产价格的，不作为转让房地产的收入，在计算增值额时不允许扣除代收费用。”

（2）《国家税务总局关于土地增值税清算有关问题的通知》（国税函〔2010〕220 号）规定：

“一、关于土地增值税清算时收入确认的问题

土地增值税清算时，已全额开具商品房销售发票的，按照发票所载金额确认收入；未开具发票或未全额开具发票的，以交易双方签订的销售合同所载的售房金额及其他收益确认收入。销售合同所载商品房面积与有关部门实际测量面积不一致，在清算前已发生补、退房款的，应在计算土地增值税时予以调整。”

（3）《国家税务总局关于营改增后土地增值税若干征管规定的公告》（国家税务总局公告 2016 年第 70 号）规定：

“一、关于营改增后土地增值税应税收入确认问题

营改增后，纳税人转让房地产的土地增值税应税收入不含增值税。适用增值税一般计税方法的纳税人，其转让房地产的土地增值税应税收入不含增值税销项税额；适用简易计税方法的纳税人，其转让房地产的土地增值税应税收入不含增值税应纳税额。

为方便纳税人，简化土地增值税预征税款计算，房地产开发企业采取预收款方式销售自行开发的房地产项目的，可按照以下方法计算土地增值税预征计征依据：

土地增值税预征的计征依据 = 预收款 - 应预缴增值税税款

二、关于营改增后视同销售房地产的土地增值税应税收入确认问题

纳税人将开发产品用于职工福利、奖励、对外投资、分配给股东或投资人、抵偿债务、换取其他单位和个人的非货币性资产等，发生所有权转移时应视同销售房地产，其收入应按照《国家税务总局关于房地产开发企业土地增值税清算管理有关问题的通知》（国税发〔2006〕187 号）第三条规定执行。纳税人安置回迁户，其拆迁安置用房应税收入和扣除项目的确认，应按照《国家税务总局关于土地增值税清算有关问题的通知》（国税函〔2010〕220 号）第六条规定执行。”

(4)《国家税务总局关于印发〈土地增值税清算管理规程〉的通知》(国税发〔2009〕91号)规定:

“第十八条　审核收入情况时,应结合销售发票、销售合同(含房管部门网上备案登记资料)、商品房销售(预售)许可证、房产销售分户明细表及其他有关资料,重点审核销售明细表、房地产销售面积与项目可售面积的数据关联性,以核实计税收入;对销售合同所载商品房面积与有关部门实际测量面积不一致,而发生补、退房款的收入调整情况进行审核;对销售价格进行评估,审核有无价格明显偏低情况。

必要时,主管税务机关可通过实地查验,确认有无少计、漏计事项,确认有无将开发产品用于职工福利、奖励、对外投资、分配给股东或投资人、抵偿债务、换取其他单位和个人的非货币性资产等情况。

第十九条　非直接销售和自用房地产的收入确定

(一)房地产开发企业将开发产品用于职工福利、奖励、对外投资、分配给股东或投资人、抵偿债务、换取其他单位和个人的非货币性资产等,发生所有权转移时应视同销售房地产,其收入按下列方法和顺序确认:

1. 按本企业在同一地区、同一年度销售的同类房地产的平均价格确定;

2. 由主管税务机关参照当地当年、同类房地产的市场价格或评估价值确定。”

(5)《国家税务总局关于房地产开发企业土地增值税清算管理有关问题的通知》(国税发〔2006〕187号)规定:

“三、非直接销售和自用房地产的收入确定

(一)房地产开发企业将开发产品用于职工福利、奖励、对外投资、分配给股东或投资人、抵偿债务、换取其他单位和个人的非货币性资产等,发生所有权转移时应视同销售房地产,其收入按下列方法和顺序确认:

1. 按本企业在同一地区、同一年度销售的同类房地产的平均价格确定;

2. 由主管税务机关参照当地当年、同类房地产的市场价格或评估价值确定。

(二)房地产开发企业将开发的部分房地产转为企业自用或用于出租

等商业用途时，如果产权未发生转移，不征收土地增值税，在税款清算时不列收入，不扣除相应的成本和费用。”

(6) 国家税务总局关于印发《土地增值税清算管理规程》的通知(国税发〔2009〕91 号）规定：

“第二十八条　代收费用的审核。

对于县级以上人民政府要求房地产开发企业在售房时代收的各项费用，审核其代收费用是否计入房价并向购买方一并收取；当代收费用计入房价时，审核有无将代收费用计入加计扣除以及房地产开发费用计算基数的情形。”

(7)《财政部、国家税务总局关于土地增值税一些具体问题规定的通知》(财税字〔1995〕48 号）规定：

“六、关于地方政府要求房地产开发企业代收的费用如何计征土地增值税的问题

对于县级及县级以上人民政府要求房地产开发企业在售房时代收的各项费用，如果代收费用是计入房价中向购买方一并收取的，可作为转让房地产所取得的收入计税；如果代收费用未计入房价中，而是在房价之外单独收取的，可以不作为转让房地产的收入。

对于代收费用作为转让收入计税的，在计算扣除项目金额时，可予以扣除，但不允许作为加计 20% 扣除的基数；对于代收费用未作为转让房地产的收入计税的，在计算增值额时不允许扣除代收费用。”

2. 北京市政策。

①《北京市地方税务局关于发布〈北京市地方税务局土地增值税清算管理规程〉的公告》(北京市地方税务局公告 2016 年第 7 号）规定：

“第二十九条　纳税人转让房地产的收入包括转让房地产的全部价款及有关的经济收益。土地增值税纳税人转让房地产取得的收入为不含增值税收入。主管税务机关应根据纳税人报送的清算资料，结合发票、普通住宅明细表和其他类型房地产明细表、商品房预售（销售）许可证、测绘成果资料，核实房地产转让收入。具体确认方式如下：

(一) 土地增值税清算时，已全额开具发票的，按照发票所载金额确认收入；未开具发票或未全额开具发票的，以交易双方签订的销售合同所载的售房金额及其他收益确认收入。销售合同所载商品房面积与有关部门实际测量面积不一致，在清算前已发生补、退房款的，应在计算土

地增值税时予以调整。

（二）纳税人将房地产用于职工福利、奖励、对外投资、分配给股东或投资人、抵偿债务、换取其他单位和个人的非货币性资产等，发生权属转移时应视同销售房地产，其收入按下列方法和顺序确认：

1. 纳税人按本企业在同一地区、同一年度销售的同类房地产的平均价格确定；

2. 由税务机关参照当地当年、同类房地产的市场价格或评估价值确定。

（三）对于纳税人转让房地产的成交价格明显偏低的，税务机关应要求纳税人提供书面说明。若成交价格明显偏低又无正当理由的，税务机关参照本条第二款规定的方法或房地产评估价值确定。

（四）纳税人将房地产转为企业自用或用于出租时，如果产权未发生转移，不征收土地增值税，在税款清算时不列收入，不扣除相应的成本和费用。”

“第三十八条　对于县级及县级以上人民政府要求纳税人在售房时代收的各项费用，如果计入房价中向购买方一并收取的，可作为转让房地产所取得的收入计税；如果代收费用是在房价之外单独收取的，可以不作为转让房地产的收入。对于代收费用作为转让收入计税的，在计算扣除项目金额时，可予以扣除，但不允许作为加计 20% 扣除的基数；对于代收费用未作为转让房地产的收入计税的，在计算扣除项目金额时不允许扣除代收费用。”

（二）操作要点

1. 收入核对。

（1）面积核对。核对收入台账（明细表）：收入台账的建筑面积需与销售合同、实测报告（预测报告）核对一致，对销售合同所载商品房面积与有关部门实际测量面积不一致，而发生补、退房款的收入调整必须正确，按调整后的金额作为清算收入。

（2）金额核对。销售单价及总价需与销售合同、销售发票进行核对。

（3）账面核对。已收款及应收款金额与会计报表、明细账进行核对，保证数据正确。

2. 代收费用是否需作为转让房地产收入计税。项目公司销售不动产过程中收取的代收费用，如天然气初装费、有线电视初装费等收益，如果与房款一起收取的，按税法规定应作为清算收入，其对应的成本也可以列支。

3. 关注销售价格有无明显偏低。《土地增值税暂行条例》第九条规定："纳税人有下列情形之一的，按照房地产评估价格计算征收……（三）转让房地产的成交价格低于房地产评估价格，又无正当理由的"；国税发〔2009〕91 号文件第三十四条规定，"在土地增值税清算中符合以下条件之一的，可实行核定征收……（五）申报的计税依据明显偏低，又无正当理由的"。

但是如何判定价格是否"明显偏低，同时又无无正当理由"，税务局总局关于土地增值税的相关文件中均未明确。一般情况下，可参照法释〔2009〕5 号文件中最高人民法院关于适用《中华人民共和国合同法》若干问题的解释（二）第十九条规定"对于合同法第七十四条规定的'明显不合理的低价'……转让价格达不到交易时交易地的指导价或者市场交易价百分之七十的，一般可以视为明显不合理的低价……"。

对于是否无正当理由，可以参照《企业所得税实施条例》中将"不具有合理商业目的"解释为"以减少、免除或者推迟缴纳税款为主要目的"。项目公司销售价格是根据当期销售市场及产品特定情况确定，并不是故意避税，不是以免除或推迟缴纳税款为目的，向税局提供项目公司销售价格具有合理商业目的相关资料。

4. 视同销售收入确认。房地产开发企业将开发产品用于职工福利、奖励、对外投资、分配给股东或投资人、抵偿债务、换取其他单位和个人的非货币性资产等，发生所有权转移时应视同销售房地产，其收入按下列方法和顺序确认：

（1）按本企业在同一地区、同一年度销售的同类房地产的平均价格确定；

（2）由主管税务机关参照当地当年、同类房地产的市场价格或评估价值确定。

5. 安置回迁户收入的确认。房地产企业用建造的本项目房地产安置回迁户的，安置用房视同销售处理。

6. 自用房地产收入确定。房地产开发企业将开发的部分房地产转为企业自用或用于出租等商业用途时，如果产权未发生转移，不征收土地增值税，在税款清算时不列收入，不扣除相应的成本和费用。

二、确认扣除项目金额

（一）税收政策

1. 全国性政策。

(1)《中华人民共和国土地增值税暂行条例》规定：

“第六条　计算增值额的扣除项目：

（一）取得土地使用权所支付的金额；

（二）开发土地的成本、费用；

（三）新建房及配套设施的成本、费用，或者旧房及建筑物的评估价格；

（四）与转让房地产有关的税金；

（五）财政部规定的其他扣除项目。”

(2)《中华人民共和土地增值税暂行条例实施细则》（财法字〔1995〕6号）规定：

“第七条　条例第六条所列的计算增值额的扣除项目，具体为：

（一）取得土地使用权所支付的金额，是指纳税人为取得土地使用权所支付的地价款和按国家统一规定交纳的有关费用。

（二）开发土地和新建房及配套设施（以下简称房增开发）的成本，是指纳税人房地产开发项目实际发生的成本（以下简称房增开发成本），包括土地征用及拆迁补偿费、前期工程费、建筑安装工程费、基础设施费、公共配套设施费、开发间接费用。

土地征用及拆迁补偿费，包括土地征用费、耕地占用税、劳动力安置费及有关地上、地下附着物拆迁补偿的净支出、安置动迁用房支出等。

前期工程费，包括规划、设计、项目可行性研究和水文、地质、勘察、测绘、‘三通一平’等支出。

建筑安装工程费，是指以出包方式支付给承包单位的建筑安装工程费，以自营方式发生的建筑安装工程费。

基础设施费，包括开发小区内道路、供水、供电、供气、排污、排洪、通讯、照明、环卫、绿化等工程发生的支出。

公共配套设施费，包括不能有偿转让的开发小区内公共配套设施发生的支出。

开发间接费用，是指直接组织、管理开发项目发生的费用，包括工资、职工福利费、折旧费、修理费、办公费、水电费、劳动保护费、周转房摊销等。

（三）开发土地和新建房及配套设施的费用（以下简称房地产开发费用），是指与房地产开发项目有关的销售费用、管理费用、财务费用。

财务费用中的利息支出，凡能够按转让房地产项目计算分摊并提供金融机构证明的，允许据实扣除，但最高不能超过按商业银行同类同期贷款利率计算的金额。其他房地产开发费用，按本条（一）、（二）项规定计算的金额之和的5%以内计算扣除。

凡不能按转让房地产项目计算分摊利息支出或不能提供金融机构证明的，房地产开发费用按本条（一）、（二）项规定计算的金额之和的10%以内计算扣除。

上述计算扣除的具体比例，由各省、自治区、直辖市人民政府规定。

（四）旧房及建筑物的评估价格，是指在转让已使用的房屋及建筑物时，由政府批准设立的房地产评估机构评定的重置成本价乘以成新度折扣率后的价格。评估价格须经当地税务机关确认。

（五）与转让房地产有关的税金，是指在转让房地产时缴纳的营业税、城市维护建设税、印花税。因转让房地产交纳的教育费附加，也可视同税金予以扣除。

（六）根据条例第六条（五）项规定，对从事房地产开发的纳税人可按本条（一）、（二）项规定计算的金额之和，加计20%的扣除。”

（3）《国家税务总局关于土地增值税清算有关问题的通知》（国税函〔2010〕220号）规定：

“二、房地产开发企业未支付的质量保证金，其扣除项目金额的确定问题

房地产开发企业在工程竣工验收后，根据合同约定，扣留建筑安装施工企业一定比例的工程款，作为开发项目的质量保证金，在计算土地增值税时，建筑安装施工企业就质量保证金对房地产开发企业开具发票的，按发票所载金额予以扣除；未开具发票的，扣留的质保金不得计算扣除。

三、房地产开发费用的扣除问题

（一）财务费用中的利息支出，凡能够按转让房地产项目计算分摊并提供金融机构证明的，允许据实扣除，但最高不能超过按商业银行同类

同期贷款利率计算的金额。其他房地产开发费用，在按照‘取得土地使用权所支付的金额’与‘房地产开发成本’金额之和的5%以内计算扣除。

（二）凡不能按转让房地产项目计算分摊利息支出或不能提供金融机构证明的，房地产开发费用在按‘取得土地使用权所支付的金额’与‘房地产开发成本’金额之和的10%以内计算扣除。

全部使用自有资金，没有利息支出的，按照以上方法扣除。

上述具体适用的比例按省级人民政府此前规定的比例执行。

（三）房地产开发企业既向金融机构借款，又有其他借款的，其房地产开发费用计算扣除时不能同时适用本条（一）、（二）项所述两种办法。

（四）土地增值税清算时，已经计入房地产开发成本的利息支出，应调整至财务费用中计算扣除。

四、房地产企业逾期开发缴纳的土地闲置费的扣除问题

房地产开发企业逾期开发缴纳的土地闲置费不得扣除。

五、房地产开发企业取得土地使用权时支付的契税的扣除问题

房地产开发企业为取得土地使用权所支付的契税，应视同‘按国家统一规定交纳的有关费用’，计入‘取得土地使用权所支付的金额’中扣除。”

（4）《国家税务总局关于印发〈土地增值税清算管理规程〉的通知》（国税发〔2009〕91号）规定：

“第二十条　土地增值税扣除项目审核的内容包括：

（一）取得土地使用权所支付的金额。

（二）房地产开发成本，包括：土地征用及拆迁补偿费、前期工程费、建筑安装工程费、基础设施费、公共配套设施费、开发间接费用。

（三）房地产开发费用。

（四）与转让房地产有关的税金。

（五）国家规定的其他扣除项目。

第二十一条　审核扣除项目是否符合下列要求：

（一）在土地增值税清算中，计算扣除项目金额时，其实际发生的支出应当取得但未取得合法凭据的不得扣除。

（二）扣除项目金额中所归集的各项成本和费用，必须是实际发生的。

（三）扣除项目金额应当准确地在各扣除项目中分别归集，不得混淆。

（四）扣除项目金额中所归集的各项成本和费用必须是在清算项目开发中直接发生的或应当分摊的。

（五）纳税人分期开发项目或者同时开发多个项目的，或者同一项目中建造不同类型房地产的，应按照受益对象，采用合理的分配方法，分摊共同的成本费用。

（六）对同一类事项，应当采取相同的会计政策或处理方法。会计核算与税务处理规定不一致的，以税务处理规定为准。

第二十二条　审核取得土地使用权支付金额和土地征用及拆迁补偿费时应当重点关注：

（一）同一宗土地有多个开发项目，是否予以分摊，分摊办法是否合理、合规，具体金额的计算是否正确。

（二）是否存在将房地产开发费用记入取得土地使用权支付金额以及土地征用及拆迁补偿费的情形。

（三）拆迁补偿费是否实际发生，尤其是支付给个人的拆迁补偿款、拆迁（回迁）合同和签收花名册或签收凭证是否一一对应。

第二十三条　审核前期工程费、基础设施费时应当重点关注：

（一）前期工程费、基础设施费是否真实发生，是否存在虚列情形。

（二）是否将房地产开发费用记入前期工程费、基础设施费。

（三）多个（或分期）项目共同发生的前期工程费、基础设施费，是否按项目合理分摊。

第二十四条　审核公共配套设施费时应当重点关注：

（一）公共配套设施的界定是否准确，公共配套设施费是否真实发生，有无预提的公共配套设施费情况。

（二）是否将房地产开发费用记入公共配套设施费。

（三）多个（或分期）项目共同发生的公共配套设施费，是否按项目合理分摊。

第二十五条　审核建筑安装工程费时应当重点关注：

（一）发生的费用是否与决算报告、审计报告、工程结算报告、工程施工合同记载的内容相符。

（二）房地产开发企业自购建筑材料时，自购建材费用是否重复计算扣除项目。

（三）参照当地当期同类开发项目单位平均建安成本或当地建设部门公布的单位定额成本，验证建筑安装工程费支出是否存在异常。

（四）房地产开发企业采用自营方式自行施工建设的，还应当关注有无虚列、多列施工人工费、材料费、机械使用费等情况。

（五）建筑安装发票是否在项目所在地税务机关开具。

第二十六条　审核开发间接费用时应当重点关注：

（一）是否存在将企业行政管理部门（总部）为组织和管理生产经营活动而发生的管理费用记入开发间接费用的情形。

（二）开发间接费用是否真实发生，有无预提开发间接费用的情况，取得的凭证是否合法有效。

第二十七条　审核利息支出时应当重点关注：

（一）是否将利息支出从房地产开发成本中调整至开发费用。

（二）分期开发项目或者同时开发多个项目的，其取得的一般性贷款的利息支出，是否按照项目合理分摊。

（三）利用闲置专项借款对外投资取得收益，其收益是否冲减利息支出。”

（5）《国家税务总局关于房地产开发企业土地增值税清算管理有关问题的通知》（国税发〔2006〕187号）规定：

“四、土地增值税的扣除项目

（一）房地产开发企业办理土地增值税清算时计算与清算项目有关的扣除项目金额，应根据土地增值税暂行条例第六条及其实施细则第七条的规定执行。除另有规定外，扣除取得土地使用权所支付的金额、房地产开发成本、费用及与转让房地产有关税金，须提供合法有效凭证；不能提供合法有效凭证的，不予扣除。

（二）房地产开发企业办理土地增值税清算所附送的前期工程费、建筑安装工程费、基础设施费、开发间接费用的凭证或资料不符合清算要求或不实的，税务机关可参照当地建设工程造价管理部门公布的建安造价定额资料，结合房屋结构、用途、区位等因素，核定上述四项开发成本的单位面积金额标准，并据以计算扣除。具体核定方法由省税务机关确定。

（三）房地产开发企业开发建造的与清算项目配套的居委会和派出所

用房、会所、停车场（库）、物业管理场所、变电站、热力站、水厂、文体场馆、学校、幼儿园、托儿所、医院、邮电通讯等公共设施，按以下原则处理：

1. 建成后产权属于全体业主所有的，其成本、费用可以扣除；

2. 建成后无偿移交给政府、公用事业单位用于非营利性社会公共事业的，其成本、费用可以扣除；

3. 建成后有偿转让的，应计算收入，并准予扣除成本、费用。

（四）房地产开发企业销售已装修的房屋，其装修费用可以计入房地产开发成本。

房地产开发企业的预提费用，除另有规定外，不得扣除。

（五）属于多个房地产项目共同的成本费用，应按清算项目可售建筑面积占多个项目可售总建筑面积的比例或其他合理的方法，计算确定清算项目的扣除金额。”

（6）《国家税务总局关于营改增后土地增值税若干征管规定的公告》（国家税务总局公告 2016 年第 70 号）规定：

“三、关于与转让房地产有关的税金扣除问题

（一）营改增后，计算土地增值税增值额的扣除项目中‘与转让房地产有关的税金’不包括增值税。

（二）营改增后，房地产开发企业实际缴纳的城市维护建设税（以下简称‘城建税’）、教育费附加，凡能够按清算项目准确计算的，允许据实扣除。凡不能按清算项目准确计算的，则按该清算项目预缴增值税时实际缴纳的城建税、教育费附加扣除。

其他转让房地产行为的城建税、教育费附加扣除比照上述规定执行。”

2. 北京市、重庆市政策。

（1）北京市政策。

《北京市地方税务局土地增值税清算管理规程》（北京市地方税务局 2016 年第 7 号公告）规定：

“第三十条　土地增值税清算扣除项目包括：

（一）取得土地使用权所支付的金额。

（二）房地产开发成本，包括：土地征用及拆迁补偿费、前期工程费、建筑安装工程费、基础设施费、公共配套设施费、开发间接费用。

（三）房地产开发费用。

（四）与转让房地产有关的税金。

（五）国家规定的其他扣除项目。

第三十一条　扣除项目金额的计算分摊：

（一）纳税人分期开发项目或者同时开发多个项目的，或者同一项目中建造不同类型房地产的，应按照受益对象，采用合理的分配方法，分摊共同的成本费用：

1. 占地面积法：即按照房地产土地使用权面积占土地使用权总面积的比例计算分摊；

2. 建筑面积法：即按照房地产建筑面积占总建筑面积的比例计算分摊；

3. 直接成本法：即按照受益对象或清算单位直接归集成本费用；

4. 税务机关确认的其他合理方法。

（二）属于多个清算单位共同发生的扣除项目金额，原则上按建筑面积法分摊，如无法按建筑面积法分摊，应按占地面积法分摊或税务机关确认的其他合理方法分摊。

（三）同一清算单位发生的扣除项目金额，原则上应按建筑面积法分摊。对于纳税人能够提供相关证明材料，单独签订合同并独立结算的成本，可按直接成本法归集。

（四）同一清算单位中纳税人可以提供土地使用权证或规划资料及其他材料证明该类型房地产属于独立占地的，取得土地使用权所支付的金额和土地征用及拆迁补偿费可按占地面积法计算分摊。

（五）同一清算单位中部分转让国有土地使用权或在建工程，其共同受益的项目成本，无法按照建筑面积法分摊计算的，可按照占地面积法或税务机关确认的其他合理方法进行分摊。

第三十二条　在土地增值税清算中，扣除项目金额应当符合下列要求：

（一）经济业务应当是真实发生的，且是合法、相关的。

（二）扣除项目金额中所归集的各项成本和费用，必须实际发生并取得合法有效凭证。纳税人办理土地增值税清算时计算与清算项目有关的扣除项目金额，应根据土地增值税暂行条例第六条及其实施细则第七条的规定执行。本规程所称合法有效凭证，一般是指：

1. 支付给境内单位或者个人的款项，且该单位或者个人发生的行为属于营业税或者增值税征收范围的，以开具的发票为合法有效凭证。

2. 支付的行政事业性收费或者政府性基金，以开具的财政票据为合法有效凭证。

3. 支付给境外单位或者个人的款项，以该单位或者个人的签收单据为合法有效凭证，税务机关对签收单据有疑义的，可以要求纳税人提供境外公证机构的确认证明。属于境内代扣代缴税款的，按税务机关相关规定执行。

4. 财政部、国家税务总局规定的其他合法有效凭证。

（三）纳税人的预提费用，除另有规定外，不得扣除。

（四）扣除项目金额应当准确地在各扣除项目中分别归集，不得混淆。

（五）对同一类事项，应当采取相同的会计政策或处理方法。会计核算与税务处理规定不一致的，以税务处理规定为准。

（六）纳税人分期开发房地产项目的，各分期项目清算方式与扣除项目金额计算分摊方法应当保持一致。

（七）纳税人支付的罚款、滞纳金、资金占用费、罚息以及与该类款项相关的税金和因逾期开发支付的土地闲置费等罚没性质款项，不允许扣除。

第三十三条　除本规程第三十二条规定的原则外，扣除项目金额应符合下列规定：

（一）纳税人为取得土地使用权所支付的契税计入“取得土地使用权所支付的金额”准予扣除。对纳税人因容积率调整等原因补缴的土地出让金及契税，准予扣除。

（二）土地征用及拆迁补偿费：

1. 纳税人用建造的本项目房地产安置回迁户的，安置用房按视同销售处理，并按照《国家税务总局关于纳税人土地增值税清算管理有关问题的通知》（国税发〔2006〕187 号）第三条第（一）款规定确认收入，同时将此确认为房地产开发项目的拆迁补偿费。纳税人支付给回迁户的补差价款，计入拆迁补偿费；回迁户支付给纳税人的补差价款，应抵减本项目拆迁补偿费。

2. 纳税人采取异地安置，异地安置的房屋属于自行开发建造的，房屋价值按《国家税务总局关于纳税人土地增值税清算管理有关问题的通知》（国税发〔2006〕187号）第三条第（一）款的规定计算，计入本项目的拆迁补偿费；异地安置的房屋属于购入的，以实际支付的购房支出计入拆迁补偿费。

（三）纳税人委托其他单位进行规划、设计、项目可行性研究和水文、地质、勘察、测绘的，提供服务的单位应当符合相关法律、法规的要求。

（四）建筑安装工程费：

1. 纳税人采用自营方式自行施工建设的，应准确核算施工人工费、材料费、机械台班使用费等。

2. 纳税人在工程竣工验收后，根据合同约定扣留的质量保证金，在清算截止日已取得建筑安装施工企业发票的，按发票所载金额予以扣除；未取得发票的，扣留的质保金不得计算扣除。

3. 纳税人应确保所取得相关发票的真实性和所载金额的准确性，以及所提供建筑安装工程费与其施工方登记的建安项目开票信息保持一致。

（五）纳税人销售已装修的房屋，其发生的合理的装修费用可以计入房地产开发成本。

1. 纳税人销售已装修房屋，应当在《房地产买卖合同》或补充合同中明确约定。没有明确约定的，其装修费用不得计入房地产开发成本。

上述装修费用不包括纳税人自行采购或委托装修公司购买的家用电器、可移动家具、日用品、可移动装饰用品（如窗帘、装饰画等）所发生的支出。

2. 纳税人销售已装修的房屋时，随房屋一同出售的家具、家电，如果安装后不可移动，成为房屋的组成部分，并且拆除后影响或丧失其使用功能的，如整体中央空调、户式小型中央空调、固定式衣柜橱柜等，其外购成本计入开发成本予以扣除。

3. 纳税人在清算单位以外单独建造样板房的，其建造费用、装修费用不得计入房地产开发成本。纳税人在清算单位内装修的样板房并作为开发产品对外转让的，且《房地产买卖合同》明确约定装修价值体现在转让价款中的，其发生的合理的样板房装修费用可以计入房地产开发成本。

（六）公共配套设施费：

1. 公共配套设施包括纳税人开发建造的与清算项目配套的居委会和

派出所用房、会所、停车场（库）、物业管理场所、变电站、热力站、水厂、文体场馆、学校、幼儿园、托儿所、医院、邮电通讯、人防等为公共事业建造，不可销售的公共设施。

2. 建成后产权属于全体业主所有的，其成本、费用可以扣除。其中“建成后产权属于全体业主所有的”，可以按照以下原则之一确认：

（1）政府相关文件中明确规定属于全体业主所有；

（2）经人民法院裁决属于全体业主共有；

（3）商品房销售合同、协议或合同性质凭证中注明有关公共配套设施归业主共有，或相关公共配套设施移交给业主委员会。

3. 建成后无偿移交给政府、公用事业单位用于非营利性社会公共事业的，其成本、费用可以扣除；

（1）纳税人建设的公共配套设施产权无偿移交给政府、公用事业单位用于非营利性社会公共事业的，应当提供政府、公用事业单位书面接收文件。

（2）纳税人建设的公共配套设施应由政府、公用事业单位接收，但因政府、公用事业单位原因不能接收或未能及时接收的，经接收单位或者政府主管部门出具书面材料证明相关设施确属公共配套设施，且说明不接收或未及时接收具体原因的，经主管税务机关审核确定后，其成本、费用予以扣除。

4. 建成后有偿转让的，应计算收入，并准予扣除成本、费用。

5. 纳税人预提的公共配套设施费不得扣除。纳税人分期开发房地产项目但公共配套设施滞后建设的，在部分公共配套设施已建设、费用已实际发生并且已取得合法有效凭证的情况下，可按照各分期清算项目可售建筑面积占项目总可售建筑面积的比例计算清算项目可扣除的公共配套设施费，但不得超过已实际发生的金额。

6. 纳税人未移交的公共配套设施转为企业自用或用于出租等商业用途时，不予扣除相应的成本、费用。

（七）开发间接费用：

1. 开发间接费用是纳税人直接组织、管理开发项目实际发生的费用，包括工资、职工福利费、折旧费、修理费、办公费、水电费、劳动保护费、周转房摊销等。行政管理部门、财务部门或销售部门等发生的管理费用、财务费用或销售费用以及企业行政管理部门（总部）为组织和管理生产经营活动而发生的管理费用不得列入开发间接费。

2. 开发间接费用与纳税人的期间费用应按照现行企业会计准则或企业会计制度的规定分别核算。划分不清、核算混乱的期间费用，全部作为房地产开发费用扣除。

（八）《中华人民共和国土地增值税暂行条例》等规定的土地增值税扣除项目涉及的增值税进项税额，允许在销项税额中计算抵扣的，不计入扣除项目，不允许在销项税额中计算抵扣的，可以计入扣除项目。

第三十四条　对开发土地和新建房及配套设施的成本中的前期工程费、基础设施费、建筑安装工程费、开发间接费用（以下简称四项成本），按有效凭证金额据实扣除。对纳税人进行土地增值税清算时，有下列情况之一的，应按核定办法扣除：

（一）无法按清算要求提供开发成本核算资料的。

（二）提供的开发成本资料不实的。

（三）发现清算资料中存在虚假、不准确的涉税信息，影响清算税款计算结果的。

（四）清算项目中四项成本的每平方米建安成本扣除额，明显高于北京市地方税务局制定的《分类房产单位面积建安造价表》中公布的每平方米工程造价金额，又无正当理由的。

第三十五条　主管税务机关对四项成本核定扣除的，应向纳税人开具《土地增值税四项成本核定通知书》（见附件9）。

第三十六条　税务机关根据建设部门定期公布的建安指导价格，结合商品房用途、结构等因素制定《分类房产单位面积建安造价表》，作为第四十三条所列四项开发成本核定的依据。《分类房产单位面积建安造价表》及核算方法，由北京市地方税务局另行制定下发。

第三十七条　房地产开发费用：

（一）财务费用中的利息支出，凡能够按转让房地产项目计算分摊并提供金融机构证明的，允许据实扣除，但最高不能超过按商业银行同类同期贷款利率计算的金额。其他房地产开发费用，在按照‘取得土地使用权所支付的金额’与‘房地产开发成本’金额之和的5%计算扣除。

（二）凡不能按转让房地产项目计算分摊利息支出或不能提供金融机构证明的，房地产开发费用在按‘取得土地使用权所支付的金额’与‘房地产开发成本’金额之和的10%计算扣除。全部使用自有资金，没有利息支出的，按照本款扣除。

（三）纳税人既向金融机构借款，又有其他借款的，其房地产开发费用计算扣除时不能同时适用本条（一）（二）项所述两种办法。

（四）清算时已经计入房地产开发成本的利息支出，应调整至财务费用中计算扣除。

（五）纳税人据实列支利息支出的，应当提供贷款合同、利息结算单据或发票。

（六）纳税人向金融机构支付的财务咨询费等非利息性质的款项，不得作为利息支出扣除。

（七）纳税人向金融机构借款，因逾期还款，金融机构收取的超过贷款期限的利息、罚息等款项，不得作为利息支出扣除。”

（2）重庆市政策。

《重庆市地方税务局关于土地增值税若干政策执行问题的公告》（重庆市地方税务局公告 2014 年第 9 号）规定：

“（三）土地及房地产开发成本

分期清算或者清算单位中建造多类房产，土地成本纳税人可选择按照土地面积占比法或者建筑面积占比法计算分摊；房地产开发成本按照建筑面积占比法计算分摊，其中已明确对象化的设施、设备、装修等支出应直接计入对应房产的房地产开发成本。

上述土地成本包括‘取得土地使用权所支付的金额’和‘土地征用及拆迁补偿费’；房地产开发成本包括‘前期工程费、基础设施费、建筑安装工程费、公共配套设施费、开发间接费用’。

（四）房地产开发费用

纳税人可选择按以下方法计算房地产开发费用，分期清算的只能选择使用同一种方法。

1. ‘利息支出’能够准确归集、分摊并提供金融机构证明的，可据实计算；‘其他房地产开发费用’按‘取得土地使用权所支付的金额’与‘房地产开发成本’金额之和的 5% 计算。

2. ‘利息支出’不能准确归集、分摊或不能提供金融机构证明的，‘房地产开发费用’按‘取得土地使用权所支付的金额’与‘房地产开发成本’金额之和的 10% 计算。

（五）查账征收清算后转让房产

1. 查账征收方式清算后转让房产（简称清算后转让房产），应分房产类型确定单位建筑面积成本费用额，以此计算清算后转让扣除额，公式如下：

单位建筑面积成本费用额 = 清算成本费用额（不含转让房产有关税金及附加）÷清算可售建筑面积

清算后转让扣除额 = 单位建筑面积成本费用额 × 本期转让面积 + 本期转让房产有关税金及附加

2. 清算时因未取得合法有效凭证，而未能认定的成本项目（简称未定成本项目），清算后取得合法有效凭证的，应分房产类型归集‘后续成本额’，可在计算当期清算后转让房产应纳税额时后续扣除，公式如下：

单位建筑面积成本费用额 = 清算认定（或上期累计）‘单位建筑面积成本费用额’ + 本期‘后续成本额’ ÷清算可售建筑面积

清算后转让扣除额 = 单位建筑面积成本费用额 × 本期转让面积 + 本期转让房产有关税金及附加

纳税人在清算申报时应对‘未定成本项目’进行附加说明，主管税务机关在清算审核时一并核实确认，否则相关成本不予以后续扣除。

3. ［条款废止］清算后转让房产土地增值税应按月计算，于次月征收期内申报缴纳；清算后转让房产涉及上述后续扣除的，土地增值税应按月预缴、按年计算，于年度终了后十五日内申报，在主管税务机关规定的期限内缴纳。”

注释：第一条第（五）项第 3 点废止，参见《国家税务总局重庆市税务局关于企业所得税、财产行为税合并申报的公告》（国家税务总局重庆市税务局公告 2021 年第 3 号）。

（二）操作要点

1. 审核扣除项目是否符合下列要求。

（1）在土地增值税清算中，计算扣除项目金额时，其实际发生的支出应当取得但未取得合法凭据的不得扣除。

（2）扣除项目金额中所归集的各项成本和费用，必须是实际发生的。

（3）扣除项目金额应当准确地在各扣除项目中分别归集，不得混淆。

（4）扣除项目金额中所归集的各项成本和费用必须是在清算项目开发中直接发生的或应当分摊的。

（5）纳税人分期开发项目或者同时开发多个项目的，或者同一项目中建造不同类型房地产的，应按照受益对象，采用合理的分配方法，分摊共同的成本费用。

对同一类事项，应当采取相同的会计政策或处理方法。会计核算与税务处理规定不一致的，以税务处理规定为准。

2. 取得土地使用权所支付的金额的确认。取得土地使用权所支付的金额，是指纳税人为取得土地使用权所支付的地价款和按国家统一规定缴纳的有关税费。

（1）需要留存备查的资料：项目的国有土地出让或转让合同、国有土地使用权证、土地出让金或价款缴纳凭证及发票、立项批复，土地相关税费完税凭证。

（2）房地产开发企业为取得土地使用权所支付的契税，应视同“按国家统一规定交纳的有关费用”，计入“取得土地使用权所支付的金额”中扣除。

（3）同一宗土地有多个开发项目，是否予以分摊，分摊办法是否合理、合规，具体金额的计算是否正确。

土地成本的分摊各省具体规定不一，大致可分为四类：占地面积法、建筑面积法、占地面积法与建筑面积法结合、直接成本法与占地面积法及建筑面积法结合。其中，占地面积法和建筑面积法较为常用。

（1）关注是否存在将房地产开发费用记入取得土地使用权支付金额以及土地征用及拆迁补偿费的情形。

（2）注意土地使用税、印花税等应列入房地产开发费用扣除的项目以及房地产开发企业逾期开发缴纳的土地闲置费不能在土地成本中列支扣除，但个别地区有特殊规定的按当地文件执行。

（3）若清算项目因项目分期开发，土地成本未发生完全且无法区分对应清算分期发生成本的，与主管税务机关沟通，经税务机关同意后可先按土地整体预算成本进行分配，待土地整体开发完毕再行调整。

（4）于地下车库是否需分摊土地成本，国家税务总局并无具体文件规定，一般情况下，我们认为地下车库为不计容面积，可不参与土地成本分摊。各项目在进行土地增值税清算时，可与税务机关沟通按有利于清算的方法进行分摊。

（5）土地款返还问题总局并无文件明确如何处理。实务操作中，收到政府返还的“土地出让金”或政府给予的补偿返还款，一般是政府对房地产开发企业的一种补助，是企业的一项营业外收入，账务处理按“会计准则—政府补助”入账，但部分补助实质上是政府给予房地产开发企业的土地价款的折让，在土地增值税清算时部分税务机关会要求抵减土地成本。项目公司应根据补助合同性质与税局沟通，如取得的政府款项无任何资料（招拍挂文件、土地合同、政府文件等）显示与取得土地存在关系，单纯作为政府补助，清算时不应抵减土地成本。

（6）房地产开发企业逾期开发缴纳的土地闲置费不得扣除。红线外配套支出能否扣除，国家税务总局并无具体文件规定。红线外配套支出，实质上属于取得土地支付的对价，如要计入土地成本进行扣除，可执行以下方案：

①提供政府的相关文件，包括会议纪要、与政府签订的协议（强调红线外配套支出要作为开发公司受让开发用地应承担的义务），方可计入土地成本。

②由企业向政府交纳城市建设配套费，由政府开具财政票据，政府用该笔款项委托开发公司进行建设。

需要注意该费用支出需要缴纳契税。

3. 房地产开发成本的确认。房地产开发成本是指纳税人房地产开发项目实际发生的成本，包括土地征用及拆迁补偿费、前期工程费、建筑安装工程费、基础设施费、公共配套设施费、开发间接费用。

土地征用及拆迁补偿费：包括土地征用费、耕地占用税、劳动力安置费及有关地上、地下附着物拆迁补偿的净支出、安置动迁用房支出等；

前期工程费：包括规划、设计、项目可行性研究和水文、地质、勘察、测绘、“三通一平”等支出；

建筑安装工程费：是指以出包方式支付给承包单位的建筑安装工程费，以自营方式发生的建筑安装工程费；

基础设施建设费：包括开发小区内道路、供水、供电、供气、排污、排洪、通讯、照明、环卫、绿化等工程发生的支出；

公共配套设施费：包括不能有偿转让的开发小区内公共配套设施发生的支出；

开发间接费用：是指直接组织、管理开发项目发生的费用，包括工资、职工福利费、折旧费、修理费、办公费、水电费、劳动保护费、周转房摊销等。

（1）土地征用及拆迁补偿费的确认。

①需要留存备查的资料：拆迁（回迁）合同、拆迁结算资料、签收花名册、支付凭证、签收凭证、身份证复印件等。

②土地征用及拆迁补偿费是否实际发生，尤其是支付给个人的拆迁补偿款、拆迁（回迁）合同和签收花名册或签收凭证是否一一对应，保证所有材料的完整性；由拆迁事务所进行拆迁的，是否开具发票，拆迁资料是否移交；企业间拆迁补偿各公司应取得财政监制的非税收入统一收据。鉴于目前拆迁补偿费票据形式多样，项目公司应事前就上述事项与主管税务机关沟通，确定拆迁补偿费票据的有效性。

③关于拆迁安置土地增值税计算问题。

a. 房地产企业用建造的本项目房地产安置回迁户的，安置用房视同销售处理，按《国家税务总局关于房地产开发企业土地增值税清算管理有关问题的通知》（国税发〔2006〕187 号）第三条第（一）款规定确认收入，同时将此确认为房地产开发项目的拆迁补偿费。房地产开发企业支付给回迁户的补差价款，计入拆迁补偿费；回迁户支付给房地产开发企业的补差价款，应抵减本项目拆迁补偿费。

b. 开发企业采取异地安置，异地安置的房屋属于自行开发建造的，房屋价值按国税发〔2006〕187 号文件第三条第（一）款的规定计算，计入本项目的拆迁补偿费；异地安置的房屋属于购入的，以实际支付的购房支出计入拆迁补偿费。

c. 货币安置拆迁的，房地产开发企业凭合法有效凭据计入拆迁补偿费。

关于土地征用及拆迁补偿费的分摊方法参照本章节“取得土地使用权所支付的金额的确认”分摊方法。

（2）前期工程费、建筑安装工程费、基础设施费的确认。

①需要留存备查的资料：施工合同、工程结算资料、发票及支付凭证等。

②成本分摊方法：一般情况下，税务机关采用建筑面积法分摊，实务操作中，我们也可以与税务机关沟通采用层高系数建筑面积法和直接成本法（参照《国税发〔2009〕91 号》第二十一条）进行分摊。

③房地产开发企业办理土地增值税清算所附送的前期工程费、建筑安装工程费、基础设施费、开发间接费用的凭证或资料不符合清算要求

或不实的，地方税务机关可参照当地建设工程造价管理部门公布的建安造价定额资料，结合房屋结构、用途、区位等因素，核定上述四项开发成本的单位面积金额标准，并据以计算扣除。具体核定方法由省税务机关确定。

④前期工程费、基础设施费确认时应当重点关注。

a. 前期工程费、基础设施费是否真实发生，是否存在虚列情形。

b. 是否将房地产开发费用记入前期工程费、基础设施费。

c. 多个（或分期）项目共同发生的前期工程费、基础设施费，是否按项目合理分摊。

⑤建筑安装工程费确认时应当重点关注。

a. 发生的费用是否与决算报告、审计报告、工程结算报告、工程施工合同记载的内容相符。

b. 房地产开发企业自购建筑材料时，自购建材费用是否重复计算扣除项目。(甲供材料是否在材料成本和工程成本中重复计入)。

c. 参照当地当期同类开发项目单位平均建安成本或当地建设部门公布的单位定额成本，验证建筑安装工程费支出是否存在异常。

d. 房地产开发企业采用自营方式自行施工建设的，还应当关注有无虚列、多列施工人工费、材料费、机械使用费等情况。

e. 建筑安装发票是否在项目所在地税务机关开具。营改增后建筑安装工程服务发票是否在项目所在地预缴、发票备注栏是否注明建筑服务发生地县（市、区）名称及项目名称；房地产开发企业采用自营方式自行施工建设或由关联方施工建设的，税务机关将关注有无虚列、多列施工人工费、材料费、机械使用费等情况。

⑥装修费用及预提费用扣除问题。房地产开发企业销售已装修的房屋，其装修费用可以计入房地产开发成本。房地产开发企业的预提费用，除另有规定外，不得扣除。

⑦房地产开发企业未支付的质量保证金，其扣除项目金额的确定问题。项目公司取得质量保证金发票尚未付款的，可按发票所载金额在土地增值税清算时扣除。

⑧临时售楼部、样板房等营销设施建安成本扣除问题。项目公司建设临时售楼部、样板房等营销设施如果销售结束后拆除，一般在土地增值税前不能扣除，作为销售费用处理；如果建成有偿转让的，应计算收

入并准予扣除成本。当地政策规定临时售楼部、样板房等营销设施成本可以扣除的按当地政策执行。

⑨旧房评估费用可否在计征土地增值税时予以扣除。纳税人转让旧房及建筑物时因计算纳税的需要而对房地产进行评估，其支付的评估费用允许在计算增值额时予以扣除。纳税人隐瞒、虚报房地产成交价格等情形而按房地产评估价格计算征收土地增值税所发生的评估费用，不允许在计算土地增值税时予以扣除。

(3) 公共配套设施费的确认。

①需要留存备查的资料：合同、结算资料、发票及支付凭证、产权移交资料等。

②公共配套设施扣除原则：房地产开发企业开发建造的与清算项目配套的居委会和派出所用房、会所、停车场（库）、物业管理场所、变电站、热力站、水厂、文体场馆、学校、幼儿园、托儿所、医院、邮电通讯等公共设施，按以下原则处理：

a. 建成后产权属于全体业主所有的，其成本、费用可以扣除；

b. 建成后无偿移交给政府、公用事业单位用于非营利性社会公共事业的，其成本、费用可以扣除；

c. 建成后有偿转让的，应计算收入，并准予扣除成本、费用。

③成本分摊方法：建筑面积法分摊，层高系数建筑面积法和直接成本法。

④多个（或分期）项目共同发生的公共配套设施费，应按项目合理分摊；归属于部分产品的公共配套设施费可直接分摊计入该部分开发产品。

(4) 开发间接费用。

①需要留存备查的资料：会计凭证、付款凭证及发票。成本分摊方法：建筑面积法分摊、层高系数建筑面积法。开发间接费用是指直接组织、管理开发项目发生的费用，需注意是否含有行政管理部门应计入期间费用核算的费用。

②开发间接费用确认时应当重点关注：

a. 是否存在将企业行政管理部门（总部）为组织和管理生产经营活动而发生的管理费用记入开发间接费用的情形。

b. 开发间接费用是否真实发生，有无预提开发间接费用的情况，取得的凭证是否合法有效。

4. 房地产开发费用的确认。开发土地和新建房及配套设施的费用（以下简称房地产开发费用），是指与房地产开发项目有关的销售费用、管理费用、财务费用。

（1）需要留存备查的资料：贷款合同，银行利息结算单，利息发票等。

（2）房地产开发费用重点关注财务费用中利息支出的确认：

①是否将利息支出从房地产开发成本中调整至开发费用。

②分期开发项目或者同时开发多个项目的，其取得的一般性贷款的利息支出，是否按照项目合理分摊。

③利用闲置专项借款对外投资取得收益，其收益是否冲减利息支出。

④财务费用中的利息支出，凡能够按转让房地产项目计算分摊并提供金融机构证明的，允许据实扣除，但最高不能超过按商业银行同类同期贷款利率计算的金额。其他房地产开发费用，按照“取得土地使用权所支付的金额”与“房地产开发成本”金额之和的5%以内计算扣除。

⑤凡不能按转让房地产项目计算分摊利息支出或不能提供金融机构证明的，房地产开发费用在按“取得土地使用权所支付的金额”与“房地产开发成本”金额之和的10%以内计算扣除。

全部使用自有资金，没有利息支出的，按照以上方法扣除。

上述具体适用的比例按省级人民政府此前规定的比例执行。

⑥房地产开发企业既向金融机构借款，又有其他借款的，其房地产开发费用 计算扣除时不能同时适用上述4.5项所述两种办法。

⑦土地增值税清算时，已经计入房地产开发成本的利息支出，应调整至财务费用中计算扣除。

⑧土地增值税中允许据实扣除的利息支出包括账面“开发成本\项目利息支出”及“财务费用”中列支的利息支出。

5. 与转让房地产有关的税金。与转让房地产有关的税金，是指在转让房地产时缴纳的营业税、城市维护建设税、印花税。因转让房地产交纳的教育费附加，也可视同税金予以扣除。

（1）需要留存备查的资料：各项税金缴纳凭证、完税凭证，与转让房地产有关的税金统计表。

（2）营改增后，计算土地增值税增值额的扣除项目中“与转让房地产有关的税金”不包括增值税。

(3) 营改增后，房地产开发企业实际缴纳的城市维护建设税（以下简称城建税）、教育费附加，凡能够按清算项目准确计算的，允许据实扣除。凡不能按清算项目准确计算的，则按该清算项目预缴增值税时实际缴纳的城建税、教育费附加扣除。

(4) 与转让房地产有关的税金 = 营改增前实际缴纳的营业税、城建税、教育费附加 + 营改增后允许扣除的城建税、教育费附加

(5) 营改增后增值税及印花税不允许在与转让房地产有关的税金中扣除，若主管税务机关允许扣除的，可按照当地规定执行。

6. 财政部规定的其他扣除项目。对从事房地产开发的纳税人，可按取得土地使用权所支付的金额和房地产开发成本金额之和加计 20% 的扣除。

对于代收费用作为转让收入计税的，在计算扣除项目金额时，可予以扣除，但不允许作为加计 20% 扣除的基数。实务操作中，应该提前与主管税务机关沟通确认。

三、确认清算税款

(一) 税收政策

1. 全国性政策。

(1)《中华人民共和国土地增值税暂行条例》规定：

“第七条　土地增值税实行四级超率累进税率：

增值额未超过扣除项目金额 50% 的部分，税率为 30%。

增值额超过扣除项目金额 50%、未超过扣除项目金额 100% 的部分，税率为 40%。

增值额超过扣除项目金额 100%、未超过扣除项目金额 200% 的部分，税率为 50%。

增值额超过扣除项目金额 200% 的部分，税率为 60%。

第八条　有下列情形之一的，免征土地增值税：

(一) 纳税人建造普通标准住宅出售，增值额未超过扣除项目金额 20% 的；

(二) 因国家建设需要依法征收、收回的房地产。”

(2)《中华人民共和土地增值税暂行条例实施细则》（财法字

〔1995〕6号）规定：

“第十条　条例第七条所列四级超率累进税率，每级‘增值额未超过扣除项目金额’的比例，均包括本比例数。

计算土地增值税税额，可按增值额乘以适用的税率减去扣除项目金额乘以速算扣除系数的简便方法计算，具体公式如下：

（一）增值额未超过扣除项目金额50%土地增值税税额＝增值额×30%

（二）增值额超过扣除项目金额50%，未超过100%的土地增值税税额＝增值额×40%－扣除项目金额×5%

（三）增值额超过扣除项目金额100%，未超过200%的土地增值税税额＝增值额×50%－扣除项目金额×15%（四）增值额超过扣除项目金额200%土地增值税税额＝增值额×60%－扣除项目金额×35%公式中的5%，15%，35%为速算扣除系数。

第十一条　条例第八条（一）项所称的普通标准住宅，是指按所在地一般民用住宅标准建造的居住用住宅。高级公寓、别墅、度假村等不属于普通标准住宅。普通标准住宅与其他住宅的具体划分界限由各省、自治区、直辖市人民政府规定。

纳税人建造普通标准住宅出售，增值额未超过本细则第七条（一）、（二）、（三）、（五）、（六）项扣除项目金额之和20%的，免征土地增值税；增值额超过扣除项目金额之和20%的，应就其全部增值额按规定计税。

条例第八条（二）项所称的因国家建设需要依法征用、收回的房地产，是指因城市实施规划、国家建设的需要而被政府批准征用的房产或收回的土地使用权。

因城市实施规划、国家建设的需要而搬迁，由纳税人自行转让原房地产的，比照本规定免征土地增值税。

符合上述免税规定的单位和个人，须向房地产所在地税务机关提出免税申请，经税务机关审核后，免予征收土地增值税。”

（3）《国务院办公厅转发建设部等部门关于做好稳定住房价格工作意见的通知》（国办发〔2005〕26号）规定：

“五、明确享受优惠政策普通住房标准，合理引导住房建设与消费

为了合理引导住房建设与消费，大力发展省地型住房，在规划审批、

土地供应以及信贷、税收等方面，对中小套型、中低价位普通住房给予优惠政策支持。享受优惠政策的住房原则上应同时满足以下条件：住宅小区建筑容积率在 1.0 以上、单套建筑面积在 120 平方米以下、实际成交价格低于同级别土地上住房平均交易价格 1.2 倍以下。各省、自治区、直辖市要根据实际情况，制定本地区享受优惠政策普通住房的具体标准。允许单套建筑面积和价格标准适当浮动，但向上浮动的比例不得超过上述标准的 20%。各直辖市和省会城市的具体标准要报建设部、财政部、税务总局备案后，在 2005 年 5 月 31 日前公布。”

2. 北京市、重庆市、河北省政策。

（1）北京市政策。

《北京市住房和城乡建设委员会 北京市财政局 北京市地方税务局关于调整本市享受税收优惠政策普通住房平均交易价格有关问题的通知》（京建发〔2014〕382 号）规定：

“一、本市享受税收优惠政策的普通住房，原则按照住宅小区建筑容积率在 1.0（含）以上、单套建筑面积在 140 平方米（含）以下，并参考其实际成交价格确定。实际成交价格原则上应当低于按本通知确定的所在区域住房平均交易单价或套总价的 1.2 倍。

二、前条所称的所在区域住房平均交易单价或套总价，按照本通知公布的全市住房平均交易单价或者套总价，结合区域调整系数确定。全市住房平均交易价格按照 2013 年度的单价每建筑平方米 2.2 万元、套总价 260 万元确定。区域调整系数为五环内 1.5，五至六环之间 1.2，六环以外 0.9。”

（2）重庆市政策。

《重庆市地方税务局转发财政部 国家税务总局关于土地增值税若干问题的通知》（渝地税发〔2006〕143 号）规定：

“我市土地增值税普通标准住宅按《重庆市地方税务局重庆市财政局重庆市国土资源和房屋管理局转发国家税务总局、财政部、建设部关于加强房地产税收管理的通知》（渝地税发〔2005〕172 号）制定并对社会公布的普通住房标准执行。即‘住宅小区建筑容积率 1.0 以上，单套最大建筑面积在 144 平方米或套内建筑面积 120 平方米以下，实际成交价格低于同级别土地上住房平均交易价格的 1.4 倍以下的住房。同时符合上述三个条件的为享受优惠政策的普通住房，有一条不符合即为不能享受优惠政策的非普通住房’。”

（3）河北省政策。

《河北省土地增值税管理办法》（冀地税发〔2006〕37 号）规定：

“第二十一条　纳税人建造出售的住房同时符合下列标准的为普通标准住房：

（一）住宅小区建筑容积率在 1.0 以上；

（二）以单栋楼为单位，平均单套建筑面积在 140 平方米（含 140 平方米）以下；［已经废止，依据国家税务总局河北省税务局公告 2021 年第 4 号第二十一条修改为：单套建筑面积在 144 平方米（含 144 平方米）以下］

（三）实际成交价格在同级别土地上住房平均价格的 1.2 倍以下。

其中，住房平均价格以当地市、县政府分布的同期数据为准。”

（二）操作要点

1. 土地增值税计算公式（见表 9－1）。

表 9－1　　　　土地增值税四级超率累进税率表

增值额与扣除金额的比率	税率（%）	速算扣除数（%）
不超过 50% 的部分	30	0
超过 50% 至 100% 的部分	40	5
超过 100% 至 200% 的部分	50	15
超过 200% 的部分	60%	35

应纳土地增值税 = ∑（增值额 × 适用税率 － 扣除项目金额 × 速算扣除系数）

2. 计算不同类型房地产增值额。

（1）普通住宅增值额 = 普通住宅销售收入 － 普通住宅扣除项目合计金额

（2）非普通住宅增值额 = 非普通住宅销售收入 － 非普通住宅扣除项目合计金额

（3）其他房产增值额 = 其他房产销售收入 － 其他房产扣除项目合计金额

上述公式为举例计算，各项目公司应该清算时房地产类型计算。

3. 计算不同类型房地产的增值率。

（1）普通住宅增值率 = 普通住宅增值额/普通住宅扣除项目合计金额

（2）非普通住宅增值率 = 非普通住宅增值额/非普通住宅扣除项目合计金额

（3）其他房产增值率 = 其他房产增值额/其他房产扣除项目合计金额

上述公式为举例计算，各项目公司应该清算时房地产类型计算。

第三节　土地增值税清算后税收政策

一、项目清算后再转让房产相关问题

（一）税收政策

1. 全国性政策。

《国家税务总局关于房地产开发企业土地增值税清算管理有关问题的通知》（国税发〔2006〕187 号）规定：

"八、清算后再转让房地产的处理

在土地增值税清算时未转让的房地产，清算后销售或有偿转让的，纳税人应按规定进行土地增值税的纳税申报，扣除项目金额按清算时的单位建筑面积成本费用乘以销售或转让面积计算。

单位建筑面积成本费用 = 清算时的扣除项目总金额 ÷ 清算的总建筑面积"

2. 北京市政策。

《北京市地方税务局关于发布〈北京市地方税务局土地增值税清算管理规程〉的公告》（北京市地方税务局公告 2016 年第 7 号）规定：

"第四十六条　土地增值税清算时未转让的房地产，纳税人清算后转让的（以下简称清算后再转让房地产），按以下规定办理：

（一）清算后再转让房地产的纳税人应在每季度终了后 15 日内进行纳税申报（含零申报）。

（二）清算后再转让房地产应当区分普通住宅和其他商品房分别计算增值额、增值率，缴纳土地增值税。

（三）清算后再转让房地产扣除项目金额按清算时确认的普通住宅、

其他商品房单位建筑面积成本费用乘以转让面积确认。

清算时单位建筑面积成本费用 = 本次清算扣除项目总金额 ÷ 清算的总已售面积

上述公式中，‘本次清算扣除项目总金额’不包括纳税人进行清算时扣除的与转让房地产有关的税金。

（四）清算后再转让房地产的有关税金在本次申报缴纳土地增值税时予以扣除。

（五）清算后再转让的房地产，按照上述方式计算的增值率未超过 20% 的普通住宅，免征土地增值税；增值率超过 20% 的，应征收土地增值税。

（六）纳税人清算后再转让房地产的，对于买卖双方签订的房地产销售合同有约定付款日期的，纳税义务发生时间为合同签订的付款日期的当天；对于采取预收款方式的，纳税义务发生时间为收到预收款的当天。

（七）清算后再转让房地产的土地增值税计算方式应与项目的清算方式保持一致。以核定征收方式清算的项目再转让房地产的，按清算时核定征收率计征税款。”

3. 四川省政策。

《国家税务总局 四川省税务局关于土地增值税清算单位等有关问题的公告》（国家税务总局四川省税务局公告 2020 年第 13 号）规定：

“四、关于按照核定征收率清算后剩余房地产再转让的处理

采取核定征收率方式已完成了清算的房地产开发项目，其剩余房地产再转让，按照转让时主管税务机关确定的征收率征收土地增值税。”

4. 重庆市政策。

《重庆市地方税务局关于土地增值税若干政策执行问题的公告》（重庆市地方税务局公告 2014 年第 9 号）规定：

“（五）查账征收清算后转让房产

1. 查账征收方式清算后转让房产（简称清算后转让房产），应分房产类型确定单位建筑面积成本费用额，以此计算清算后转让扣除额，公式如下：

单位建筑面积成本费用额 = 清算成本费用额（不含转让房产有关税金及附加）÷ 清算可售建筑面积

清算后转让扣除额 = 单位建筑面积成本费用额 × 本期转让面积 + 本

期转让房产有关税金及附加

2. 清算时因未取得合法有效凭证，而未能认定的成本项目（简称未定成本项目），清算后取得合法有效凭证的，应分房产类型归集‘后续成本额’，可在计算当期清算后转让房产应纳税额时后续扣除，公式如下：

单位建筑面积成本费用额 = 清算认定（或上期累计）‘单位建筑面积成本费用额’+ 本期‘后续成本额’÷ 清算可售建筑面积

清算后转让扣除额 = 单位建筑面积成本费用额 × 本期转让面积 + 本期转让房产有关税金及附加

纳税人在清算申报时应对‘未定成本项目’进行附加说明，主管税务机关在清算审核时一并核实确认，否则相关成本不予以后续扣除。”

（二）操作要点

相比国家层面的政策，各地在执行过程中制定了更加详细的政策，各项目公司应该遵照各地政策执行，同时填写《土地增值税纳税申报表（四）（从事房地产开发的纳税人清算后尾盘销售适用）》及《清算后尾盘销售土地增值税扣除项目明细表》。

二、房地产开发企业土地增值税清算涉及企业所得税退税问题

（一）税收政策

《国家税务总局关于房地产开发企业土地增值税清算涉及企业所得税退税有关问题的公告》（国家税务总局公告 2016 年第 81 号）规定：

“一、企业按规定对开发项目进行土地增值税清算后，当年企业所得税汇算清缴出现亏损且有其他后续开发项目的，该亏损应按照税法规定向以后年度结转，用以后年度所得弥补。后续开发项目，是指正在开发以及中标的项目。

二、企业按规定对开发项目进行土地增值税清算后，当年企业所得税汇算清缴出现亏损，且没有后续开发项目的，可以按照以下方法，计算出该项目由于土地增值税原因导致的项目开发各年度多缴企业所得税税款，并申请退税：

（一）该项目缴纳的土地增值税总额，应按照该项目开发各年度实现的项目销售收入占整个项目销售收入总额的比例，在项目开发各年度进行分摊，具体按以下公式计算：

各年度应分摊的土地增值税 = 土地增值税总额 ×（项目年度销售收

入÷整个项目销售收入总额)

本公告所称销售收入包括视同销售房地产的收入，但不包括企业销售的增值额未超过扣除项目金额20%的普通标准住宅的销售收入。

(二) 该项目开发各年度应分摊的土地增值税减去该年度已经在企业所得税税前扣除的土地增值税后，余额属于当年应补充扣除的土地增值税；企业应调整当年度的应纳税所得额，并按规定计算当年度应退的企业所得税税款；当年度已缴纳的企业所得税税款不足退税的，应作为亏损向以后年度结转，并调整以后年度的应纳税所得额。

(三) 按照上述方法进行土地增值税分摊调整后，导致相应年度应纳税所得额出现正数的，应按规定计算缴纳企业所得税。

(四) 企业按上述方法计算的累计退税额，不得超过其在该项目开发各年度累计实际缴纳的企业所得税；超过部分作为项目清算年度产生的亏损，向以后年度结转。

三、企业在申请退税时，应向主管税务机关提供书面材料说明应退企业所得税款的计算过程，包括该项目缴纳的土地增值税总额、项目销售收入总额、项目年度销售收入额、各年度应分摊的土地增值税和已经税前扣除的土地增值税、各年度的适用税率，以及是否存在后续开发项目等情况。

四、本公告自发布之日起施行。本公告发布之日前，企业凡已经对土地增值税进行清算且没有后续开发项目的，在本公告发布后仍存在尚未弥补的因土地增值税清算导致的亏损，按照本公告第二条规定的方法计算多缴企业所得税税款，并申请退税。”

(二) 操作要点

房地产开发企业因土地增值税清算引起的应退税款，系由于土地增值税清算当年缴纳较多的土地增值税税款，导致本年度企业所得税汇算清缴出现亏损。该亏损本应按规定在以前年度得到扣除，形成事实上的多缴企业所得税，应给予退税，不适用《税收征收管理法》第五十一条关于三年内退税时限的规定。

第十章

棚改项目税务管理

第一节　棚改项目前期阶段

立项阶段是指棚改项目前期，是项目公司与政府就项目细节问题进行协商谈判的重要时期。双方在此阶段确立的《投资建设协议》，对项目公司承接整个棚改项目的总投资规模、运营模式、收入成本构成、融资方式，以及税费承担等主要条款均有所约定，这些内容是整个项目的纲领性文件，对项目公司全生命周期中涉及的各项财税问题，起着至关重要的指导作用。所以，项目公司在此阶段，应首先结合本项目运营模式，分析收入成本的构成情况，充分考虑相应税费，并据此设计不同方案，进行全面测算，经过优劣分析后确定最佳模式。然后再与政府进行协商，争取将相关条款落实至《投资建设协议》中，以避免后期产生分歧。

棚改项目中，项目公司的主要收入包括政府付费、销售安置房（自建或外购）两类，主要成本包括拆迁补偿支出、公共配套设施建设、自建安置房的建设施工成本、外购安置房成本等。涉及主要税种包括增值税、土地增值税、印花税、企业所得税等，其中增值税缴纳方式最为复杂，也是实务中存在较大争议的问题。下面分别从棚改项目的两类收入出发，分析项目公司在立项阶段，应如何确立增值税缴纳模式。

一、政府付费

（一）基础纳税模式

政府付费存在以下四种纳税模式：

第一种，仅就收益部分按6%税率（税目按贷款服务）缴纳增值税，投资成本的进项税额不允许抵扣。

第二种，全额（含投资成本+收益）按企业管理服务适用6%税率缴纳增值税，投资成本的进项税额允许抵扣。

第三种，政府付费的全额（含投资成本+回报）按建筑服务适用9%税率缴纳增值税，投资成本的进项税额允许抵扣。

第四种，政府付费中，投资成本部分适用9%税率，投资回报部分按贷款服务或企业管理服务适用6%税率缴纳增值税，投资成本的进项税额允许抵扣。

（二）代收代付模式

1. 政策规定。

（1）《北京市规划和国土资源管理委员会 北京市国家税务局 北京市地方税务局 北京市财政局关于土地一级开发项目涉及增值税发票等有关问题的通知》（市规划国土发〔2017〕186号）规定：

"一、政府土地储备机构为主体、委托企业实施的土地一级开发项目中，受托企业从政府储备机构收取款项并代为支付的行为属于代收转付，其收取的该部分款项不属于增值税征收范围，不开具增值税发票。政府储备机构须使用受托企业开具的收据和储备机构开户银行回单作为记账凭证。

受托一级开发企业代为支付的款项不属于增值税征收范围或最终收款方不能自行开具发票的，受托一级开发企业可以取得收据，并以收据和开户银行回单作为资金往来凭证。

二、企业为主体的土地一级开发项目中，作为开发主体的企业收取前期成本返还款并代为支付的行为属于代收转付，其收取的该部分款项不属于增值税征收范围，不开具增值税发票。

作为一级开发主体的企业代为支付的款项不属于增值税征收范围或最终收款方不能自行开具发票的，一级开发企业可取得收据，并以收据和开户银行回单作为资金往来凭证。

三、对于政府储备机构直接向最终收款方支付的款项，不属于增值税征收范围或最终收款方不能自行开具发票的，可使用对方开具的收据以及储备机构开户银行回单作为资金往来凭证。”

（2）《国家税务总局关于政府收回土地使用权及纳税人代垫拆迁补偿费有关营业税问题的通知》（国税函〔2009〕520 号）规定：

“二、纳税人受托进行建筑物拆除、平整土地并代委托方向原土地使用权人支付拆迁补偿费的过程中，其提供建筑物拆除、平整土地劳务取得的收入应按照“建筑业”税目缴纳营业税；其代委托方向原土地使用权人支付拆迁补偿费的行为属于“服务业—代理业”行为，应以提供代理劳务取得的全部收入减去其代委托方支付的拆迁补偿费后的余额为营业额计算缴纳营业税。”

2. 操作要点。参考北京市关于棚改项目的执行标准，对于土地一级开发项目，如果支付的拆迁费用和征地费用，符合有关代收转付规定，则取得的代政府支付的征地拆迁款，不属于增值税征税范围。

纳税人受托进行建筑物拆除、平整土地并代委托方向原土地使用权人支付拆迁补偿费的过程中，其提供建筑物拆除、平整土地劳务取得的收入应按照“建筑业”税目缴纳营业税；其代委托方向原土地使用权人支付拆迁补偿费的行为属于“服务业——代理业”行为，应以提供代理劳务取得的全部收入减去其代委托方支付的拆迁补偿费后的余额为营业额计算缴纳营业税。

增值税下尚未出台上述政策的延续文件，但参照营业税政策及营改增后政策平移的原则，我们针对棚改项目中的征地拆迁业务进行拆分，与上述基础方案进行组合，组合出代理拆迁服务 + 金融服务、代理拆迁服务 + 企业管理服务、代理拆迁服务 + 建筑服务 + 企业管理服务、代理拆迁服务 + 建筑服务四种方式。

二、销售自建安置房

（一）项目公司拥有自建房产权

1. 政策规定。

（1）《财政部 国家税务总局关于全面推开营业税改征增值税试点的通知》（财税〔2016〕36 号）规定：

房地产开发企业中的一般纳税人销售其开发的房地产项目（选择简易计税方法的房地产老项目除外），以取得的全部价款和价外费用，扣除受让土地时向政府部门支付的土地价款后的余额为销售额。

（2）《中华人民共和国土地增值税暂行条例实施细则》规定：

纳税人建造普通标准住宅出售，增值额未超过扣除项目金额之和20%的，免征土地增值税；增值额超过扣除项目金额之和20%的，应就其全部增值额按规定计税。

（3）《财政部 国家税务总局关于廉租住房、经济适用住房和住房租赁有关税收政策的通知》（财税〔2008〕24号）规定：

企事业单位、社会团体以及其他组织转让旧房作为廉租住房、经济适用住房房源且增值额未超过扣除项目金额20%的，免征土地增值税。

（4）《财政部 国家税务总局关于棚户区改造有关税收政策的通知》（财税〔2013〕101号）规定：

企事业单位、社会团体以及其他组织转让旧房作为改造安置住房房源且增值额未超过扣除项目金额20%的，免征土地增值税。

（5）《财政部 国家税务总局关于棚户区改造有关税收政策的通知》（财税〔2013〕101号）规定：

对改造安置住房建设用地免征城镇土地使用税。对改造安置住房经营管理单位、开发商与改造安置住房相关的印花税以及购买安置住房的个人涉及的印花税予以免征。

（6）《国家税务总局关于房产税城镇土地使用税有关政策规定的通知》（国税发〔2003〕89号）规定：

鉴于房地产开发企业开发的商品房在出售前，对房地产开发企业而言是一种产品，因此，对房地产开发企业建造的商品房，在售出前，不征收房产税；但对售出前房地产开发企业已使用或出租、出借的商品房应按规定征收房产税。

2. 操作要点。

（1）增值税。自建安置房建设完成，若项目公司拥有自建安置房的所有权，在向被拆迁户出售安置房环节，通常可以两种方式取得售房收入：一种是从被拆迁户手中直接收取得购房款；另一种是从应付被搬迁户的拆迁补偿款中扣减房款。而无论上述哪种方式，对于项目公司来说，均属于有偿转让不动产，除非转让房产为2016年4月30日之前的老项目，否则均应按一般计税方法，适用9%税率确认销项税。同时，建设安置房所发生的施工成本相应进项税可以抵扣，进销相抵扣后的差额为销售安置房应缴纳的增值税。

（2）土地增值税。根据土地增值税暂行条例规定，转让国有土地使用权、地上的建筑物及其附着物并取得收入的单位和个人，为土地增值税的纳税义务人，应当依照规定缴纳土地增值税。项目公司若拥有自建安置房的房产，在向被拆迁户出售安置房环节，属于有偿转让房产，应按规定缴纳土地增值税。

纳税人建造普通标准住宅出售，增值额未超过扣除项目金额20%的免征土地增值税。所谓普通标准住宅，是指按所在地一般民用住宅标准建造的居住用住宅，具体划分界限由各省、自治区、直辖市人民政府规定。安置房通常都符合一般民用住宅标准，且售价通常受政府限价，所以项目增值税额一般不会超过20%。

依据政策规定，企事业单位、社会团体以及其他组织转让旧房作为廉租住房、经济适用住房房源且增值额未超过扣除项目金额20%的，免征土地增值税；企事业单位、社会团体以及其他组织转让旧房作为改造安置住房房源且增值额未超过扣除项目金额20%的，免征土地增值税。

（3）土地使用税、印花税。依据政策规定，对改造安置住房建设用地免征城镇土地使用税；对改造安置住房经营管理单位、开发商与改造安置住房相关的印花税予以免征。

（4）房产税。房地产开发企业建造的商品房，在售出前，不征收房产税；但对售出前房地产开发企业已使用或出租、出借的商品房应按规定征收房产税。

（5）企业所得税。项目公司应确认转让安置房收入，扣减相应成本费用后并入当期应纳税所得额，计算缴纳企业所得税。

（二）项目公司不拥有自建房产权

若项目公司不拥有自建安置房的所有权，即代政府建房、售房，则不构成房屋产权转让，不需要缴纳增值税、土地增值税、企业所得税。但实务中，此情况下是否以政府作为安置房的出售方，为购买者开具房产销售发票等问题，均需要提前协商安排。

三、销售外购安置房

（一）项目公司拥有安置房产权

1. 政策规定。

（1）《财政部 国家税务总局关于全面推开营业税改征增值税试点的通知》（财税〔2016〕36号）规定：

房地产开发企业中的一般纳税人销售其开发的房地产项目（选择简易计税方法的房地产老项目除外），以取得的全部价款和价外费用，扣除受让土地时向政府部门支付的土地价款后的余额为销售额。

（2）《财政部 国家税务总局关于土地增值税若干问题的通知》（财税〔2006〕21号）规定：

纳税人转让旧房及建筑物，凡不能取得评估价格，但能提供购房发票的，经当地税务部门确认，《条例》第六条第（一）、（三）项规定的扣除项目的金额，可按发票所载金额并从购买年度起至转让年度止每年加计5%计算。对纳税人购房时缴纳的契税，凡能提供契税完税凭证的，准予作为“与转让房地产有关的税金”予以扣除，但不作为加计5%的基数。

对于转让旧房及建筑物，既没有评估价格，又不能提供购房发票的，地方税务机关可以根据《中华人民共和国税收征收管理法》（以下简称《税收征管法》）第三十五条的规定，实行核定征收。

（3）《财政部 国家税务总局关于棚户区改造有关税收政策的通知》（财税〔2013〕101号）规定：

对改造安置住房建设用地免征城镇土地使用税。对改造安置住房经营管理单位、开发商与改造安置住房相关的印花税以及购买安置住房的个人涉及的印花税予以免征。

2. 操作要点。

（1）增值税。销售不动产单位和个人，为增值税纳税人。项目公司采购安置房，再销售给被拆迁户，属于有偿转让不动产，除非转让房产为2016年4月30日之前的老项目，否则均应按一般计税方法，适用9%税率确认销项税。同时，购入房产相应进项税可以抵扣，进销相抵扣后的差额为销售外购安置房应缴纳的增值税。

（2）土地增值税。根据土地增值税暂行条例规定，转让地上的建筑物及其附着物并取得收入的单位和个人，为土地增值税的纳税义务人。项目公司从拆迁补偿款中扣减安置房款，以自己名义购入安置房再转售给被拆迁户，属于有偿转让不动产，应按转让存量房产计算缴纳土地增值税。

（3）房产税。根据房产税暂行条例规定，房产税由产权所有人缴纳，项目公司采购安置房，在安置房持有期间应按照规定缴纳房产税。

（4）印花税。政策规定仅对改造安置住房经营管理单位、开发商与改造安置住房相关的印花税予以免征，但对于外购安置房目前并没有免税的规定。项目公司从其他安置房建设企业购买安置房，再销售给被拆迁户，应按照商品房销售合同所载金额0.5‰缴纳印花税。

（5）企业所得税。项目公司从安置房建设企业购买安置房，再销售给被拆迁户，应按取得售房款（或扣减拆迁户相当房款的补偿款）确认销售收入，扣减安置房购入成本后并入当期应纳税所得额，计算缴纳企业所得税。

（二）项目公司不拥有安置房产权

项目公司从其他房地产开发商认购房产用于拆迁安置，如不拥有安置房所有权，即根据政府审定房价，代被拆迁户与指定的安置房建设企业签订认购价格确认书，并代被拆迁户向该安置房建设企业支付购房款，实际的《购房合同》仍由安置房建设企业与被安置人单独签订，则项目公司针对该事项不涉税。

第二节　项目公司实施阶段

一、拆迁补偿

（一）支付个人的现金补偿

1. 政策规定。

（1）《财政部 国家税务总局关于全面推开营业税改征增值税试点的通知》（财税〔2016〕36号）规定：

个人取得的现金拆迁补偿，属于土地使用者将土地使用权归还给土地所有者的情形，免征增值税。

（2）《财政部 国家税务总局关于明确金融房地产开发教育辅助服务等增值税政策的通知》（财税〔2016〕140 号）规定：

房地产开发企业中的一般纳税人销售其开发的房地产项目（选择简易计税方法的房地产老项目除外），在取得土地时向其他单位或个人支付的拆迁补偿费用也允许在计算销售额时扣除。纳税人按上述规定扣除拆迁补偿费用时，应提供拆迁协议、拆迁双方支付和取得拆迁补偿费用凭证等能够证明拆迁补偿费用真实性的材料。

2. 操作要点。

（1）增值税。个人取得项目公司支付的现金补偿款，项目公司代表政府完成拆迁腾退。个人取得现金补偿款，属于土地使用者将土地使用权归还给土地所有者，个人不需要缴纳增值税，也不能开具增值税专用发票，所以项目公司此部分支出没有相应可抵扣进项税额。

如果项目公司采用代收转付或差额缴纳增值税的，支付拆迁补偿款也应依据市规划国土发〔2017〕186 号文件的有关规定，获得受托企业开具的收据和开户银行回单作为费用支出凭证，并整理留存作为备查资料。

（2）企业所得税。根据增值税暂行条例有关规定，在中华人民共和国境内销售货物或者加工、修理修配劳务（以下简称劳务），销售服务、无形资产、不动产以及进口货物的单位和个人，为增值税的纳税人，项目公司支付个人的拆迁补偿，不属于增值税征税范围。不在增值税应税范围的拆迁补偿，项目公司应凭拆迁协议、收款收据或开户银行回单作为资金往来凭证在企业所得税前扣除。

（二）支付单位的现金补偿

1. 政策规定。

《国家税务总局关于发布〈企业所得税税前扣除凭证管理办法〉的公告》（国家税务总局公告 2018 年第 28 号）规定：

企业在境内发生的支出项目不属于应税项目的，对方为单位的，以对方开具的发票以外的其他外部凭证作为税前扣除凭证；对方为个人的，以内部凭证作为税前扣除凭证。

2. 操作要点。

（1）增值税。单位取得项目公司支付的现金补偿款中，对于“建筑物”的补偿应按照“销售不动产”税目缴纳增值税，并向项目公司开具增值税专用发票。项目公司取票后可以抵扣相应进项税。

而对于停产停业补偿、搬家补偿、员工失业补偿等不属于增值税征税范围，项目公司此部分支出无法取得增值税发票，没有相应可抵扣进项税额。

(2) 企业所得税。同样，单位取得项目公司支付的现金补偿款中，针对“建筑物”的补偿部分，属于增值税应税范围，项目公司应取得其不动产销售发票，方在企业所得税税前扣除。而对于停产停业补偿、搬家补偿、员工失业补偿等，项目公司应根据国家税务总局公告 2018 年第 28 号文件的有关规定，获得拆迁协议、被拆迁单位开具的收据或开户银行回单作为费用支出凭证，在企业所得税前扣除。

(三) 支付个人的房产补偿

项目公司支付个人房产补偿，即从现金补偿中扣减安置房款部分，用于代个人建设或外购安置房。按税收口径，可将此交易拆分为：第一步，项目公司支付个人全部现金补偿；第二步，个人向项目公司订购安置房。第一步的涉税分析同上；第二步的项目公司涉税分析详见“第一节棚改项目前期阶段/三、销售外购安置房。

(四) 支付单位的房产补偿

项目公司支付单位的房产补偿，涉税分析同“支付个人的房产补偿”。

二、土地平整

(一) 政策规定

(1)《中华人民共和国增值税暂行条例》规定：

增值税纳税义务发生时间：发生应税销售行为，为收讫销售款项或者取得索取销售款项凭据的当天；先开具发票的，为开具发票的当天。

(2)《中华人民共和国企业所得税法实施条例》规定：

企业应纳税所得额的计算，以权责发生制为原则，属于当期的收入和费用，不论款项是否收付，均作为当期的收入和费用；不属于当期的收入和费用，即使款项已经在当期收付，均不作为当期的收入和费用。

(二) 操作要点

项目公司平整土地，完成“三通一平”等基础设施建设工程，属于提供其他建筑服务，会计上按履约进度确认主营业务收入及主营业务成本，相应增值税和企业所得税分析如下：

1. 增值税。纳税人发生应税行为并收讫销售款项或者取得索取销售款项凭据的当天。收讫销售款项，是指纳税人销售服务过程中或者完成后收到款项。取得索取销售款项凭据的当天，是指书面合同确定的付款日期；未签订书面合同或者书面合同未确定付款日期的，为服务完成的当天。先开具发票的，为开具发票的当天。

项目公司作为建筑施工企业，会计上根据履约进度确认的收入，但此时并不是与政府约定的收款日期，所以未达到增值税纳税义务时间，不需要缴纳增值税。

2. 企业所得税。根据企业所得税法实施条例规定，企业应纳税所得额以权责发生制为原则，属于当期的收入和费用，不论款项是否收付，均作为当期的收入和费用；不属于当期的收入和费用，即使款项已经在当期收付，均不作为当期的收入和费用。项目公司提供建筑服务按照履约进度确认收入的时间，即为企业所得税的纳税义务时间，应计算缴纳企业所得税。

三、自建安置房成本

（一）政策规定

《财政部 国家税务总局关于全面推开营业税改征增值税试点的通知》（财税〔2016〕36 号）规定：

一般纳税人为甲供工程提供的建筑服务，可以选择适用简易计税方法计税。甲供工程，是指全部或部分设备、材料、动力由工程发包方自行采购的建筑工程。

（二）操作要点

自建安置房是项目公司拆迁补偿的一部分，主要为安置房的建造成本。如果项目公司以总承包方式将工程交由某建筑企业，则项目公司作为业主方，可取得建筑企业开具的增值税专用发票，进行增值税进项税额抵扣并作为建安成本在企业所得税税前扣除。

建筑企业对甲供工程或清包工工程，可以选择简易计税。因此，项目公司在与建筑企业签订《工程总承包合同》前，应结合自建安置房项目的收入成本测算应缴纳增值税，据此与建筑企业协商确认其适用计税方法，防止税负转嫁。

四、外购安置房

在棚改项目实施阶段，由项目公司牵头认购定向安置房的，项目公司应根据是否拥有外购安置房产权，分别确定应取得的增值税扣税凭证及企业所得税税前扣除凭证类型。以便充分实现增值税的进项税额抵扣以及企业所得税全额税前扣除。具体详见“一、棚改项目立项阶段（三）外购安置房。”

第三节　政府出售土地阶段

项目公司完成土地一级开发后，将土地移交国土局，由国土局通过招拍挂方式，完成土地对外出售，取得土地使用权出让费。此阶段，实质上是政府通过土地使用权出让收回的资金阶段，交易主体中不涉及项目公司，因此项目公司不涉及税收问题。

第四节　项目公司收回资金阶段

此阶段，实质上是项目公司收回垫付本金及投资回报阶段。通常情况下，项目公司在阶段达到增值税纳税义务时间，开始按期缴纳增值税。

第十一章

项目运营

城市综合开发服务项目，项目公司进入运营阶段除负责前期土地一级开发内容外，对建成的基础设施和产业园区等，还需提供维修养护服务、规划咨询、产业导入、物业管理、租赁服务等各项运营服务，因此，本章节以各子项目为研究对象，对各项下服务业务和收费方式进行重点涉税分析。

第一节　基础设施项目

一、维修养护服务

（一）基本概况

针对非经营性基础设施项目，项目公司服务业务主要是对 PPP 项目范围内的基础设施项目清单提供维修养护和景观绿地养护服务，具体包括市政道路和桥梁工程、园林绿化及景观工程、公益性公园以及其他城市双修等涉及的城市基础设施及配套工程等，其运维服务范围包括建设实体工程（含主体和附属设施）的日常维修养护（含小修、大修）以及绿化管养、日常保洁、照明、交通监控、公园管理等。

（二）涉税分析

在非经营性基础设施项目中，项目公司向政府方提供的维修养护服务包括日常运维服务、大中修服务等一系列综合服务，且项目公司发生的运维成本以政府支付运维绩效服务费方式获得补偿。我们理解，在该方式下，项目公司收取、确认的运营维护服务收入应统一按 6% 税率缴纳增值税。

（三）管理建议

就基础设施项目中的维修养护服务而言，项目公司基于该项服务收取的运维收入及对应的销项税额相对固定，因此，扩增服务利润空间及降低增值税税负的关键在于有效控制运营维护成本，加强进项税抵扣管理水平。

1. 若项目公司采取委托运营方式，即项目公司委托专业运营公司负责项目运营服务，则项目公司发生的运营维护成本主要为支付的委托运营服务费。该方式下，项目公司可取得 6% 税率的专用发票用于抵扣进项税。此时，项目公司进销端税率同为 6%，不存在税率差，基本实现进销平衡。

2. 若项目公司利用自身专业能力提供运维服务，则发生的运营维护成本、费用类型较多，因适用税率不一导致可予抵扣的进项税差异显著。如原材料、设备等采购支出，项目公司可取得 13% 税率的专用发票用于抵扣，建安劳务分包支出，项目公司则可取得 9% 税率的专用发票抵扣进项税。

该方式下，项目公司销项端税率为 6%，进项端税率按购进货物、劳务、服务类型存在 13%、9% 等多种可能，但归结而言其综合抵扣率应高于销项税率 6%，因此，对比委托运营方式，项目公司因抵扣更多进项税使得需缴纳的增值税及附加减少，从而产生税收成本节约收益。

我们理解，在运营维护收入及对应销项税保持不变的前提下，不考虑其他因素，若产生的税收成本节约收益超过采取委托运营方式带来的运维成本的节约，则项目公司自主提供运营维护服务更加有利。

二、项目收益分析

对基础设施项目在土地一级开发阶段的收益——可用性服务费，本书已在第六章土地一级开发/第二节基础设施项目/四、项目收益分析做出研究。在项目运营阶段，政府方基于项目公司所提供的维修养护服务而支付的运维绩效服务费，其本质是政府为长期有效的向公众免费提供公共产品而向项目公司购买运营维护服务的行为，且该付费主要是为弥补项目公司发生的运营成本和合理运营利润，因此，我们理解，该付费构成项目公司的一项运营收入，应按照该业务适用的税目和税率缴纳增值税。

第二节　公共服务与产业配套项目

一、维修养护服务

（一）基本概况

公共服务与产业配套项目中的维修养护服务与基础设施项目的服务范围与要求基本一致，本章节不再赘述，具体内容详见第十一章项目运营/第一节基础设施项目/一、维修养护服务。

（二）涉税分析

如第三章合同签订与谈判/第一节合同签订要点/二、与政府的谈判要点/（九）运营期大中修费用所述，对准经营性项目（房屋、设备）大中修的年限、维修标准应按国家和地方相关规定执行。

若项目公司后期明确大中修费用补偿方式后，可参考以下思路判定该项运营收入适用的增值税政策。

1. 对项目公司发生的大中修费用，一并计入当年度运维成本，并通过收取运维绩效服务方式获得补偿的，则将大中修服务与日常运维服务等其他服务内容视同为一项综合性运营维护服务，统一按6%税率缴纳增值税；

2. 对项目公司发生的大中修费用，政府方单独给予补偿的，即该项收费可与其他运营收费区分的，则项目公司需根据实际提供的服务性质按适用税率缴纳增值税，具体包括：

（1）修理修配，即对损伤和丧失功能的货物进行修复，使其恢复原状和功能的业务，其主要修理对象是动产，如设备等，适用税率为13%。

（2）修缮，即对建筑物、构筑物进行修补、加固、养护、改善，使之恢复原来的使用价值或者延长其使用期限的工程作业，其主要修缮对象是不动产，如建筑物、构筑物、电梯等，适用税率为9%。

二、物业管理服务

（一）基本概况

物业管理服务范围为纳入 PPP 建设的产业大厦、科技孵化中心、研发大楼、通用厂房、工业厂房、安置房、社区服务中心等房屋及其设备管理维护。其服务内容包括但不限于：

1. 房屋建筑主体的管理及住宅装修的日常监督；
2. 房屋设备、设施的管理；
3. 环境卫生的管理；
4. 绿化管理；
5. 配合公安和消防部门做好住宅区内公共秩序维护工作；
6. 车辆秩序管理；
7. 公众代办性质的服务；
8. 物业档案资料的管理；
9. 向最终用户收取、向相关部门缴纳供水、供电、供气、供热、通讯、有线电视等有关费用。

（二）涉税分析

1. 增值税。物业管理属于企业管理服务，项目公司收到使用者支付的物业管理服务费应按照6%税率计算缴纳增值税。

（1）代收水电等费用。项目公司在提供物业管理服务过程中，代有关部门收取水费、电费、燃（煤）气费、维修基金、房租的行为，应根据《营业税改征增值税试点实施办法》（财税〔2016〕36号）第三十七条规定：销售额，是指纳税人发生应税行为取得的全部价款和价外费用，财政部和国家税务总局另有规定的除外。价外费用，是指价外收取的各种性质的收费，但不包括以下项目：

①代为收取并符合本办法第十条规定的政府性基金或者行政事业性收费。

②以委托方名义开具发票代委托方收取的款项。

若上述代收款项，属于上述两个条件之一的，则代收费用不应计入销售额中计算缴纳增值税。

如果不能符合以上两个条件的，则价外费用并入销售额，一并征收增值税。

其中，对于项目公司代收的水费，根据国家税务总局关于物业管理服务中收取的自来水水费增值税问题的公告（国家税务总局公告2016年第54号）规定：提供物业管理服务的纳税人，向服务接受方收取的自来水水费，以扣除其对外支付的自来水水费后的余额为销售额，按照“物业服务”依3%征收率计算缴纳增值税。

扣除“对外支付的自来水水费”需依据合法有效的凭证，包括增值税发票和省级以上（含省级）财政部门监（印）制的财政票据。

（2）收取停车费。物业管理单位收取的小区停车费，与物业管理费适用的税目不同，项目公司应该分别核算销售额，按照适用税率缴纳增值税。

纳税人以经营租赁方式将车位出租给他人使用的，应按照不动产经营租赁服务计算缴纳增值税。

物业管理单位向车位使用人收取的车位管理费，应按照物业服务计算缴纳增值税。

（3）同时提供物业管理和出租服务。《营业税改征增值税试点实施办法》（财税〔2016〕36号）第三十九条规定，纳税人兼营销售货物、劳务、服务、无形资产或者不动产，适用不同税率或者征收率的，应当分别核算适用不同税率或者征收率的销售额；未分别核算的，从高适用税率。

因此，项目公司同时提供物业管理和出租服务的，若统一签订一份合同，则合同价款应按照物业管理服务和租赁服务分别列示，后续分别适用6%和10%税率核算两项服务的销售额和销项税额，避免从高适用税率的风险。

（4）一次性收取全年物业管理费。根据《营业税改征增值税试点实施办法》（财税〔2016〕36号）规定，纳税人发生应税行为并收讫销售款项或者取得索取销售款项凭据的当天；先开具发票的，为开具发票的当天。

收讫销售款项，是指纳税人销售服务、无形资产、不动产过程中或者完成后收到款项。

取得索取销售款项凭据的当天，是指书面合同确定的付款日期。

未签订书面合同或者书面合同未确定付款日期的，为服务、无形资产转让完成的当天或者不动产权属变更的当天。

若物业管理服务费收取时，一次性收费且开具了发票，则应当在开具发票当月申报缴纳增值税。若未开发票，则应当按在服务提供时申报缴纳增值税。

2. 企业所得税。项目公司收到使用者支付的物业管理费收入时，应计入当年度应纳税所得额，按 25% 税率计算缴纳企业所得税。

3. 印花税。物业服务合同不属于印花税应税凭证，无需贴花。

三、租赁服务

（一）基本概况

项目公司可出租的物业主要为 PPP 项目公共服务与产业配套项目物业资产或少部分安置房尾房等，通常包括但不限于产业大厦、科技孵化中心、研发大楼、通用厂房、工业厂房和社区服务中心等。

（二）涉税分析

1. 增值税。该项收入来源主要为使用者付费的物业租赁收入。根据《营业税改征增值税试点实施办法》（财税〔2016〕36 号）和《财政部税务总局关于调整增值税税率的通知》（财税〔2018〕32 号）规定，房屋租赁属于现代服务中的不动产经营租赁服务，其适用税率是 10%。

（1）免租期。国家税务总局在《关于土地价款扣除时间等增值税征管问题的公告》（国家税务总局公告 2016 年第 86 号）规定："纳税人出租不动产，租赁合同中约定免租期的，不属于《营业税改征增值税试点实施办法》（财税〔2016〕36 号文件印发）第十四条规定的视同销售服务。"

因此，项目公司与入园企业签订租赁合同，且合同中约定免租期的，项目公司无需作为无偿租赁提供服务进行视同销售处理。

（2）预收租金。《营业税改征增值税试点实施办法》（财税〔2016〕36 号）附件 1：《营业税改征增值税试点实施办法》第四十五条规定，纳税人提供建筑服务、租赁服务采取预收款方式的，其纳税义务发生时间为收到预收款的当天。按照《财政部 税务总局关于建筑服务等营改增试点政策的通知》（财税〔2017〕58 号）第二条规定，《营业税改征增值税试点实施办法》（财税〔2016〕36 号）第四十五条第（二）项修改为“纳税人提供租赁服务采取预收款方式的，其纳税义务发生时间为收到预收款的当天”。

因此，项目公司预收租金的，不能按月分摊计税，应当在收到租金的当月全额计算缴纳增值税。

2. 企业所得税。根据《国家税务总局关于贯彻落实企业所得税法若干税收问题的通知》（国税函〔2010〕79 号）第一条规定：企业提供固定资产、包装物或者其他有形资产的使用权取得的租金收入，应按交易合同或协议规定的承租人应付租金的日期确认收入的实现。其中，如果交易合同或协议中规定租赁期限跨年度，且租金提前一次性支付的，根据《实施条例》第九条规定的收入与费用配比原则，出租人可对上述已确认的收入，在租赁期内，分期均匀计入相关年度收入。

因此，对于跨期租金收入，项目公司可按权责发生制原则确认当期的收入和费用，不论款项是否收付，并以此计算企业应纳税所得额和应纳税额。

3. 印花税。对于项目公司签订的租赁合同，应按照“财产租赁合同”，以租赁金额 1‰进行贴花。

同时，根据《中华人民共和国印花税法》的规定，购销合同的计税依据为合同上载明的“购销金额”。而在实际经济活动中，购销合同中的“购销金额”有的包括增值税税金，有的不包括。项目公司计算缴纳印花税，应按以下方法进行计算：

（1）如果购销合同中只有不含税金额，以不含税金额作为印花税的计税依据；

（2）如果购销合同中既有不含税金额又有增值税金额，且分别记载的，以不含税金额作为印花税的计税依据；

（2）如果购销合同所载金额中包含增值税金额，但未分别记载的，以合同所载金额（即含税金额）作为印花税的计税依据。

4. 房产税。根据《中华人民共和国房产税暂行条例》第三条规定：房产税依照房产原值一次减除 10% 至 30% 后的余值计算缴纳。具体减除幅度，由省、自治区、直辖市人民政府规定。没有房产原值作为依据的，由房产所在地税务机关参考同类房产核定。房产出租的，以房产租金收入为房产税的计税依据。

因此，对于同时存在房产自用和出租情形的，项目公司应按照自用面积，换算出对应的房产价值，从价计征；根据出租部分取得的租金，从租计征。

四、仓储物流服务

（一）基本概况

PPP 项目仓储物流服务内容主要是对园区仓储物流实施集中管理，为入驻企业提供储存、保管、装卸搬运、配送货物及其信息处理等服务。

（二）涉税分析

1. 增值税。在仓储物流服务中，项目公司需区分仓储租赁和仓储服务两类合同。仓储租赁实质为不动产租赁，其适用税率为 9%；仓储服务指提供仓储服务的单位利用仓库、货场或者其他场所代客贮放、保管货物的业务活动，因此，适用税率为 6%，简易计税方式下适用征收率为 3%。

对于项目公司提供的货物配送服务，同样需要区分该服务属于交通运输服务还是收派服务。根据财税〔2016〕36 号文件规定，“收派服务”是指接受寄件人委托，在承诺的时限内完成函件和包裹的收件、分拣、派送服务的业务活动。其中：收件服务，是指从寄件人收取函件和包裹，并运送到服务提供方同城的集散中心的业务活动；分拣服务，是指服务提供方在其集散中心对函件和包裹进行归类、分发的业务活动；派送服务，是指服务提供方从其集散中心将函件和包裹送达同城的收件人的业务活动。因此，我们理解，项目公司从事配送业务，对收件服务、分拣服务、派送服务发生在同城范围部分按“收派服务”适用 6% 税率或 3% 征收率申报缴纳增值税；对配送范围超过本市区域的收入部分按“交通运输业”适用 9% 税率申报缴纳增值税。

2. 企业所得税。项目公司收到使用者支付的仓储物流收入时，应计入当年度应纳税所得额，按 25% 税率计算缴纳企业所得税。其中，对于仓储租赁服务收入，可依照国税函〔2010〕79 号文件的规定，按权责发生制原则确认当期的收入和费用，并以此计算对应的企业应纳税所得额和应纳税额。

3. 印花税。依据《中华人民共和国印花税法》规定，项目公司签订的货物运输合同需按运输费用万分之五贴花；依据国税发〔1990〕173号文件规定，在货运业务中，凡是明确承、托运双方业务关系的运输单据均属于合同性质的凭证，鉴于目前各类货运业务使用的单据，不够规范统一，不便计税贴花，为便于征管，规定以运费结算凭证作为各类货运的应税凭证。

依据《中华人民共和国印花税法》规定，项目公司签订的仓储保管合同按仓储保管费用千分之一贴花。

五、城市开发产业园区公共服务

（一）基本概况

城市开发产业园区公共服务主要内容包括：

1. 行政服务。包括不限于工商、税务、安监、环保、审批、政策咨询、检验检疫、项目申报等服务，为入驻企业办理土地审批收储审查、图纸审查、立项报批、各项评估、注册登记、开户申请、税务登记、行业许可、市政规划、通需报批等各种手续。

2. 专业服务。包括不限于为入驻企业和孵化企业提供厂房定制、战略规划、检验检测、科技评估、科技鉴证、知识产权、法律服务、咨询服务、会计审计、信用中介、融资服务、广告服务、售后服务、人力资源等专业服务。

3. 信息服务。包括不限于发展云计算、大数据、物联网等领域，建立园区大数据公共服务平台，开展新一代信息技术在生产制造、产品销售和生活消费各环节中的应用。为入驻企业提供供应链计划、供应链物流、供应链金融、供应链电子商务以及信息追溯等集成服务，对制造企业的原材料、零部件、半成品、产成品和产品消费等实现全过程的配套和跟踪服务。

4. 生活服务。包括不限于餐饮、购物、娱乐、休闲、运动、居住、文化、社交、医疗、教育、养老等服务。

（二）涉税分析

1. 专业技术服务，包括测绘服务、战略规划、市政规划、技术检测认证等专项技术服务，适用税率6%。

2. 信息技术服务，包括为入园企业提供的各项系统集成服务及配套服务等，适用税率6%。

3. 文化创意服务，包括供应链设计、广告设计、知识产权的登记、鉴定、评估、认证、检索服务及广告服务等，适用税率 6%。

4. 鉴证咨询服务，包括政策咨询、检测检验、科技评估、科技鉴证、法律服务、咨询服务、会计审计等，适用税率 6%。

5. 经纪代理服务，包括为入园企业代办各种手续、知识产权代理、人力资源外包等，适用税率 6%。

其中，对于人力资源外包服务，根据财税〔2016〕47 号文件规定，项目公司可以选择适用简易计税方法，按照 5% 的征收率计算缴纳增值税，其销售额不包括受客户单位委托代为向客户单位员工发放的工资和代理缴纳的社会保险、住房公积金。向委托方收取并代为发放的工资和代理缴纳的社会保险、住房公积金，不得开具增值税专用发票，可以开具普通发票。

6. 人力资源服务，包括提供劳务派遣、人才委托招聘、劳动力外包等，适用税率 6%。

其中，对于劳务派遣，根据财税〔2016〕47 号文件的规定，项目公司提供劳务派遣服务，可以取得的全部价款和价外费用为销售额，按照一般计税方法计算缴纳增值税；也可以选择差额纳税，以取得的全部价款和价外费用，扣除用工单位支付给劳务派遣员工的工资、福利和为其办理社保及住房公积金后的余额为销售额，按照简易计税方法依 5% 的征收率计算缴纳增值税。

7. 生活服务，包括文化体育服务、教育医疗服务、旅游娱乐服务、餐饮住宿服务、居民日常服务和其他生活服务，适用税率 6%。

六、科技孵化服务

（一）基本概况

本项目以科技孵化中心为空间载体，打造科创服务平台，重点发展研究开发、工业设计、创业孵化、科技咨询、科技成果转化、技术转移、知识产权运营交易、职业教育等配套服务。

（二）涉税分析

1. 国家层面税收优惠。

（1）政策内容。根据《财政部 税务总局 科技部 教育部关于科技企业孵化器 大学科技园和众创空间税收政策的通知》（财税〔2018〕120

号）第一条规定：自 2019 年 1 月 1 日至 2021 年 12 月 31 日，对国家级、省级科技企业孵化器、大学科技园和国家备案众创空间自用以及无偿或通过出租等方式提供给在孵对象使用的房产、土地，免征房产税和城镇土地使用税；对其向在孵对象提供孵化服务取得的收入，免征增值税。

本通知所称孵化服务是指为在孵对象提供的经纪代理、经营租赁、研发和技术、信息技术、鉴证咨询服务。

（2）适用条件。根据财税〔2018〕120 号文和《科技部关于印发〈科技企业孵化器管理办法〉的通知》（国科发区〔2018〕300 号）相关规定，国家级或省级科技企业孵化器、大学科技园和国家备案众创空间享受免税政策，需满足以下标准：

①申请国家级科技企业孵化器的应具备的条件。

a. 孵化器具有独立法人资格，发展方向明确，具备完善的运营管理体系和孵化服务机制。机构实际注册并运营满 3 年，且至少连续 2 年报送真实完整的统计数据；

b. 孵化场地集中，可自主支配的孵化场地面积不低于 10 000 平方米。其中，在孵企业使用面积（含公共服务面积）占 75% 以上；

c. 孵化器配备自有种子资金或合作的孵化资金规模不低于 500 万元人民币，获得投融资的在孵企业占比不低于 10%，并有不少于 3 个的资金使用案例；

d. 孵化器拥有职业化的服务队伍，专业孵化服务人员（指具有创业、投融资、企业管理等经验或经过创业服务相关培训的孵化器专职工作人员）占机构总人数 80% 以上，每 10 家在孵企业至少配备 1 名专业孵化服务人员和 1 名创业导师（指接受科技部门、行业协会或孵化器聘任，能对创业企业、创业者提供专业化、实践性辅导服务的企业家、投资专家、管理咨询专家）；

e. 孵化器在孵企业中已申请专利的企业占在孵企业总数比例不低于 50% 或拥有有效知识产权的企业占比不低于 30%；

f. 孵化器在孵企业不少于 50 家且每千平方米平均在孵企业不少于 3 家；

g. 孵化器累计毕业企业应达到 20 家以上。

②在同一产业领域从事研发、生产的企业占在孵企业总数的 75% 以上，且提供细分产业的精准孵化服务，拥有可自主支配的公共服务平台，

能够提供研究开发、检验检测、小试中试等专业技术服务的可按专业孵化器进行认定管理。专业孵化器内在孵企业应不少于30家且每千平方米平均在孵企业不少于2家；累计毕业企业应达到15家以上。

③孵化器在孵企业应具备的条件：

a. 主要从事新技术、新产品的研发、生产和服务，应满足科技型中小企业相关要求；

b. 企业注册地和主要研发、办公场所须在本孵化器场地内，入驻时成立时间不超过24个月；

c. 孵化时限原则上不超过48个月。技术领域为生物医药、现代农业、集成电路的企业，孵化时限不超过60个月。

d. 国家级、省级科技企业孵化器、大学科技园和国家备案众创空间应当单独核算孵化服务收入。

(3) 备案手续及留存资料。国家级、省级科技企业孵化器、大学科技园和国家备案众创空间应按规定申报享受免税政策，并将房产土地权属资料、房产原值资料、房产土地租赁合同、孵化协议等留存备查。

①对科技企业孵化器收入免征增值税，无需向税务机关报送资料。

②对孵化器自用及提供孵化企业使用房产免征房产税优惠，需报送资料：

a.《纳税人减免税备案登记表》2份；

b. 房屋产权证明复印件；

c. 证明房产原值的资料；

d. 科技部门出具的证明材料；

e. 孵化器面向孵化企业出租场地、房屋以及提供孵化服务的业务收入在 财务上单独核算的相关证明材料；

f. 孵化企业相关证明材料、在孵化企业汇总表；

g. 主管税务机关要求的其他资料。

③孵化器自用及提供孵化企业使用土地免城镇土地使用税优惠，需报送资料：

a.《纳税人减免税备案登记表》2份；

b. 土地使用权证明复印件；

c. 科技部门出具的证明材料；

d. 孵化器面向孵化企业出租场地、房屋以及提供孵化服务的业务收入在 财务上单独核算的相关证明材料；

e. 孵化企业相关证明材料、在孵化企业汇总表。

2. 地方性财政补助。

（1）政策内容。以广东省为例，根据《关于印发〈广东省科学技术厅广东省财政厅关于科技企业孵化器、众创空间后补助试行办法（修订）〉的通知》（粤科规范字〔2018〕1号）规定，对省内科技孵化服务的财政补助类型主要包括：

①新增孵化面积补助。对上一年度获得地级以上市新增孵化面积补助的孵化器、众创空间，省财政再按照珠三角地区不超过市级补助额的50%，粤东西北地区不超过市级补助额的100%给予后补助，每家最高不超过200万元。

②运营评价及后补助。对运营评价结果珠三角地区为A等级，粤东西北地区为A、B等级的孵化器和众创空间，省财政给予补助，A等级补助30万元，B等级补助20万元。其中，对新获得国家级科技企业孵化器，或国家级众创空间备案单位资质认定的孵化器及众创空间，当年评价列为A等级。

（2）适用条件。

①科技企业孵化器：孵化场地面积不少于2 000平方米，在孵企业不少于20家；

②申请后补助的孵化器、众创空间应是广东省内注册的独立法人，且经各级科技管理部门（包含省、市、区、县）认定的孵化器、众创空间。

（3）提交申请资料。

①申请省财政新增孵化面积补助的申报单位需提供以下证明材料：

a. 申请地级以上市新增孵化面积财政补助的申报材料；

b. 市级财政资金下达、拨付及到账证明材料；

c. 指南要求的其他材料。

②申请省财政运营评价后补助资金的孵化器、众创空间，须提交以下材料：

a. 孵化器、众创空间运营评价结果；

b. 指南要求的其他材料。

七、金融配套服务

（一）基本概况

若 PPP 项目以金融大厦为空间载体，以市场化方式搭建现代金融服务平台，可以开展银行业、证券期货业、保险业等现有金融机构混合经营，为园区各类企业提供股权投资、天使投资、风险投资、融资租赁、担保贷款、贴息贷款、小额贷款、信用贷款、风险补偿金、境内外上市、代办股权转让、并购重组、技术产权交易、企业债券，以及持有物业的股权、信托、证券化等方式资本运作等服务。

（二）涉税分析

金融配套服务，即项目公司为入园企业和科技孵化企业提供一系列金融代理服务，其取得的收入应按金融代理服务，适用 6% 税率缴纳增值税。

八、其他运营服务

（一）基本概况

包括项目有关的资产、资本等资源的运营，以及为满足园区各项配套功能需求，针对政府、企业、居民开展的其他运营服务。

（二）涉税分析

其他运营服务主要为使用者付费，由于各项服务内容尚不明确，因此，项目公司应在实际提供服务后根据各自适用税目和税率申报缴纳增值税。

九、项目收益分析

项目公司直接向入园企业提供各类运营服务并收取费用，政府仅就经营收入无法覆盖建设成本及投资收益的缺口部分给予补贴，即其收益来源于使用者付费和可行性缺口补助两部分。对于可行性缺口补助，目前争议较大，实务中存在贷款服务、企业管理服务、建筑服务和建筑服务＋贷款服务（或企业管理服务）四种纳税模式，对于各项模式内容和关注要点可参见“第六章土地一级开发/第一节土地整理配合服务项目/五、项目收益分析”，本部分不再赘述。

此外，根据第三章合同签订与谈判/第一节合同签订要点/二、与政府的谈判要点/（六）政府付费/可行性缺口补助中的税费分担机制条款说明，对于公共服务及配套设施“可行性缺口补助”产生的增值税，其补偿方式与政府可用性服务费一致，均为建设成本对应的应纳增值税可按进销相抵后的净额据实结算，综合收益部分的增值税视为包含在相关费用的报价中，不另行结算支付。因此，项目公司采取不同的纳税模式，对建设成本按规定充分抵扣进项税后应缴纳的增值税额，项目公司均可获得全额补偿，无税费损失，而对于项目公司因管理不善等主管原则造成未充分抵扣的进项税损失则需项目公司自行承担。

第三节　前期规划与咨询

一、基本概况

（一）规划咨询费

包括但不限于项目战略规划、总体规划、产业规划、交通规划、城市设计、双创空间发展模式专题研究、海绵城市专题研究、智慧城市发展专题研究，以及园区建设规划、控制性详细规划、修建性详细规划等一系列规划及相关咨询服务所需费用，按国家及地方、行业相关计费标准由政府与社会资本双方协商确定，通常在项目公司完成相应研究成果并经项目实施机构验收后 n 年内平均支付。

（二）前期咨询工作费

为项目实施机构开展 PPP 项目的立项、工可、入库、两评一案、采购招标、PPP 合同等前期相关工作所需费用，按相应服务合同约定结算，由项目公司代为支付给相应服务单位后 n 年内平均支付。

二、涉税分析

（一）增值税

在支出端，对于前期咨询工作费，由于存在政府垫付的情形，因此，项目公司应具体分析该类费用的付款、取票情况，并进行不同的处理，其处理原则详见第三章合同签订与谈判/第一节合同签订要点/二、与政府的谈判要点/（四）前期费用；对于规划咨询服务，项目公司通常聘用专业咨询机构完成该项工作，因此，项目公司支付服务费时应取得 6% 税率的专用发票抵扣进项税。

在收入端，前期规划与咨询子项目付费类型为基于绩效考核的政府付费，如第三章合同签订与谈判/第一节合同签订要点/三、与税务机关的谈判要点/（二）项目适用税目和税率所述处理。

（二）企业所得税

项目公司收到政府支付的规划咨询服务费时，应计入当年度应纳税所得额，按 25% 税率计算缴纳企业所得税。

（三）印花税

规划咨询服务合同不属于印花税应税凭证，无需贴花。

第十二章

项目到期移交

本章节主要根据PPP合同中的移交条款及安排的社会资本退出机制，对运营期满后项目退出问题进行涉税分析，并提出管理建议。

第一节　涉税分析

一、无偿移交无产权资产

项目运营期满后，项目公司根据PPP项目合同的约定，将资产无偿移交给政府或其指定机构。

对涉及无偿移交且项目公司未取得产权的资产项目，如土地整理配合服务项目中的安置房，由于项目公司只拥有资产使用权，因此，到期移交时不涉及土地、房产所有权的转移，项目公司无需就移交行为缴纳增值税及附加、土地增值税、企业所得税等相关税费。

二、无偿移交有产权资产

对涉及无偿移交且项目公司取得产权的资产项目，由于无偿移交时涉及土地、房产产权的转移，因此，项目公司需就移交行为缴纳相关税费。具体包括：

（一）增值税

项目公司无偿移交拥有产权的准经营性项目资产是否涉税需区分移交资产类型分别处理。其中，对于项目公司无偿移交土地使用权给政府或自然资源行政主管部门的，属于财税〔2016〕36 号文件规定的免征增值税项目，不需要缴纳增值税；对于项目公司无偿移交的房产应视同销售，按“销售不动产”税目，适用 9% 税率缴纳增值税。

此外，由于项目公司移交准经营性项目资产的回报是通过政府付费方式获得，收益相对固定，而税务机关核定的视同销售额则是以市场公允价值确定，因此，两种口径下，项目公司的移交资产可能存在价格不公允的涉税风险。

1.《关于全面推开营业税改征增值税试点的通知》（财税〔2016〕36 号）附件 1《营业税改征增值税试点实施办法》规定：

“第十四条　单位或者个人向其他单位或者个人无偿提供服务、无偿转让无形资产或者不动产的，应视同销售服务、无形资产或者不动产，但用于公益事业或者以社会公众为对象的除外。”

“第四十四条　纳税人发生应税行为价格明显偏低或者偏高且不具有合理商业目的的，或者发生本办法第十四条所列行为而无销售额的，主管税务机关有权按照下列顺序确定销售额：（一）按照纳税人最近时期销售同类服务、无形资产或者不动产的平均价格确定；（二）按照其他纳税人最近时期销售同类服务、无形资产或者不动产的平均价格确定；（三）按照组成计税价格确定。组成计税价格的公式为：组成计税价格 = 成本 ×（1 + 成本利润率）。成本利润率由国家税务总局确定。”

2.《关于全面推开营业税改征增值税试点的通知》（财税〔2016〕36 号）附件 3《营业税改征增值税试点过渡政策的规定》规定：

“第三十七条　土地所有者出让土地使用权和土地使用者将土地使用权归还给土地所有者的行为免征增值税。”

（二）企业所得税

根据《国家税务总局关于企业处置资产所得税处理问题的通知》（国税函〔2008〕828 号）第二项条款和《国家税务总局关于企业所得税有关问题的公告》（国家税务总局公告 2016 年第 80 号）第二项条款规定，

项目公司无偿移交准经营性项目中资产给政府或其指定机构的，需视同销售并按照公允价格缴纳企业所得税。

1.《国家税务总局关于企业处置资产所得税处理问题的通知》（国税函〔2008〕828号）规定：

“第二条 企业将资产移送他人的下列情形，因资产所有权属已发生改变而不属于内部处置资产，应按规定视同销售确定收入。

（一）用于市场推广或销售；

（二）用于交际应酬；

（三）用于职工奖励或福利；

（四）用于股息分配；

（五）用于对外捐赠；

（六）其他改变资产所有权属的用途。”

2.《国家税务总局关于企业所得税有关问题的公告》（国家税务总局公告2016年第80号）规定：

“第二条 企业发生《国家税务总局关于企业处置资产所得税处理问题的通知》（国税函〔2008〕828号）第二条规定情形的，除另有规定外，应按照被移送资产的公允价值确定销售收入。”

（三）土地增值税

根据《土地增值税暂行条例》和《财政部 国家税务总局关于土地增值税一些具体问题规定的通知》（财税字〔1995〕48号）规定，项目公司到期无偿移交房产不属于“因国家建设需要依法征用、收回的房地产”的行为，亦不属于“赠与教育、民政和其他社会福利、公益事业”的行为，因此应按照相关规定缴纳土地增值税。

1.《土地增值税暂行条例》规定：

“第八条（二）项：因国家建设需要依法征用、收回的房地产，免征土地增值税。上述所称的因国家建设需要依法征用、收回的房地产，是指因城市实施规划、国家建设的需要而被政府批准征用的房产或收回的土地使用权。”

2.《财政部 国家税务总局关于土地增值税一些具体问题规定的通知》（财税字〔1995〕48号）规定：

“第四条 细则所称的“赠与”指如下情况：

（一）房产所有人、土地使用权所有人将房屋产权、土地使用权赠与直系亲属或承担直接赡养义务人的；

（二）房产所有人、土地使用权所有人通过中国境内非营利的社会团体、国家机关将房屋产权、土地使用权赠与教育、民政和其他社会福利、公益事业的。”

第二节 管理建议

一、政府补偿移交环节税费

若项目公司无偿移交资产，在具体执行层面，项目公司需在资产移交前，根据当年周边房产和土地的市价（或评估价），并在考虑计算期至移交期间的通货膨胀率等因素的基础上，较为准确的计算出移交环节所涉及的增值税及附加、企业所得税、土地增值税的数额，均摊至有效年度（计算期—移交期）或移交当期的运营成本之中，并通过可行性缺口补贴形式获得补偿。

此外，在计算移交税费时，由于对于无偿移交土地使用权的，项目公司应与政府或国土资源等县级及县级以上政府及国土资源部门签订移交协议，以适用增值税免税优惠政策。

二、改变退出方式，避免实物资产移交的视同销售风险

由于项目公司无偿移交有产权资产（主要为不动产）会涉及增值税和土地增值税的视同销售风险，因此，在合作期满，项目公司继续经营的前提下，项目公司（或社会资本方）可通过规避实物资产的产权变更过程，降低其移交环节的整体税负。具体方式包括：

（一）减资

项目公司继续持有全部资产，社会资本方通过减资方式实现退出（可逐步减持股权），且项目公司以货币性资产作为股东减资的支付对价。减资完成后，项目公司成为政府平台公司的全资子公司，政府方实质控制全部 PPP 项目资产。

减资方式下，社会资本方仅需根据《国家税务总局关于企业所得税

若干问题的公告》(国家税务总局公告 2011 年第 34 号) 第五条规定，就投资资产转让所得计算缴纳企业所得税；当投资资产转让所得小于零时，社会资本方向主管税务机关申报专项备案后，该投资资产损失可在企业所得税税前扣除。

1.《国家税务总局关于企业所得税若干问题的公告》(国家税务总局公告 2011 年第 34 号) 规定：

"第五条　投资企业从被投资企业撤回或减少投资，其取得的资产中，相当于初始出资的部分，应确认为投资收回；相当于被投资企业累计未分配利润和累计盈余公积按减少实收资本比例计算的部分，应确认为股息所得；其余部分确认为投资资产转让所得。"

2.《企业资产损失所得税税前扣除管理办法》(国家税务总局公告 2011 年第 25 号) 规定：

"第四十一条　企业股权投资损失应依据以下相关证据材料确认：

(一) 股权投资计税基础证明材料；

(二) 被投资企业破产公告、破产清偿文件；

(三) 工商行政管理部门注销、吊销被投资单位营业执照文件；

(四) 政府有关部门对被投资单位的行政处理决定文件；

(五) 被投资企业终止经营、停止交易的法律或其他证明文件；

(六) 被投资企业资产处置方案、成交及入账材料；

(七) 企业法定代表人、主要负责人和财务负责人签章证实有关投资(权益) 性损失的书面申明；

(八) 会计核算资料等其他相关证据材料。"

"第四十五条　企业按独立交易原则向关联企业转让资产而发生的损失，或向关联企业提供借款、担保而形成的债权损失，准予扣除，但企业应作专项说明，同时出具中介机构出具的专项报告及其相关的证明材料。"

(二) 股权转让

项目公司继续持有全部资产，社会资本方将其持有的项目公司股权全部转让给政府平台公司，项目公司成为政府平台公司的全资子公司，政府方实质控制全部项目资产。

与减资方式一致，社会资本方转让项目公司股权，同样仅需按照《国家税务总局关于贯彻落实企业所得税法若干税收问题的通知》(国税函〔2010〕79 号）第三条规定，就股权转让所得计算缴纳企业所得税；发生股权转让损失的，在向主管税务机关申报专项备案后，该投资资产损失也可在企业所得税税前扣除。

值得重点关注的是，由于社会资本方计算股权转让收益时，不能扣除项目公司未分配利润等股东留存收益中社会资本方按持有股权比例或者公司章程约定所可能分配的金额，因此，对股权转让前项目公司存在大额留存收益的，社会资本方可以先要求项目公司分配利润和或将留存收益转增资本，降低股权转让所得。

《国家税务总局关于贯彻落实企业所得税法若干税收问题的通知》（国税函〔2010〕79 号）规定：

“三、关于股权转让所得确认和计算问题

企业转让股权收入，应于转让协议生效、且完成股权变更手续时，确认收入的实现。转让股权收入扣除为取得该股权所发生的成本后，为股权转让所得。企业在计算股权转让所得时，不得扣除被投资企业未分配利润等股东留存收益中按该项股权所可能分配的金额。”

附录：法规与政策

附录一

PPP模式税收政策

一、《营改增政策执行口径第二辑》（湖北国税）

BOT项目如何计算缴纳增值税的问题

BOT即建设——经营——转让。主要指私营企业参与基础设施建设，向社会提供公共服务的一种方式。

我国一般称之为“特许经营权”，是指政府部门就某个基础设施项目与私人企业（项目公司）签订特许经营权协议，授予签约方的私人企业（包括外国企业）来承担该项目的投资、融资、建设和维护，在协议规定的特许期限内，许可其融资建设和经营特定的公用基础设施，并准许其通过向用户收取费用或出售产品以清偿贷款，回收投资并赚取利润。政府对这一基础设施有监督权，调控权，特许期满，签约方的私人企业将该基础设施无偿或有偿移交给政府部门。

（1）以投融资人的名义立项建设（B），工程完工后经营（O）一段时间，再转让业主（T）的，在项目的各个阶段，按以下方法计税：

在建设阶段，投融资人建设期间发生的支出为取得该项目（一般为不动产）所有权的成本，所取得的进项税额可以抵扣。投融资人将建筑工程承包给其他施工企业的，该施工企业为建筑业增值税纳税人，按“建筑业”税目征收增值税，其销售额为工程承包总额。

在经营阶段，投融资人对所取得的收入按照其销售的货物、服务适用的税率计税。

在转让阶段，就所取得收入按照“销售不动产”税目征收增值税，其销售额为实际取得的全部回购价款（包括工程建设费用、融资费用、管理费用和合理回报等收入）。

（2）以项目业主的名义立项建设（B），工程完工后经营（O）一段时间，再交付业主（T）的，在项目的各个阶段，按以下方法计税：

在建设阶段，投融资人建设期间发生的支出为取得该项目（一般为不动产）经营权的成本，作为“其他权益性无形资产——基础设施资产经营权”核算，所取得的进项税额可以抵扣。投融资人将建筑工程承包给其他施工企业的，该施工企业为建筑业增值税纳税人，按“建筑业”税目征收增值税，其销售额为工程承包总额。

在经营阶段，投融资人对所取得的收入按照其销售的货物、服务适用的税率计税。

在交付阶段，就所取得收入按照“销售无形资产”税目征收增值税，其销售额为实际取得的全部回购价款。

二、《营改增问题快速处理机制 专期十七》（河南省）

（1）BOT 是指政府部门就某个基础设施项目与私人企业（项目公司）签订特许经营权协议，授予签约方的私人企业（项目公司）来承担该项目的投资、融资、建设和维护，在协议规定的特许期限内，许可其融资建设和经营特定的公用基础设施，并准许其通过向用户收取费用或出售产品以清偿贷款，回收投资并赚取利润。政府对这一基础设施有监督权、调控权，特许期满，签约方的私人企业将该基础设施无偿或有偿移交给政府部门。

纳税人投资 BOT 项目，以项目建成后实际运营中取得的全部价款和价外费用，根据实际提供的服务项目所对应的征收率或者税率计算缴纳增值税。纳税人未分别准确核算各服务项目收入的，一律从高适用征收率或者税率。

（2）PPP 模式，从广义看是政府与社会资本合作，让非公共部门所掌握的资源参与提供公共产品和服务的一种项目融资模式。从狭义看，与 BOT 相比，政府对项目中后期建设管理运营过程参与更深。

BT、BOT、PPP 项目建成以后，纳税人为项目资产提供管理和维护等服务取得的全部价款和价外费用，分别准确核算各服务项目收入的，按照各服务项目所对应的征收率或者税率计算缴纳增值税。纳税人未分别准确核算各服务项目收入的，一律从高适用征收率或者税率。

三、《国家税务总局关于进一步明确营改增有关征管问题的公告》（国家税务总局公告 2017 年第 11 号）

注释：条款废止，条款第四条废止。参见《国家税务总局关于明确中外合作办学等若干增值税征管问题的公告》（国家税务总局公告 2018 年第 42 号）。

注释：条款废止，条款第九条废止。参见《国家税务总局关于扩大小规模纳税人自行开具增值税专用发票试点范围等事项的公告》（国家税务总局公告 2019 年第 8 号）。

注释：条款废止，条款第十条废止。参见《国家税务总局关于取消增值税扣税凭证认证确认期限等增值税征管问题的公告》（国家税务总局公告 2019 年第 45 号）。

四、《财政部 税务总局关于建筑服务等营改增试点政策的通知》（财税〔2017〕58 号）

注释：条款废止，条款第九条废止。参见《国家税务总局关于扩大小规模纳税人自行开具增值税专用发票试点范围等事项的公告》（国家税务总局公告 2019 年第 8 号）。

注释：条款废止，条款第十条废止。参见《国家税务总局关于取消增值税扣税凭证认证确认期限等增值税征管问题的公告》（国家税务总局公告 2019 年第 45 号）。

注释：条款废止，条款第四条废止。参见《国家税务总局关于明确中外合作办学等若干增值税征管问题的公告》（国家税务总局公告 2018 年第 42 号）。

五、河南省《 营改增问题快速处理机制 专期十六》

EPC 业务不属于混合销售行为，属于兼营行为，纳税人需要针对 EPC 合同中不同的业务分别进行核算，即按各业务适用的不同税率分别计提销项税额。

六、《关于纳税人投资政府土地改造项目有营业问题的公告》（国家税务总局 2013 年第 15 号公告）

七、《国家税务总局关于政府收回土地使用权及纳人代垫拆迁补偿费有营业税问题的通知》（国函〔2009〕520 号）

附录二

资产支持证券化相关法规

一、《营业税改征增值税试点有关事项的规定》（财税〔2016〕36号：附件2）

二、《关于明确金融、房地产开发、教育辅助服务等增值税政策的通知》（财税〔2016〕140号）

三、《财政部 国家税务总局关于资管产品增值税政策有关问题的补充通知》（财税〔2017〕2号）

四、《关于信贷资产支持证券化有关税收政策问题的通知》（财税〔2006〕5号）

注释：条款废止，条款第二条第（三）项废止。参见《财政部 国家税务总局关于公布若干废止和失效的营业税规范性文件的通知》（财税〔2009〕61号）。

注释：条款废止，条款第一条第（一）项、第（二）项废止。参见《财政部 税务总局关于印花税法实施后有关优惠政策衔接问题的公告》（财政部税务总局公告2022年第23号）。

附录三

发票管理相关法规

一、《中华人民共和国发票管理办法》（1993 年 12 月 12 日国务院批准　1993 年 12 月 23 日财政部令第 6 号发布　根据 2010 年 12 月 20 日《国务院关于修改〈中华人民共和国发票管理办法〉的决定》第一次修订　根据 2019 年 3 月 2 日《国务院关于修改部分行政法规的决定》第二次修订）

二、《中华人民共和国发票管理办法实施细则》（2011 年 2 月 14 日国家税务总局令第 25 号公布 根据 2014 年 12 月 27 日《国家税务总局关于修改〈中华人民共和国发票管理办法实施细则〉的决定》国家税务总局令第 37 号、2018 年 6 月 15 日《国家税务总局关于修改部分税务部门规章的决定》国家税务总局令第 44 号、2019 年 7 月 24 日《国家税务总局关于公布取消一批税务证明事项以及废止和修改部分规章规范性文件的决定》国家税务总局令第 48 号修正 ）

三、《国家税务总局关于进一步明确营改增有关征管问题的公告》（国家税务总局公告 2017 年第 11 号）

注释：条款废止，条款第四条废止。参见《国家税务总局关于明确中外合作办学等若干增值税征管问题的公告》（国家税务总局公告 2018 年第 42 号）。

注释：条款废止，条款第九条废止。参见《国家税务总局关于扩大小规模纳税人自行开具增值税专用发票试点范围等事项的公告》（国家税务总局公告 2019 年第 8 号）。

注释：条款废止，条款第十条废止。参见《国家税务总局关于取消增值税扣税凭证认证确认期限等增值税征管问题的公告》（国家税务总局公告 2019 年第 45 号）。

四、《国家税务总局关于营改增后土地增值税若干征管规定的公告》（国家税务总局公告 2016 年第 70 号）

五、《国家税务总局关于增值税发票开具有关问题的公告》（国家税务总局公告 2017 年第 16 号）

六、《国家税务总局关于按照纳税信用等级对增值税发票使用实行分类管理有关事项的公告》（国家税务总局公告 2016 年第 71 号）

注释：条款废止，条款第二条废止。参见《国家税务总局关于扩大小规模纳税人自行开具增值税专用发票试点范围等事项的公告》（国家税务总局公告 2019 年第 8 号）。

七、《国家税务总局关于增值税纳税义务发生时间有关问题的公告》（2011 年第 40 号）

八、《国家税务总局关于简化增值税发票领用和使用程序有关问题的公告》（2014 年第 19 号）

注释：条款废止，条款第三条废止。参见《国家税务总局关于增值税发票综合服务平台等事项的公告》（国家税务总局公告 2020 年第 1 号）。

九、《北京市国家税务局 北京市地方税务局 北京市财政局关于土地一级开发项目涉及增值税发票等有关问题的通知》（市规划国土发〔2017〕186 号）

附录四

资产管理相关法规

一、《国家税务总局关于发布企业资产损失所得税税前扣除管理办法的公告》（国家税务总局公告〔2011〕第25号）

注释：条款废止，第十二条废止。参见《国家税务总局关于印发〈企业因国务院决定事项形成的资产损失税前扣除问题〉的公告》（国家税务总局公告2014年第18号）。

注释：条款废止，第四条、第七条、第八条、第十三条有关资产损失证据资料、会计核算资料、纳税资料等相关资料报送的内容同时废止。参见《国家税务总局关于企业所得税资产损失资料留存备查有关事项的公告》（国家税务总局公告2018年第15号）。

注释：《国家税务总局关于修改部分税收规范性文件的公告》（国家税务总局公告2018年第31号）对本文进行了修改。

二、《国家税务总局关于企业所得税应纳税所得额若干问题的公告》（国家税务总局公告2014年第29号）

三、《中华人民共和国企业所得税法实施条例》（中华人民共和国国务院令第512号）

四、《国家税务总局关于煤矿企业维简费和高危行业企业安全生产费用企业所得税税前扣除问题的公告》（国家税务总局公告2011年第26号）

五、《中华人民共和国企业所得税法》（中华人民共和国主席令63号）

附录五

税收优惠相关法规

增值税

一、国家税务总局办公厅《关于中央财政补贴增值税有关问题的公告》的解读

（一）请介绍该公告出台的背景？

近年来，为促进可再生能源的开发利用，支持新能源及高效节能等产品的推广使用，国家出台了多项中央财政补贴。对于中央财政补贴是否属于应税收入，是否征收增值税问题，基层税务机关存在争议，因此报来请示，请求我局予以明确。

（二）如何理解该公告的规定？

据了解，为便于补贴发放部门实际操作，中央财政补贴有的直接支付给予销售方，有的先补给购买方，再由购买方转付给销售方。我们认为，无论采取何种方式，购买者实际支付的购买价格，均为原价格扣减中央财政补贴后的金额。根据现行增值税暂行条例规定，销售额为纳税人销售货物或者应税劳务向购买方收取的全部价款和价外费用。纳税人取得的中央财政补贴，其取得渠道是中央财政，因此不属于增值税应税

收入，不征收增值税。

销售额是指纳税人提供应税服务取得的全部价款和价外费用。

价外费用是指价外收取的各种性质的价外收费，但不包括代为收取的政府性基金或者行政事业性收费。

企业所得税

一、国家税务总局关于《专项用途财政性资金企业所得税处理问题》的通知（财税〔2011〕70号）

“一、企业从县级以上各级人民政府财政部门及其他部门取得的应计入收入总额的财政性资金，凡同时符合以下条件的，可以作为不征税收入，在计算应纳税所得额时从收入总额中减除：

（一）企业能够提供规定资金专项用途的资金拨付文件；

（二）财政部门或其他拨付资金的政府部门对该资金有专门的资金管理办法或具体管理要求；

（三）企业对该资金以及以该资金发生的支出单独进行核算。

二、根据实施条例第二十八条的规定，上述不征税收入用于支出所形成的费用，不得在计算应纳税所得额时扣除；用于支出所形成的资产，其计算的折旧、摊销不得在计算应纳税所得额时扣除。

三、企业将符合本通知第一条规定条件的财政性资金作不征税收入处理后，在5年（60个月）内未发生支出且未缴回财政部门或其他拨付资金的政府部门的部分，应计入取得该资金第六年的应税收入总额；计入应税收入总额的财政性资金发生的支出，允许在计算应纳税所得额时扣除。

四、本通知自2011年1月1日起执行。”

二、《国家税务总局关于实施国家重点扶持的公共基础设施项目企业所得税优惠问题的通知》（国税发〔2009〕80号）

“一、对居民企业（以下简称企业）经有关部门批准，从事符合《公共基础设施项目企业所得税优惠目录》（财税〔2008〕46号）（以下简称《目录》）规定范围、条件和标准的公共基础设施项目的投资经营所得，自该项目取得第一笔生产经营收入所属纳税年度起，第一年至第三年免征企业所得税，第四年至第六年减半征收企业所得税。

企业从事承包经营、承包建设和内部自建自用《目录》规定项目的所得，不得享受前款规定的企业所得税优惠。

二、本通知所称第一笔生产经营收入，是指公共基础设施项目建成并投入运营（包括试运营）后所取得的第一笔主营业务收入。”

注释：条款废止。条款第七条废止。参见：《国家税务总局关于公布失效废止的税务部门规章和税收规范性文件目录的决定》（国家税务总局令第 42 号）。

三、《国家税务总局关于深入实施西部大开发战略有关企业所得税问题的公告》（国家税务总局公告 2012 年第 12 号）

“一、自 2011 年 1 月 1 日至 2020 年 12 月 31 日，对设在西部地区以《西部地区鼓励类产业目录》中规定的产业项目为主营业务，且其当年度主营业务收入占企业收入总额 70% 以上的企业，经企业申请，主管税务机关审核确认后，可减按 15% 税率缴纳企业所得税。

上述所称收入总额，是指《企业所得税法》第六条规定的收入总额。

二、企业应当在年度汇算清缴前向主管税务机关提出书面申请并附送相关资料。第一年须报主管税务机关审核确认，第二年及以后年度实行备案管理。各省、自治区、直辖市和计划单列市税务机关可结合本地实际制定具体审核、备案管理办法，并报国家税务总局（所得税司）备案。

企业主营业务属于《西部地区鼓励类产业目录》范围的，经主管税务机关确认，可按照 15% 税率预缴企业所得税。年度汇算清缴时，其当年度主营业务收入占企业总收入的比例达不到规定标准的，应按税法规定的税率计算申报并进行汇算清缴。”

注释：条款失效，第三条中有关重新计算申报的规定停止执行，参见《关于执行〈西部地区鼓励类产业目录〉有关企业所得税问题的公告》国家税务总局公告 2015 年第 14 号。

注释：部分条款废止，废止第一条中“经企业申请，主管税务机关审核确认后”。参见：《国家税务总局关于公布全文失效废止和部分条款废止的税收规范性文件目录的公告》（国家税务总局公告 2016 年第 34 号）。

四、关于公布《环境保护、节能节水项目企业所得税优惠目录（2021年版）》以及《资源综合利用企业所得税优惠目录（2021年版）》的公告》（财政部 税务总局 发展改革委 生态环境部公告2021年第36号）

“为培育壮大节能环保产业，推动资源节约高效利用，现发布《环境保护、节能节水项目企业所得税优惠目录（2021年版）》和《资源综合利用企业所得税优惠目录（2021年版）》，有关事项公告如下：

一、《环境保护、节能节水项目企业所得税优惠目录（2021年版）》和《资源综合利用企业所得税优惠目录（2021年版）》自2021年1月1日起施行”。

环境保护、节能节水项目企业所得税优惠目录（2021年版）（附表1）。

附表1　环境保护、节能节水项目企业所得税优惠目录（2021年版）

类别		项目	条件
一、环境污染防治	大气污染防治	脱硫脱硝除尘排放治理及改造项目	1. 包括电力、钢铁等行业烟气超低排放改造项目；建材、焦化、石化、化工、有色等行业烟气治理项目（含重金属等有毒有害大气污染物治理项目）；颗粒物无组织排放收集治理项目。 2. 电力、钢铁等行业烟气超低排放改造项目符合超低排放改造要求或地方大气污染物排放标准要求；水泥、焦化、石化、化工、有色等行业烟气治理项目（含重金属等有毒有害大气污染物治理项目）烟气排放达到国家或地方规定的排放要求；颗粒物无组织排放收集治理项目烟气排放达到国家或地方规定的排放要求。以上项目通过相关验收。
		有机废气收集净化项目	1. 包括石化、有机化工、表面涂装、包装印刷等行业有机废气排放收集装置改造及净化项目。（单一采用低温等离子、光催化、光氧化以及不具备“点对点”集中回收再生条件的活性炭一次性吸附工艺的项目除外） 2. 有机废气排放达到国家或地方规定的要求，项目通过相关验收。
		恶臭气体治理项目	1. 各类企业恶臭治理项目。 2. 恶臭排放达到《恶臭污染物排放标准》规定要求，项目通过相关验收。

续表

类别		项目	条件
一、环境污染防治	公共污水处理	城镇污水处理项目	1. 城镇污水处理设施、配套管网的新建、扩建、提标改造项目。 2. 排放连续稳定达到国家或地方规定的排放标准要求，项目通过相关验收。配套管网应建立专业化运行维护机制。
		工业废水处理项目	1. 工业企业、工业园区废水治理项目、配套管网的新建、扩建、提标改造项目。 2. 污染物排放达到国家或地方规定的要求，项目通过相关验收。配套管网应建立专业化运行维护机制。
		农村污水处理项目	1. 包括农村生活污水处理及资源化利用项目、畜禽养殖废水处理及资源化利用项目、农村黑臭水体治理项目。 2. 污染物排放达到国家或地方规定的要求，项目通过相关验收。
		污泥处理处置及资源化利用项目	1. 包括污泥稳定化、无害化和资源化处理处置利用项目。 2. 项目符合国家或地方相关规定，通过相关验收。污泥得到安全处理处置，处理处置后的污泥符合国家有关标准。
		水体修复与治理项目	1. 包括河流、湖泊、海域、黑臭水体、饮用水源地等的修复与治理项目。 2. 项目符合国家相关水体修复与治理要求，并通过相关验收。
	土壤与地下水污染治理	土壤与地下水污染修复项目	1. 包括土壤治理与修复项目、地下水污染修复项目。 2. 项目满足国家或地方相关要求，并通过评审或备案。
	公共垃圾处理	生活垃圾分类和无害化处理处置项目	1. 对城镇和农村生活垃圾（含厨余垃圾）进行减量化、资源化、无害化处理的项目，涉及生活垃圾分类收集、贮存、运输、处理、处置项目。（对原生生活垃圾进行填埋处理的除外） 2. 项目通过相关验收，涉及污染物排放的，指标应达到国家或地方规定的排放要求。

续表

类别		项目	条件
一、环境污染防治	公共垃圾处理	工业固体废物利用处置项目	1. 对工业固体废物（含建筑垃圾）减量化、资源化、无害化处理的项目，涉及收集、贮存、运输、利用、处置等环节。（直接进行贮存、填埋处置的除外） 2. 项目通过相关验收，涉及污染物排放的，指标应达到国家或地方规定的排放要求。
	公共垃圾处理	危险废物利用处置项目	1. 对危险废物（含医疗废物）减量化、资源化、无害化处理的项目，涉及收集、贮存、运输、利用、处置等环节。（直接进行贮存、填埋处置的除外）。 2. 项目应取得危险废物经营许可证，并通过相关验收，涉及污染物排放的，指标应达到国家或地方规定的排放要求。
	沼气综合开发利用	畜禽养殖场和养殖小区沼气工程项目	1. 单体装置容积不小于300立方米，年平均日产沼气量不低于300立方米/天，且符合国家有关沼气工程技术规范的项目。 2. 废水排放、废渣处置、沼气利用符合国家和地方有关标准，不产生二次污染。 3. 项目包括完整的发酵原料的预处理设施、沼渣和沼液的综合利用或进一步处理系统，沼气净化、储存、输配和利用系统。 4. 项目设计、施工和运行管理人员具备国家相应职业资格。 5. 项目按照国家法律法规要求，通过相关验收。
	生态环境监测项目		1. 包括国家、省、市、县级生态环境监测项目。 2. 项目符合国家或地方相关规定，通过相关验收，无弄虚作假行为。
二、节能减排技术改造		既有建筑节能与可再生能源利用项目	1. 对既有建筑实施节能与可再生能源利用改造。 2. 项目应符合《既有居住建筑节能改造技术规程》《公共建筑节能改造技术规范》《建筑节能与可再生能源利用通用规范》等国家标准要求。
		热泵技术改造项目	1. 包括地源、水源、空气源等热泵技术改造项目。 2. 采用的技术及设备应符合《浅层地热能利用通用技术要求》等国家标准要求，达到《水（地）源热泵机组能效限定值及能效等级》《低环境温度空气源热泵（冷水）机组能效限定值及能效等级》等国家标准能效等级二级以上，项目通过相关验收。

续表

类别	项目	条件
二、节能减排技术改造	工业锅炉、工业窑炉节能改造项目	1. 年节能量折算后不小于 1 000 吨标准煤。 2. 节能量评估方法应符合《节能量测量和验证技术通则》《节能量测量和验证技术要求 工业锅炉系统》《节能量测量和验证技术要求 板坯加热炉系统》等国家标准要求。
	数据中心节能改造项目	1. 对数据中心实施节能改造。 2. 改造后数据中心电能利用效率不高于 1.3。
	通信基站节能改造项目	1. 对通信基站进行节能改造。 2. 改造后通信基站单载频运行能耗降低 8% 以上。
	电机系统节能改造项目	1. 对电机系统实施节能改造。 2. 项目应符合《电机系统（风机、泵、空气压缩机）优化设计指南》等国家标准要求。
	能量系统优化技术改造项目	1. 年节能量折算后不小于 1 000 吨标准煤。 2. 项目应建立完善的能源管理信息系统，节能量评估方法符合《节能量测量和验证技术通则》等国家标准要求。
	余热余压利用项目	1. 包括利用余热、余压等生产电力或热力的节能改造项目。 2. 生产电力、热力的原料 100% 来源于余热、余压。项目符合国家或地方相关规定，通过相关验收。
	高效精馏设备和系统改造项目	1. 对填料塔高效精馏设备和系统实施节能改造。 2. 改造后应符合以下技术参数：（1）“塔压降”：10 - 40Pa/米；（2）传质效率：3 - 4 理论板/米；（3）热效率≥20%。
	绿色照明项目	1. 采用高效照明产品、高效照明控制系统等对各类建筑及公共场所实施照明节能改造。 2. 项目应符合《LED 城市道路照明应用技术要求》《隧道照明用 LED 灯具性能要求》等国家标准要求。
	供热系统节能改造项目	1. 包括供暖、供热水、供蒸汽等供热系统节能改造项目。 2. 项目应符合《供热系统节能改造技术规范》等国家标准要求。

续表

类别	项目	条件
二、节能减排技术改造	碳捕集、利用与封存（CCUS）项目	1. 在各领域实施碳捕集、利用与封存。 2. 项目二氧化碳封存量不低于10万吨/年，符合国家或地方相关规定。
三、节水改造及非常规水利用	海水淡化项目	1. 用作工业、生活用水及海岛军民饮用水的海水淡化项目。工业、生活用水项目规模不低于淡水产量10 000吨/日；海岛军民饮用水项目规模不低于淡水产量1 000吨/日（热法海水淡化项目的能耗消耗指标为吨水耗电量小于1.8千瓦时/吨、造水比大于8；膜法海水淡化项目的能耗指标为吨水耗电量小于4.0千瓦时/吨）。 2. 海水直接利用项目。海水循环冷却规模不小于1万吨/小时、海水浓缩倍数不小于1.6倍、水处理剂使用无磷环境友好型产品。 3. 海水淡化核心技术装备产业化项目。适用于海水淡化反渗透膜组件、高压泵和能量回收装置等技术装备生产项目。
	污水资源化利用项目	1. 污水资源化利用项目。企业利用污水无害化处理后的再生水量应不低于15万立方米/年。 2. 区域再生水循环利用项目。项目生产的再生水应连续稳定达到《城市污水再生利用》系列国家标准、《再生水水质标准》或相关用途的再生水水质标准，并通过相关验收。
	城镇和工业公共供水管网改造项目	1. 城镇公共供水管网改造项目。项目应符合当地城市供水相关规划要求或列入相关改造计划。综合改造后，项目所在供水区域管网漏损率下降≥5%，或全市（县）公共供水管网漏损率不高于12%。 2. 工业公共供水管网改造项目。综合改造后，工业公共供水管网漏损率不高于5%。
	工业节水改造项目	1. 工业智慧水管理项目。包括水系统智慧大数据中心项目、水系统操作、控制、管理智能一体化项目等。通过实施工业智慧水管理项目，工业企业应达到国家水效领跑者企业用水指标要求。 2. 凝结水回收利用项目。项目精处理后的凝结水应达

续表

类别	项目	条件
三、节水改造及非常规水利用	工业节水改造项目	到中、高压锅炉进水标准、温度不小于 85℃、年节水量不低于 32 万立方米。 3. 电化学循环水处理项目。改造后项目达到《工业循环冷却水处理设计规范》指标要求，浓缩倍数≥5。 4. 煤炭工业复合式干法选煤节水改造项目，年节水量不低于 200 万立方米。 5. 工业除尘湿法改干法项目。年节水量不低于 200 万立方米。 6. 石化化工、造纸、纺织印染企业节水技术改造项目。改造后达到国家水效领跑者企业用水指标要求。 7. 干法熄焦改造项目。年节水量不低于 90 万立方米。 8. 公用纺织品洗涤节水技术改造项目。改造后每吨布草洗涤用水量达到《公用纺织品洗涤设施节水管理规范》取水定额先进值。 9. 毛皮、皮革加工节水改造项目。对于毛皮加工节水改造项目，改造后加工标准张绵羊皮用水量达到《取水定额 毛皮》取水定额先进企业值；对于皮革加工节水技术改造项目，改造后加工单位原料皮用水量达到《取水定额 皮革》取水定额先进企业值。

五、《财政部 国家税务总局关于执行环境保护专用设备企业所得税优惠目录、节能节水专用设备企业所得税优惠目录和安全生产专用设备企业所得税优惠目录有关问题的通知》（财税〔2008〕48 号）

“根据《中华人民共和国企业所得税法》（以下简称企业所得税法）和《中华人民共和国企业所得税法实施条例》（国务院令第 512 号）有关规定，经国务院批准，财政部、税务总局、发展改革委公布了《环境保护专用设备企业所得税优惠目录》、《节能节水专用设备企业所得税优惠目录》，财政部、税务总局、安监总局公布了《安全生产专用设备企业所得税优惠目录》（以下统称《目录》）。现将执行《目录》的有关问题通知如下：

一、企业自 2008 年 1 月 1 日起购置并实际使用列入《目录》范围内的环境保护、节能节水和安全生产专用设备，可以按专用设备投资额的 10% 抵免当年企业所得税应纳税额；企业当年应纳税额不足抵免的，可以向以后年度结转，但结转期不得超过5个纳税年度。

二、专用设备投资额，是指购买专用设备发票价税合计价格，但不包括按有关规定退还的增值税税款以及设备运输、安装和调试等费用。

三、当年应纳税额，是指企业当年的应纳税所得额乘以适用税率，扣除依照企业所得税法和国务院有关税收优惠规定以及税收过渡优惠规定减征、免征税额后的余额。

四、企业利用自筹资金和银行贷款购置专用设备的投资额，可以按企业所得税法的规定抵免企业应纳所得税额；企业利用财政拨款购置专用设备的投资额，不得抵免企业应纳所得税额。”

六、《财政部 国家税务总局关于专项用途财政性资金企业所得税处理问题的通知》（财税〔2011〕70号）

“一、企业从县级以上各级人民政府财政部门及其他部门取得的应计入收入总额的财政性资金，凡同时符合以下条件的，可以作为不征税收入，在计算应纳税所得额时从收入总额中减除：

（一）企业能够提供规定资金专项用途的资金拨付文件；

（二）财政部门或其他拨付资金的政府部门对该资金有专门的资金管理办法或具体管理要求；

（三）企业对该资金以及以该资金发生的支出单独进行核算。”

七、《中华人民共和国城镇土地使用税暂行条例》（中华人民共和国国务院令第483号）

“第六条　下列土地免缴土地使用税：

（一）国家机关、人民团体、军队自用的土地；

（二）由国家财政部门拨付事业经费的单位自用的土地；

（三）宗教寺庙、公园、名胜古迹自用的土地；

（四）市政街道、广场、绿化地带等公共用地；

（五）直接用于农、林、牧、渔业的生产用地；

（六）经批准开山填海整治的土地和改造的废弃土地，从使用的月份起免缴土地使用税5年至10年；

（七）由财政部另行规定免税的能源、交通、水利设施用地和其他用地。”

八、《财政部 国家税务总局关于房产税城镇土地使用税有关问题的通知》（财税〔2009〕128号）

“四、关于地下建筑用地的城镇土地使用税问题

对在城镇土地使用税征税范围内单独建造的地下建筑用地，按规定征收城镇土地使用税。其中，已取得地下土地使用权证的，按土地使用权证确认的土地面积计算应征税款；未取得地下土地使用权证或地下土地使用权证上未标明土地面积的，按地下建筑垂直投影面积计算应征税款。

对上述地下建筑用地暂按应征税款的 50% 征收城镇土地使用税。”

九、《财政部 税务总局关于房产税若干具体问题的解释和暂行规定》（财税地字〔1986〕8 号）

“二十四、关于房屋大修停用期间，可否免征房产税？

房屋大修停用在半年以上的，经纳税人申请，税务机关审核，在大修期间可免征房产税。”

注释：条款废止。第七条废止，参见《财政部 国家税务总局关于房产税城镇土地使用税有关问题的通知》，财税〔2009〕128 号。

注释：条款废止。第十一条废止，参见《财政部 国家税务总局关于具备房屋功能的地下建筑征收房产税的通知》，财税〔2005〕181 号。

注释：条款废止。第十五条废止，参见《国家税务总局关于房产税城镇土地使用税有关问题的通知》，财税〔2008〕152 号。

注释：条款废止，第五条，第七条，第十一条，第十五条，第十八条，第二十条废止；第二十四条“税务机关审核”的内容废止。参见《国家税务总局关于公布全文失效废止 部分条款失效废止的税收规范性文件目录的公告》（国家税务总局公告 2011 年第 2 号）。

注释：依据《财政部 国家税务总局关于调整房产税有关减免税政策的通知》（财税〔2004〕140 号），第十八条关于对微利企业和亏损企业的房产“可由地方根据实际情况在一定期限内暂免征收房产税”和第二十条“企业停产、撤销后，对他们原有的房产闲置不用的，经省、自治区、直辖市税务局批准可暂不征收房产税”的规定。

十、《财政部 国家税务总局关于棚户区改造有关税收政策的通知》（财税〔2013〕101 号）

“一、对改造安置住房建设用地免征城镇土地使用税。对改造安置住房经营管理单位、开发商与改造安置住房相关的印花税以及购买安置住房的个人涉及的印花税予以免征。

在商品住房等开发项目中配套建造安置住房的，依据政府部门出具的相关材料、房屋征收（拆迁）补偿协议或棚户区改造合同（协议），按改造安置住房建筑面积占总建筑面积的比例免征城镇土地使用税、印花税。

二、企事业单位、社会团体以及其他组织转让旧房作为改造安置住房房源且增值额未超过扣除项目金额20%的，免征土地增值税。”

十一、《国家税务总局关于加强土地增值税征管工作的通知》（国税发〔2010〕53号）

“二、科学合理制定预征率，加强土地增值税预征工作

为了发挥土地增值税在预征阶段的调节作用，各地须对目前的预征率进行调整。除保障性住房外，东部地区省份预征率不得低于2%，中部和东北地区省份不得低于1.5%，西部地区省份不得低于1%，各地要根据不同类型房地产确定适当的预征率（地区的划分按照国务院有关文件的规定执行）。对尚未预征或暂缓预征的地区，应切实按照税收法律法规开展预征，确保土地增值税在预征阶段及时、充分发挥调节作用。”

十二、《国家税务总局关于印发〈房地产开发经营业务企业所得税处理办法〉的通知》（国税发〔2009〕31号）

“第八条 企业销售未完工开发产品的计税毛利率由各省、自治、直辖市国家税务局、地方税务局按下列规定进行确定：

（一）开发项目位于省、自治区、直辖市和计划单列市人民政府所在地城市城区和郊区的，不得低于15%。

（二）开发项目位于地及地级市城区及郊区的，不得低于10%。

（三）开发项目位于其他地区的，不得低于5%。

（四）属于经济适用房、限价房和危改房的，不得低于3%。”

注释：参见《国家税务总局关于修改部分税收规范性文件的公告》（国家税务总局公告2018年第31号），本法规第八条内容中“国家税务局、地方税务局”修改为“税务局”。

注释：参见《国务院关于取消和下放一批行政审批项目的决定》（国发〔2014〕5号），房地产开发企业计税成本对象确定核准取消。

注释：条款失效，第二十六条第二款条款失效。参见《国家税务总局关于房地产开发企业成本对象管理问题的公告》（国家税务总局公告2014年第35号）。

十三、《财政部 国家税务总局关于廉租住房经济适用住房和住房租赁有关税收政策的通知》（财税〔2008〕24 号）

“（二）对廉租住房、经济适用住房建设用地以及廉租住房经营管理单位按照政府规定价格、向规定保障对象出租的廉租住房用地，免征城镇土地使用税。

开发商在经济适用住房、商品住房项目中配套建造廉租住房，在商品住房项目中配套建造经济适用住房，如能提供政府部门出具的相关材料，可按廉租住房、经济适用住房建筑面积占总建筑面积的比例免征开发商应缴纳的城镇土地使用税。”

“（四）对廉租住房、经济适用住房经营管理单位与廉租住房、经济适用住房相关的印花税以及廉租住房承租人、经济适用住房购买人涉及的印花税予以免征。”

注释：条款废止，第二条第（四）项废止，参见《财政部 税务总局 住房城乡建设部关于完善住房租赁有关税收政策的公告》（财政部 税务总局 住房城乡建设部公告 2021 年第 24 号）。

注释：条款废止，本法规中有关廉租住房税收政策的规定废止，参见《财政部 国家税务总局关于促进公共租赁住房发展有关税收优惠政策的通知》（财税〔2014〕52 号）。

十四、《财政部 国家税务总局关于执行企业所得税优惠政策若干问题的通知》（财税〔2009〕69 号）

“一、执行《国务院关于实施企业所得税过渡优惠政策的通知》（国发〔2007〕39 号）规定的过渡优惠政策及西部大开发优惠政策的企业，在定期减免税的减半期内，可以按照企业适用税率计算的应纳税额减半征税。其他各类情形的定期减免税，均应按照企业所得税 25% 的法定税率计算的应纳税额减半征税。”

注释：条款废止，第八条废止。参见《国家税务总局关于扩大小型微利企业减半征收企业所得税范围有关问题的公告》国家税务总局公告 2014 年第 23 号。

注释：条款废止，第七条废止。参见《财政部 国家税务总局关于小型微利企业所得税优惠政策的通知》财税〔2015〕34 号。

十五、《财政部 国家税务总局关于全面推开营业税改征增值税试点的通知》（财税〔2016〕36 号营业税改征增值税试点有关事项的规定）

一般纳税人为甲供工程提供的建筑服务，可以选择适用简易计税方法计税。

甲供工程，是指全部或部分设备、材料、动力由工程发包方自行采购的建筑工程。

十六、《国家税务总局关于发布修订后的〈企业所得税优惠政策事项办理办法〉的公告》（国家税务总局公告2018年第23号）

十七、《国家税务总局关于企业投资者未到位而发生的利息支出所得税前扣除问题的批复》（国税函〔2009〕312号）

十八、《财政部 税务总局 国家发展改革委工业和信息化部 环境保护部关于印发节能水和环境保护专用设备企业所得税优惠目录关于印发节能水和环境保护专用设备企业所得税优惠目录（2017年版）的通知》（财税〔2017〕71号）

附录六

退出税务管理相关法规

视同销售

一、《中华人民共和国增值税暂行条例实施细则》

二、《营业税改征增值税试点实施办法》

注释：条款废止，第四十五条第（二）项修改为“纳税人提供租赁服务采取预收款方式的，其纳税义务发生时间为收到预收款的当天”；第七条同时废止。参见《财政部 税务总局关于建筑服务等营改增试点政策的通知》（财税〔2017〕58号）。

注释：条款修订，第二十七条第（六）项中“购进的旅客运输服务、贷款服务、餐饮服务、居民日常服务和娱乐服务”修改为“购进的贷款服务、餐饮服务、居民日常服务和娱乐服务”。参见《财政部 税务总局 海关总署关于深化增值税改革有关政策的公告》（财政部 税务总局 海关总署公告2019年第39号）。

三、《中华人民共和国企业所得税法实施条例》（2007年12月6日中华人民共和国国务院令第512号公布；根据2019年4月23日《国务院关于修改部分行政法规的决定》修订）

四、《关于企业处置资产所得税处理问题的通知》（国税函〔2008〕828号）

注释：条款废止，第三条废止。参见《国家税务总局关于企业所得税有关问题的公告》（国家税务总局公告2016年第80号）。

公司管理相关法规

一、《企业国有产权转让管理暂行办法》

二、《中华人民共和国公司登记管理条例》

三、《公司注册资本登记管理暂行规定》

四、《中华人民共和国公司法》

附录七

政府补助相关政策法规

一、《企业会计准则第 16 号——政府补助》（财会〔2017〕15 号）

二、《财政部 国家税务总局关于财政性资金 行政事业性收费 政府性基金有关企业所得税政策问题的通知》（财税〔2008〕151 号）

三、《财政部 国家税务总局关于专项用途财政性资金企业所得税处理问题的通知》（财税 2011 年 70 号）

四、《国家税务总局关于企业所得税应纳税所得额若干税务处理问题的公告》（国家税务总局公告 2012 年 15 号）

注释：条款废止，第一条有关企业接受外部劳务派遣用工的相关规定废止。参见《国家税务总局关于企业工资薪金和职工福利费等支出税前扣除问题的公告》（国家税务总局公告 2015 年第 34 号）。

五、《国家税务总局关于企业所得税应纳税所得额若干问题的公告》（国家税务总局公告 2014 年 29 号）

附录八

PPP 模式下的其他政策

一、财政部《关于印发〈政府和社会资本合作项目采购管理办法 政府和社会资本合作项目采购管理办法〉的通知》（财库〔2014〕215 号）

二、《国务院关于调整和完善固定资产投项目本金制度的通知》（国发〔2015〕51 号）

三、《国家税务总局关于在境外提供建筑服务等有关问题的公告》（国家税务总局公告 2016 年第 69 号）

注释：条款废止，第十条条款废止。参见《国家税务总局关于扩大小规模纳税人自行开具增值税专用发票试点范围等事项的公告》（国家税务总局公告 2019 年第 8 号）。

四、《国家税务总局关于建筑安装业跨省异地工程作业人员个人所得税征收管理问题的公告》（国家税务总局公告 2015 年第 52 号）

五、《河南省地方税务局关于印发〈河南省地方税务局房产管理办法〉的通知》（豫地税发〔2005〕39 号）

注释：条款废止，第二章第六条第一项：凡出租房屋的单位和个人未按规定向房产所在地的主管地方税务机关申报纳税、出租人在出租之日起 30 日内未将承租人的有关情况向地方税务主管税务机关报告、主管地方税务机关又找不到出租人的，承租人应承担连带纳税人义务，缴纳税款。第五章第二十一条第四款：（四）纳税人出租房屋，日出租之月起，计算缴纳房产税。第八章整章废止。参见《河南省税务局关于发布全文失效废止和部分条款废止的税收规范性文件目录的公告》（国家税务总局河南省税务局公告 2019 年第 3 号）。

注释：条款废止，第七章废止。参见《河南省地方税务局关于发布 2017 年税收规范性文件清理结果的公告》（河南省地方税务局公告 2017 年第 6 号）。

六、《财政部关于印发企业会计准则解释第 2 号的通知》（财会〔2008〕11 号）

注释：条款废止，“五、企业采用建设经营移交方式（BOT）参与公共基础设施建设业务应当如何处理”的内容废止。参见《企业会计准则解释第 14 号》（财会〔2021〕1 号）。